彌哲女士（右）與卡琳・史德勒（左）

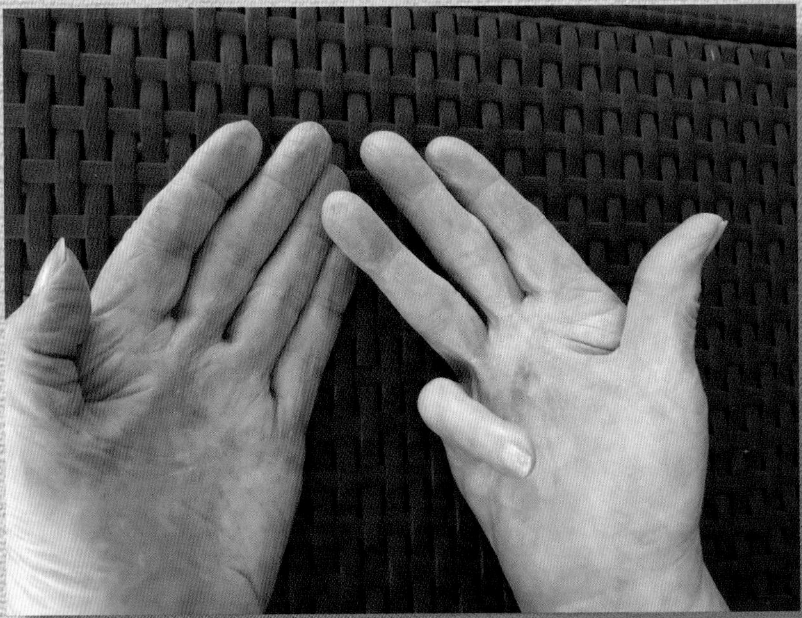

彌哲女士在幼年時雙手被燙傷（參見第1章）

受到封面畫作創作者山姆・布朗（Sam Brown）《螺旋畫》的啟發，卡琳創作出這幅畫。
卡琳的作品是星球上不斷變化的意識所帶來的祝福。

掃描QR Code，可欣賞卡琳在瑞士的畫室聖殿，內牆的圖像都是她的畫作，她以燦爛的圖像來慶祝寶貴地球上精神覺醒的喜悅。

艾倫4歲時畫的直升機（參見第25章）

突破眼前困境，擁抱新生

前世今生

靈魂療癒

YOUR PAST CAN SET YOU FREE

How Insights from Past Lives Can Heal Current Issues

彌哲、卡琳・史德勒——著　嚴世芬——譯

方舟文化

致謝

感謝所有支持此書出版和蓮花綻放計畫的朋友，感謝你們盡心竭力。

感謝 Tenzin Lhamo 的原文書名（Your Past Can Set You Free），想必這是來自上蒼的祝福。

感謝參加蓮花綻放課程以及探尋前世的朋友，你們的愛與開放思維是創作本書至為寶貴的動力。特別感謝卡琳冥想小組的成員 Stefan Birrer、Brigitta Gunziger、Regula Bacas、Yolanda Bosch 和 Giuseppe Santamaria，在寫作本書過程中不斷給予支持與鼓勵。

感謝所有專業的英文手稿讀者：Sharyn Adams、Gayla Bastas、Alena Byrnes、Carol Grossmann、Rev. Dr. Bobbie Groth、Aisha Hudson、Rachael Sharp、Tomi Speed、Sufen Yen。

特別感謝我們的首席校對 Razelle Drescher。

感謝所有專業的中文手稿讀者：林文梅、蔡淑惠以及不願具名的朋友們。

感謝 Melanie Redman 提供了寶貴建議。

感謝山姆・布朗的封面畫作。

感謝 Ladina Kindschi 和 Bea Ender 支持蓮花綻放，為我們打開通往歐洲的大門。

感謝家人無盡的愛，為我們指明生活目標並賦予深意。

感謝卡琳和彌哲對彼此的愛與欣賞，誕生了此書，照亮了世界！

自我實現
是每個人能給世界的最佳貢獻
——拉瑪納．馬哈希（Ramana Maharshi，印度教上師）

一旦改變覺知
就改寫了身體的化學組成元素
——布魯斯．立普頓（Bruce Lipton，細胞生物學家）

致所有勇敢公開自己生活
讓他人一同閱讀與學習的人們
無論是否收錄於此書
你們展現出的深厚信任
令我們對揭示出來的每一個真相
心懷驚歎與感激

Contents

推薦序　療癒靈魂的康復奇蹟　邱麗惠　11
推薦序　釋放內在力量的鑰匙　楊幹雄　15
推薦語　17
作者序　卡琳．史德勒　19
出書計畫　卡琳．史德勒　23

PART I　彌哲的故事

Chapter 1　個人背景　28
Chapter 2　自由之路　35
Chapter 3　儀式與夢　37
Chapter 4　如何解讀　40

PART II 個案的阿卡西之旅

Chapter 5 孩子失眠 〔工具〕主導情境 46
Chapter 6 靈性危機 〔工具〕評定是非 51
Chapter 7 頭痛不止 〔工具〕優越與自卑 64
Chapter 8 廣島創傷 〔工具〕1 我是誰 2 振作精神 74
Chapter 9 奴役剝削 〔工具〕儀式 88
Chapter 10 公開演講 〔工具〕面對恐懼 99
Chapter 11 新的戀情 〔工具〕學會說不 114
Chapter 12 害怕死亡 〔工具〕直面死亡 134
Chapter 13 二戰記憶 〔工具〕放眼未來 144

Chapter 14 投生家庭 〔工具〕半睡半醒 152

Chapter 15 迷失方向 〔工具〕活在當下 164

Chapter 16 婚姻困局 〔工具〕1 創造平衡 2 持續學習 175

Chapter 17 精神分裂 〔工具〕處境＝處境 189

Chapter 18 與父和解 〔工具〕放棄期望 200

Chapter 19 母女關係 〔工具〕主權在握 207

Chapter 20 釋放憤怒 〔工具〕治癒內在小孩 214

Chapter 21 皮膚痼疾 〔工具〕擺脫業力輪迴 224

Chapter 22 信任危機 〔工具〕接受未知 241

Chapter 23 療癒創傷 〔工具〕能量大掃除 254

Chapter 24 家庭衝突 〔工具〕新典範 268
Chapter 25 無臉之人 〔工具〕靈性覺醒 279
Chapter 26 內疚自責 〔工具〕相信宇宙 287
Chapter 27 溫柔的愛 〔工具〕吸引力法則 302
Chapter 28 靈性計畫 〔工具〕親近開悟者 312
Chapter 29 哥哥施虐 〔工具〕寬恕 322
Chapter 30 無解難題 〔工具〕理解現實的本質 330
Chapter 31 母子心防 〔工具〕表達內心衝突 339
Chapter 32 意外身亡 〔工具〕釋放傷痛 347

反思 **微觀與宏觀** 彌哲 356
謝詞 卡琳．史德勒 358
詞彙說明 360
推薦書單 364

推薦序

療癒靈魂的康復奇蹟

邱麗惠
《琉璃光養生世界雜誌》發行人

彌哲是創造眾多康復奇蹟的靈魂療癒師，她三十年前來台灣帶療癒工作坊時，《自立晚報》做了她與有名的精神科醫生楊幹雄對談的報導，引起了非常大的轟動，請求催眠的名額瞬間秒殺。

當時有位個案是家住高雄、剛進台北醫學院的學生，她的母親請求我，無論如何都要安排彌哲為她做催眠療癒。她說，女兒自從北上念大學後就得了恐慌症，試了各種領域的方法還是沒辦法治好，已經準備辦理休學了！

我特別請求彌哲縮短午休時間，擠進了這個個案。

記得當催眠結束，門打開時，看到她們兩人緊緊擁抱，彌哲對女孩說：「今天是妳新生命的開始」，女孩帶著微笑離開了！事後她的母親打電話來感謝，她奇蹟地康復後，總算能繼續求學生涯。

原來，她的前世曾經歷過家破人亡，留下了非常深的恐懼創傷。

彌哲催眠時看到，在日據時代，有次空襲，她與家人躲在土製的防空壕，結果炸彈炸毀了防空壕，她被母親緊緊地抱著，毫髮未傷，但所有親人都離世了，只有她一人倖存。

她母親告訴我，難怪這一世，只要看到出殯的隊伍，她都會非常恐懼，也不願意離開家人，但是因為上大學不得不離家，離開家人後，過去世的創傷又被引發。

還有另一個我印象非常深刻的個案。在美國參加研習營時，有個同學每天都非常不開心的樣子，跟她微笑，她也不回應。研習時，大家都非常開心，就只有這個人特別奇怪。

後來她分享時，我才明白，原來她要來上研習課前，已自殺好幾回都沒有成功。她嫁了一位家人認為是無可挑剔的好丈夫，但是不知道為什麼，每次先生去上班，她就很開心，只要先生一回家，她就痛苦地想要撞牆。她知道是自己的問題，卻沒有辦法轉換這種情緒。

直到彌哲幫她看了前世，才知道她三世前是一位有名的高僧，當時為了名聞利養而誤了眾生成佛。

而前世的她則是出生在北越的一個女孩，越共認為她知道美軍的地址，把她抓進了監牢拷問，並放蛇咬她。她說，難怪她這一世，只要課本有蛇都必須用紙遮住。越共用鞭子抽打她，而她這一世的身上也有好幾條深深的痕跡。

她前世的哥哥有到監獄探視她，說會想辦法把她救出來，但她被凌虐而死前，都沒有再見到哥哥。死亡前，她對哥哥懷著很大的怨恨。

彌哲告訴她，因為越共後來要抓她哥哥，哥哥不得不逃亡，而她那一世的哥哥就是這世的先生，是為了贖罪而來。

當她聽完這些後，所有的怨恨全部消失，也全部釋懷了！

彌哲說，人們在回憶過去世時，會有情緒性解放的功效。這種情緒性的解放，有助於產生一些開放空間，增加對創傷的療癒能力，當人們記起這種創傷，會對事情的發生原委有較好的理解，並尋得了諒解；且情緒宣洩後，就可以完全拋掉這種累世不愉快的經驗。

很高興聽到彌哲的書即將推出中文版，從她多年的經驗中挑選一些代表性的個案，並針對不同困境教導康復的方法。

這本書為遭遇同樣的生命困境，深受負面情緒困擾，卻找不到真正問題根源的人，打開了一扇門，讓人重新走入陽光大道。

對於阿卡西紀錄、前世今生、生命輪迴等感到好奇的讀者，這本書也提供了難得的珍貴資料。

推薦序

釋放內在力量的鑰匙

楊幹雄
精神科醫師

民國八十三年，彌哲女士來台，透過《琉璃光養生世界雜誌》的牽線，我與她展開了一段關於前世今生的對談，那次相遇成為我心靈啟蒙的重要時刻，當時對談的內容也刊載在《自立晚報》上。如今，看到已經八十七歲的彌哲女士，將自己畢生致力於通靈與靈性指導的經驗，透過個案的成長反饋集結成書，並推出中文版，我深感欽佩；也為她數十年如一日，幫助人們走向療癒、自由與覺醒的使命精神所感動。

《前世今生靈魂療癒》探討了前世與當下療癒之間的深刻聯繫。本書基於靈媒兼精神導師彌哲女士多年來的工作經驗，透過阿卡西紀錄的解讀，提供了轉化性的洞見。書中強調，未解決的前世問題會持續影響當下生活，導致恐懼、創傷或情感阻礙。透過理解和面對這些深層的問題，個人可以在當下找到自由與和諧。

書中分為兩部分：一部分是彌哲女士的個人故事，另一部分則是豐富的個案研究，展示了透過她的解讀而受益的個人。這些案例涵蓋了克服說不的恐懼、修復家庭關係、處理未解決的創傷等各種生活困擾。每一章還提供了實用的工具和技巧，幫助讀者應對類似挑戰，例如視覺化、情緒接受及理解業力影響，幫助我們從更深層的精神角度，重新審視並解決當前的問題。

書中一個案例令我印象深刻：一位母親面臨女兒不敢單獨入睡的困擾，透過彌哲女士的指導，母親深入了解了女兒的前世創傷，最終改善了母女關係，讓家庭重回平靜與幸福。這個故事展示了認識前世經歷並有意識地處理其影響的強大轉化力量。

或許有些人會疑惑：「這些前世的故事，聽起來是否僅僅像講故事一般？有這麼大的意義嗎？」彌哲女士曾經提過，我上輩子因為工作過勞而心臟病去世。從我的角度來看，我把這段前世經歷視為一種提醒，也是一種洞察。或許是巧合，也或許是命定，我的家族的確有心血管方面的遺傳弱點。而這樣的前世故事，正是從另一個角度提醒著我：這輩子有哪些困擾著你的問題？你可以從一個更大的脈絡去理解自己、療癒自己，進而幫助他人。我認為，這正是理解前世今生所帶來的深遠意義。

每個人可能都有這樣的時刻，當我們面對困擾，無法理解其中的原因時，會忍不住問自己：「為什麼是我？」「這些問題從何而來？」整合自我的這條路並不輕鬆。彌哲女士透過前世的視角，給了我們一個新的可能性——或許，這一切都有更深的脈絡與意義。療癒並非僅僅解決當下的問題，而是一次與內心深處進行真誠對話的機會，需要我們深入自省與覺察，勇敢面對那些曾經被忽視的恐懼與傷痛。

總的來說，《前世今生靈魂療癒》不只是一本探討前世與療癒的指南，更是一把釋放內在力量的鑰匙。透過彌哲女士的洞察與深刻教導，讀者能夠從更廣闊的視角理解自己的生命課題，找到過去未曾發現的解答，迎向一個更自由也更開闊的未來。

推薦語

《前世今生靈魂療癒》是一個慷慨、慈悲的邀請，讓我們超越「此生」的視野限制，從更廣大的尺度，去理解今生的任務，與生命無窮無盡的可能性。

吳播
導演

《前世今生靈魂療癒》以超越時空的視角，引領我們重新定義生命的座標。讓我們得以突破當下的限制，把自己放在更廣闊的維度，自由飛翔，從全新的角度詮釋那些曾讓我們耿耿於懷的生命風景。

張韶君
表演指導

作者序

卡琳．史德勒

我與彌哲女士合作多年，促使我萌生了將她的工作從無形的影響轉化為一本實質書籍的構想。當有人問她是否會寫一本關於自己作為通靈者與靈性導師的書時，彌哲女士曾說：「應該不會吧！我在為每個人看前世或帶領團體研習的當下，就是一本書。」然而，隨著時間的推移，情況有所改變。她一邊持續進行日常工作，一邊也逐漸找到了自己作為作家的定位。這本書是我們兩人合作的結晶，展示了她的工作所帶來的深遠影響。

當時彌哲女士已經八十一歲了，依然每年遠赴歐洲教學，每次來訪時，行程總是排滿了個人諮詢。她的工作感動了無數人，透過她的直覺洞察力和智慧的指導，幫助人們獲得身心的安寧與和諧。

我與彌哲女士的初識

二〇一一年，朋友找我一起去聽彌哲女士的演講。彌哲女士是一位通靈者、靈性導師。這位朋友在一次聚會中結識了彌哲女士，非常期待再度前往盧塞恩聽她的演講。我不認識彌哲，但帶著好奇心參加了那晚的活動。演講廳很快就坐滿了人，主辦方不得不搬出更多椅子，以確保每位來賓都有座位。彌哲女士在演講中談到每個人對事物的敏感度、第三眼的能力，以及如何培養與發展個人的直覺力與內在洞察力。然而，對我而言最重要的是，這位開了第三眼的女士，彷彿用一種我內心長久渴望的方式，直接與我對話。她專注於當下，內心清晰，讓我感到自己在那一刻找回了真正的自我。

現場的氣氛深深撼動了我。她柔和的聲音語調、智慧的言語以及整個人散發出的光芒，讓我深受感動與共鳴。正如她所有的演講一樣，那晚她也進行了簡短的團體前世回溯，聽眾的提問都得到了審慎且充滿智慧的解析。

當時，我內心激動莫名，有許多問題湧現想問她。然而我不禁思索：「我應該在這麼多認識我的人面前問出來嗎？萬一她的回答洩漏了我的祕密，他們將來會如何看待我呢？」儘管如此，我終究把握住這個了解自我的絕佳機會，鼓起勇氣提出了我的問題。那時，我在家庭與工作之間來回奔波，內心承受著巨大的壓力，健康也開始亮起了紅燈。我感到被困住，迫切尋求改善自己身體與精神狀態的方法。簡而言之，我渴望深入了解自己，找回失去的健康，並得到真正的解脫。

當彌哲女士轉身朝向我時，我感受到一股強大而溫暖的愛直撲內心，宛如一道閃亮的火花擊中心底最深處。我感覺到她真摯的關懷，這份感動至今仍深深烙印在心中。當她開始為我唱歌的瞬間，我驚愕又感動，心中閃過：「這是怎麼回事？她居然在這麼多人面前為我唱歌？」那一刻，我彷彿獲得了世上最珍貴的禮物。平時一向比較拘謹的我，演講結束後，情不自禁地給了她一個大大的擁抱，感受她的溫暖和支持。在看前世的簡短過程中，她證實了我其實是個充滿愛心、情感豐富、願意擁抱他人的人，只是因為自我設限，一直裹足不前。那晚，她把我引向一段自我覺知的旅程，釋放了長久被禁錮的心靈。

六個月後，彌哲女士再次來到盧塞恩，我迫不及待地報名參加了她的講座，並預約了我的第一次個人諮詢。在那次會談中，她提出了幾個能激發關鍵靈感的問題，並對我的人生產生了顛覆性的影響。其中一個問題是：「妳站在月台上，火車即將開走，直覺告訴妳應該上車，雖然不知道目的地在哪裡，但妳知道這次的旅程至關重要。妳準備好要上車了嗎？」我思索片刻後回答：「是的，我準備好了！」雖然當時並不完全明白這個問題的含義，但我心底知道，這是我必須做出的選擇。改變的時刻到了。

隨後，我向她提起一個反覆出現在夢中的情境。夢境中的強烈光亮總是令我瞬間失明，無法看清周圍的一切，我每次都必須在這道耀眼的光亮中努力摸索前進的方向。我當時的解讀是因為自己看不清某些事物，或是我的感知受到了阻礙。我經常感到迷失，甚至懷疑自己會不會失明。

彌哲女士的答覆讓我無比震驚，她說：「那是妳自己的光。妳就是那道光。」

多麼簡單卻深刻的回答！我從未將自己視為光的一部分。當下認知自己就是一道光，生於光，並被光包圍，這是何等震撼的概念。正是在這樣的瞬間，我第一次真切地體會到療癒的深意，也開始明白彌哲女士是如何以非凡且深刻的洞察力，去理解並幫助那些向她尋求幫助的人。她讓我們看見自己的真實本質，揭示靈魂的光輝與內在的美，幫助我們認識並接納自我。透過她的指引，我們重新與真實的自我連結，身心靈再次達到和諧的狀態。

在這次一對一會談後，彌哲女士向我介紹了她帶領的蓮花綻放研討課程，並告訴我這對我將會有很大的幫助。多年來，她一直帶領小組參加為期兩年的研討課程，主題涵蓋了玄學、輪迴、因果、塔羅和內在洞察力等。會談之後，我帶著她的課程介紹小冊和看前世的錄音光碟回家了。

我幾乎沒有猶豫，就報名參加了這趟探尋內在的旅程。

在蓮花綻放研討課程進行期間，我逐漸深入內在去學習，並慢慢開始覺醒。不久後，主辦單位問我，是否願意在盧塞恩地區為彌哲女士安排演講活動和個人諮詢。我愉快地答應了，並從二〇一一年起，在一個寬敞舒適的演講室中舉辦了她的第一場演講，有超過六十人參加，那是一個極為感動且深入人心的夜晚。整整一週的個人諮詢時間也都預約額滿。參與者不僅是我專業範疇中的客戶和朋友，還有許多認識彌哲多年的老朋友。大家都因為參加這場活動，心靈深受觸動。

面對第一次就獲得如此熱烈的迴響，我有點不知所措，也充滿感激之情。感謝這麼多人在短時間內就找到了我們。之後，我受邀協助彌哲女士翻譯個別諮詢，諮詢過程中談到的主題與深刻的對話內容，一次次觸動心弦，帶給了我至深的感動。

出書計畫

卡琳・史德勒

我與彌哲女士認識至今已有八年之久，從最初作為她的學生，到近年來成為她演講的翻譯，並協辦她在歐洲的教學活動。在這段期間，透過她為個案看前世、主持研討會、演講和舉辦工作坊，讓我有機會了解她與個人及團體合作的方式。她身為通靈者與靈性導師，最令我感動的是，她如何透過揭示前世因果來幫助人們改變當下的生活。

自身的經歷，加上從彌哲女士那裡得到的指導，激發了我將她的工作結晶寫成書的願望。這本書不僅是對她的致敬，也希望與更多人分享她卓越的工作成果。她對人類靈魂的洞察力和對生活狀態的理解，深刻且詳盡，令人讚嘆，難以言喻。她能夠接觸到各個年齡層和不同生活背景的人，一一給予他們適切的指引，顯示出她的工作具有極高的價值。

在撰寫這本書的過程中，我接觸了許多曾向彌哲女士尋求指引的人。他們經由各種方式與她接觸，不論是個案諮詢、看前世，或是參加課程、研討會或工作坊。我將這次寫作視為一個將這些故事整理和記錄的過程，這些故事揭示了個案的前世經歷，提供理解並處理當下生活挑戰的寶貴訊息，幫助他們改善現實生活。

為了完成這本書，我必須依賴每一位受訪者的誠實、坦率和信任，並獲得他們的同意，將彌哲女士進行前世回溯的錄音檔翻譯成德文，並收錄於書中。這本書的目的，是讓更多人了解並接觸到彌哲女士畢生致力於通靈和靈性指導的卓越成就。

本書同時收集了個案看前世一段時間之後的回饋。在後續的訪談中，他們分享了看前世的經歷為他們的生活帶來的影響、理解和反思，並詳細描述了生活狀況的改變。這些資料為本書增添了實踐經驗的深度。

透過寫作，我梳理並呈現彌哲女士的工作，讓我得以一窺人類靈魂的奧祕。對我來說，這不僅是一份珍貴的禮物，也是一個寶貴的學習機會。我由衷感謝所有在書中分享自身經歷的個案，彰顯出彌哲女士工作的重要性。誠摯感謝他們的信任與貢獻！

PART I

彌哲的故事

我自幼在蒙大拿州時就能看見異象，並從超自然現象中獲得指引。一九七三年搬到加州後，我開始跟隨印度著名靈性導師穆克塔南達**註1**學習打坐。在他的影響下，我的通靈能力迅速擴展，這段經驗改變了我的生命軌跡，定義了我的志業，就是透過看前世和其他變革性的工作來從事心靈治療。

一九七七年，我在人類之家接受培訓，這是一個由瑪莎・莫斯曼（Marsha Mossman）創立的小型玄學教會。在那裡，我的天賦得到進一步的啟發，並開始專注於為個案看前世以及帶領工作坊課程，也在歐洲和亞洲各國從事類似的靈性工作。我屬於**清晰感知型** **註2**，擁有敏銳的感知能力，能透過自身的體驗來感應個案的狀況，並且能夠讀取周圍的能量場，也就是人們所說的光環或氣場，這使我能夠提供與前世、今生相關的訊息，涵蓋人際關係、健康等各個方面。

我特別擅長幫助人們從高我（Higher Self）的角度重新審視自己，確定生命的目標，理解自身與業力的關聯，從而做出更有智慧的生命選擇。作為老師，開啟學生靈性智慧的第一步，是鑑別他們第三眼的開啟程度，並找出可能阻礙他們靈性成長的因素。通常，這些阻礙來自前世業力的記憶和痛苦經歷，而這些都完整地記錄在阿卡西紀錄中，這是靈魂的永久檔案。只有當我們將這些記憶喚醒並納入當下的意識中，療癒的過程才能真正開始，為日後靈智能力進一步的發展鋪路。

針對不同的人，第三眼的作用方式各不相同。因此，了解每個人與生俱來的能力本質至關重要。以下列出五種不同性質的第三眼及其相對應的作用：

1 **清晰視覺型：**能洞悉憑藉視覺無法感知的事物。

2 **清晰聽覺型：**能清楚聽到來自他人身心所傳遞的訊息。

3 清晰感知型：能從自身清晰感受到他人的情感。

4 清晰認知型：能清楚知道一個以前未知的思想，如今呈現為真理。

5 清晰嗅覺型：能清晰聞到沒有物理來源的氣味。

註：這些直覺源於身體的中心點，而非第三眼。它可以是單一型，也可以是複合型。

我的目標是幫助學生發現自己的優勢與弱點，充分發揮優勢並降低缺點的影響。一旦掌握這些心靈工具，他們不但能幫助他人，還能增強自信，充分發揮個人潛能。

多年前，我曾在人類之家的祭壇前向宇宙祈禱：「讓我成為使者，走遍天下，傳達每個人天性本自具足的訊息。」如今，當卡琳以愛、慷慨、無私的奉獻來撰寫這本書時，我深知自己的祈願終於得到了回應。

---

1 譯註：Muktananda，一九〇八～一九八二年。是悉達瑜伽（Siddha Yoga）的創始人，教導核心在於透過冥想和自我探尋來達成自我實現。

2 譯註：清晰感知型（clairsentient）的人對周圍的情緒和能量非常敏感，不依賴五官就能夠感知別人的情緒或身體狀況，與共情能力相關，被視為一種心靈感應能力。

Chapter 1
個人背景

二〇一七年十月，我受邀在瑞士巴塞爾玄學協會的五十週年慶研討會上演講。協會主席韋斯穆勒（Lucius Werthmüller）問我打算談些什麼時，我提出了三、四個想法。他聽了直搖頭說：「不行，不行！還是請妳分享自己的人生旅程吧！」這無疑是我最擅長的話題，於是我欣然同意。然而，這次的經歷讓我開始質疑是否真如想像那樣是自己的「專家」。如果你們也曾對自己感到驚訝，那麼，恭喜你，這或許正是潛能被開啟的絕佳時機！

以下是我當時演講的內容：

今晚，我將分享人生旅程中的一些特殊時刻，特別是我與母親以及家人之間的業力牽引。希望我的故事能對你有所啟發，幫助你更深入了解自己的生命旅程。

我在三歲時第一次意識到自己與眾不同，很多發生在自己身上的事，別人可能從未經歷過。在一個陽光明媚的日子裡，母親在院子裡晾衣服，開心地哼著歌曲。我坐在花園的草叢旁，觀察螞蟻在花朵上爬來爬去。突然，我注意到幾個直徑約兩英寸的小光球，有如跳舞般輕快地飄到我身邊，開始和我交談。當時，我並不覺得有什麼異常。後來才明白，那些光球很可能都是小仙女。

母親聽到我在說話，便問：「妳在跟誰說話呢？」我答說：「跟那些小光球呀！」依我的觀察，母親心情愉快時會散發出強大的能量場。但當我指著那些小光球，告訴她我看到的景象時，她的能量場立即縮小了很多。儘管當時只有三歲，我也能感受到她的不安和恐懼。

那一刻，童稚的我領悟了一個重要的道理：不是每個人都能接受或理解我所經歷的事情或觀點。即便母親對超自然現象有濃厚的興趣，也讀過不少相關書籍，那時的情況依然讓她感到害怕。多年來，我在教學中也發現，許多人在面對超自然現象時會感到恐懼。

我們每個人都擁有第三眼，隨時可以被啟動，但它的影響力因人而異。當我三十多歲開始探索靈性議題時，許多靈性導師都告誡我：「不要過度專注於開啟第三眼，因為這有可能讓妳偏離靈性的追求。」然而，經過幾年的觀察，我發現許多人的第三眼是自然而然開啟的。我相信，如果沒有這樣的體驗，在座大多數的人不會來參加這場研討會。你們的思維比一般人更開放、更不受限制。如果你們想朝這個方面發展，那麼，很重要的一點，就是學習在面對恐懼時如何克服。

我的生命中有許多值得分享的亮點，今天要跟大家分享的是我母親喬伊思的故事。當時我已經四十多歲，住在北加州的一個小型靈修中心，這裡不僅是我演講和教導心靈啟發課程的場所，也是我為個案讀取阿卡西紀錄的地方。

我和母親的關係一直不太融洽，我從小到大都覺得她不喜歡我。她住在蒙大拿州，我住在加州，有時我們甚至四、五年都不見面。這樣的狀況持續了很久，直到以下我即將分享的這個事件發生後，我才終於理解我和母親之間的深厚因緣。

她有一次來加州看我，當時我們已經多年未見面。她對靈修中心所提供的看前世特別感興趣，這也是中心的核心項目之一。於是，母親決定嘗試透過催眠來回溯她的前世。起先，我認為讓別人來引導她會比較合適，於是請了我的一位學生來為她做催眠。然而，大約二十分鐘過後，兩人就走了出來，顯然催眠沒有達到預期的效果。

於是，我決定親自接手，引導母親進入輕度催眠狀態。出乎意料地，她很快便接收到鮮明、生動的前世景象，並伴隨著強烈的情感。我不記得自己是否看過母親哭泣，但那天她哭得非常傷心。

以下是母親在催眠狀態下的敘述，而她的故事也成了我的故事。

母親憶起自己前世是在地中海沿岸巴力神殿中的大祭司。神殿圓頂有一個大洞，地上有個正燃燒著熊熊烈火的火坑。所有人都圍繞著火坑站成一個圓圈，此時正在舉行祈求農作物豐收的春季祭祀儀式。母親在描述這個場景時，我也能看到同樣的景象，甚至能感受到火焰的熱度。大祭司正在等待獻祭的祭品，而我與我的長女負責呈上祭品。最令人震驚的：祭品竟然是我的小女兒！

我們將大約八歲的小女兒當成祭品帶到了大祭司的面前，大祭司一把抱起了她，想都不想就把她投入火坑。在催眠狀況下的母親不停地尖叫著。那一刻，她的情緒崩潰，淚如潮水般湧出來。我們注視著火焰，看到小女兒的以太體從火中升起，她指著大祭司說：「妳明知這是錯的，妳必須停止！」大祭司痛不欲生，最終也縱身跳入火坑自盡。

當時，我們知道這個獻祭儀式是錯誤的，卻沒有勇氣採取行動去阻止。隨後，我和長女試圖改變這些習俗，卻徒勞無功，甚至因此被族人放逐。

這段前世經歷與今生有著深遠的連結。今生，有一次，外婆在廚房忙著製作罐頭蔬菜，五歲的母親在一旁玩耍。當外婆端著一大鍋沸水從爐灶走向餐桌時，母親不小心撞到了她，母親被溢出的滾燙熱水灼傷了脖子、肩膀、胸部和上臂，留下了至今依舊明顯的傷疤。這段經歷，讓我們都深刻體會到，今生的各種遭遇常常是前世的延續。經過這次催眠回溯，我和母親的關係開始發生轉變，我終於理解了我們之間的業力牽引。

我十一個月大時，母親因為要去看外婆，把我獨自留在嬰兒床裡午睡。外婆家距離大約四分之一英里，中間要穿過一片田野。那是一個寒冷的冬日，母親在臥室裡點燃了煤油暖爐。這種老式暖爐燃燒到熾熱時會非常危險，如今已很罕見。當時，我已經能扶著東西走幾步。那天，我從嬰兒床裡爬出來，蹣跚走了幾步，然後把手放在熾熱的煤油暖爐上。當我把手移開時，手掌的皮膚全都黏在了暖爐上！父親透過窗戶看到這一幕，立刻衝去找母親。當他們進屋時，看到牆壁和傢俱上布滿了血手印，而我無助地扶著牆來回走動，哭喊著，尖叫不已。這件事，直到我三十多歲了，母親才告訴我。她說，當時她完全不知道我已經能自己從嬰兒床裡爬出來。

催眠回溯到這個場景時，我終於明白為什麼母親不喜歡與我親近。她看到我被燒傷，內心一定充滿悲痛和內疚，沒有勇氣正視我，父母也從未解釋過我的手為何會如此。透過催眠，我理解了前世火祭的場景，明白了母親今生燙傷的原因，也讓她因而釋懷了自己身上的傷痕。最終，彼此內心的傷口得以癒合。我深信，這麼沉重的業力只有在理解真相之後才能化解，才能踏實地過好日後的每一天。

業力是真實存在的，它有可能會阻礙我們發揮自己的潛能，影響日常生活。然而，陪同母親一起回溯前世之後，許多機會的大門向我敞開。這個經驗，不僅治癒了我與母親的關係，也讓我更加信任自己天賦的能力。

為母親進行催眠回溯前世後不久，朋友帶我去見當時著名的靈性導師——穆克塔南達上師。他在七〇年代從印度北部來到美國加州奧克蘭，建立了一個靜修中心。去拜訪他時，他正與一小群人在交談。當他看到我走到門口，就起身跟我打招呼。我以為他對每個人都是如此，直到後來才明白這個不尋常的舉動對我影響很大，讓我日後享有特殊的待遇。

幾個月後，我參加了穆克塔南達上師的密集冥想課程，班上約有三、四百人。課程中，他會在學員之間來回走動，用手觸碰或用孔雀羽毛輕拍他們的肩膀或頭部，這是他傳遞靈力的一種方式。走到我身邊時，他把拇指按在我的第三眼，瞬間一種莫大的喜悅充滿了我，淚水不由自主地流了下來。這次**靈力傳遞**[註1]的經歷給我帶來了很大的加持，之後的幾年裡，我的人生充滿了各種機會。我開始意識到自己天生具有特殊感知的能力，並且擁有治癒他人的能力。

隨著這份意識的增強，我的工作也逐漸聚焦於幫助他人克服恐懼，運用他們的心靈潛能，打開內心世界，消除對自身的成見。我深信，恐懼與我們所面臨的康復危機密切相關。現今世界充斥著大量的痛苦和負面情緒，這些都是集體康復危機中的一部分。近年來，我感受到的集體恐懼逐漸減少，預示著我們正為一場意識的大躍進做準備。

當前的成長機會在於勇敢面對那些讓我們感到害怕的事物，並懷抱著「一切終將過去」的信念，這是為地球和平做好準備的過程。儘管我們有時會感到無望，但當面對威脅與恐懼時，我們必須堅守內心的**合一性**[註2]意識，繼續前行。我們需要正視內心的恐懼，並深信每一個能夠意識到自己與宇宙萬物合而為一的人，無論其身分如何，都能為未來世界的和平與康復貢獻力量。

雖然穆克塔南達上師在一九八二年過世，但我至今仍能感受到他的真實存在。在面臨重大難題時，他常會在夢中為我提供教導與指引。

幾年前，我在演講中遇到一些從事「傳統靈媒」的工作者。他們擁有敏銳的第三眼，經常為人占卜或看前世。這些靈媒有的已婚，有的喪偶，大多經濟穩定，謀生不是他們關切的議題。然而，當今的靈性工作者不一樣，他們更加自覺，致力於自我提升，保持清晰的思維和正確的認知。也正因如此，這些治療師或療癒工作者不得不去關注如何維生。當我談到收費時，其中一位傳統靈媒的女士舉手說：「如果您收取費用，可能會失去這份天賦。」其他女士也表示同意。這樣的觀點令我措手不及。我反覆思考了這個問題，最終說出了我的看法：「如果不收費，我就得做另一份工作來維持生計。這樣會導致精力分散，無法全心投入療癒工作，也就無法持續提供這項服務。」然而，經過這次的討論，我多日輾轉難眠，不斷質疑自己：「這樣做真的對嗎？應該為我的工作收取費用嗎？」

直到有一晚我做了一個夢。在夢中，我坐在聽眾席聆聽穆克塔南達上師講課。他示意我上前與他一起坐在眾人面前。我極不情願地走上講台，感到非常不自在。他坐在一塊厚重的木板上，四角各放一杯水來保持平衡。我不敢上前，擔心自己會破壞平衡。但他堅持拉著我坐在離他很近的地方，我緊張得幾乎無法呼吸。

---

1 譯註：梵語為Shaktipat，印度教的術語。指上師古魯將能量傳遞給弟子的過程，可比擬為被上師加持。

2 譯註：Oneness，挑戰我們對分離的傳統理解，並鼓勵我們感知所有生命和存在的根本統一性。它可以從理性層面進行剖析，但大多數時候，這種體驗是透過靈性實踐、冥想或心靈的領悟來實現。

就這樣，我坐在他身邊聽他講課。幾分鐘後，他一手握住我的手，另一手拿出一個天鵝絨袋。他把袋裡的金幣一個又一個倒在我的手心，甚至滿溢出來。這個夢境帶給我的啟示是：金錢如同其他物質一樣，也擁有能量與神性。我以自己的治療能力幫助他人，並為此收取金錢，這是我神聖的權利。

醒來後，我對這個夢充滿感激。感謝親愛的穆克塔南達上師，再次在夢中引導我，賜予我智慧和力量。

Chapter 2
自由之路

在一九七〇年代的加州，一個由十到十五位來自各行各業的人們自發組成的小團體開始定期聚會，我也是其中一員。我們主要在聖塔克魯斯和柏克萊兩地活動，熱衷於融入那個時代變革的激流，沉浸於意識大覺醒的浪潮，隨著這股潮流起伏。威廉・詹姆斯是我們的老師，他富有真知灼見，無私地陪伴我們度過各種挑戰。他從未企圖操控任何人，而是引領我們走向一條通往自由的道路。對我來說，這是我對自由初次真正的體驗，也是探索美好生活的起點。

威廉是一位熱愛女性的心理學家，常常與願意和他一起探索親密關係的女性交往。據我所知，他在這方面始終堅守他的道德底線：不對女性說謊、不違背承諾、不讓她們對關係產生誤解。最重要的是，他擁有一顆開放的心。女性們明白他愛她們，但這種愛並非占有，也不是出於私慾，而是一種普世、深刻、具包容性、無條件的愛。

有一天晚上，一位剛加入我們小組討論、不太了解這個團體的男人當面質疑威廉：「嘿，你以為自己是誰？竟然敢隨意和女人亂搞關係！」他列舉了威廉在處理女性關係上犯下的所有「錯誤」。威廉全神貫注地聆聽，然後雙手合十，低頭平靜地說：「是的，這也是我。」註1全場一片靜默，隨後，討論繼續。

接著，另一位成員站起來為威廉辯護。她對那個男人說：「我們跟隨威廉學習，是因為他教導我們如何無條件去愛。他的行為本身就是教學。他不要求我們模仿他，只是向我們展示如何信任自己。」她列舉許多自己在威廉的教導下學到的體驗，並以此表達對他的敬佩。每個人都轉向威廉，他再次雙手合十，低頭平靜地對她以及我們所有人說：「是的，這也是我。」

無論是正面的讚揚，或是負面的批判，他的回答始終如一：「是的，這也是我。」沒有辯解，也沒有否認。他從未將任何言論視為個人攻擊，也不覺得需要為自己辯護或解釋。這個鮮活的教導讓我們每個人都學會了如何誠實地接納自己，並從中獲得幸福。

你也可以嘗試著如實地接納自己！

---

1 譯註：「是的，這也是我。」（Yes, that's me too.）這句話促使自我意識的覺醒，接受自身的缺陷與優點，並透過謙遜和真誠來培養與他人的真實連結。這種表達方式有助於自我覺察、改善，使他能深刻理解自己和他人。

Chapter 3
儀式與夢

二〇〇〇年初，我正在準備從聖塔克魯斯前往歐洲教學，同時安排為個案看前世。然而，那段時間我深受類似流感症狀的折磨，身體極度虛弱，始終無法擺脫持續的疲憊感，甚至連醫生也束手無策。我很猶豫，不確定是該如期出發，還是取消行程，更別提是否應該繼續這份我熱愛的工作。

就在徬徨無助的時候，好友丹增拉莫建議我去拜訪一位巴西療癒師，也是一位藏傳佛教上師。一籌莫展的我帶著些許希望與他約好見面的時間，心想這位療癒師或許能幫我找出問題的根源。見面時，他連正眼都沒瞧我一下，也沒有問我任何問題，直接說：「因為受到極大的打擊，妳的守護靈離開了妳。」

我當時非常驚訝，以為自己只是身體疲憊，並未經歷什麼重大的精神打擊，因此對他的話感到相當疑惑。然而，他堅持有什麼重大事件發生過，也有可能是多年前的事。最終，我嘆了口氣，低聲承認道：「是的，五年前，我的女兒去世了。」

他緊接著問：「她是怎麼離世的？」

我不得不誠實面對這段痛苦的往事：「自殺！這確實對我造成了巨大的打擊。」

他說：「為了幫助妳重新獲得身心靈的守護，我們需要舉辦一場法會。我即將離開美國，但在那之前，我可以在薩瓦斯托波為妳舉行這個祈求療癒的儀式。」

儀式的時間剛好在我前往歐洲教學前幾天，所以欣然接受了這個安排。

我曾聽說這位喇嘛療癒師對遲到者十分嚴格，甚至有人因遲到而無法見到他。為了不錯過這次重要的療癒，我提前一天出發，事先開了三個小時的車到聖羅莎附近的一位朋友家借宿。第二天，我早早上路，預計半小時就能抵達薩瓦斯托波。然而，事情並不如預期般地順利。一路上，車子似乎總是偏離正確的路徑，無論我怎麼努力，都無法開往正確的方向，每次剛找到正確的路，之後又迷路了。在途中，我不得不多次打電話跟法會中心求助，當我最終抵達時，已經遲到了整整兩個小時。

到達時，我非常沮喪，認為自己可能無法參加這次法會了。想不到，他們立刻帶我進入療癒室，並告訴我這一路上的干擾，正是來自我所經歷的內在巨大衝突與阻力。法會歷時約三個小時，由喇嘛療癒師和兩位年輕僧侶共同主持。他們拿著一壺涼茶，輕輕地將茶水灑在我的頭上、手心和赤腳上，每次只用一點茶水。整個過程中，他們不斷翻閱一本經書，低聲吟唱著規律的咒語。

我已經記不清法會的具體細節，因為整個過程中我的意識一直處於模糊狀態。儀式結束後，我的身體和意識依然有些恍惚。僧侶們讓我在室內來回走動，直到意識完全恢復清醒，才允許我開車回朋友家。

回程非常順利，一路上再也沒有迷路或遇到阻礙。

三天後，我搭飛機前往歐洲開始工作。一個星期後，在瑞士盧加諾，我做了一個很特別的夢。夢中的我回到了那間療癒室，與療癒師面對面坐在一張矮桌旁的地板上。他用一種極其不友善的苛刻口吻問我：「妳憑什麼認為自己值得我的幫助？」

我被這突如其來的質問嚇得啞口無言，腦中一片空白，說不出半句話來。正想張嘴回答，卻發現自己突然漂浮到天花板上，從高處和他說著一些漫無邊際又毫無意義的話。而他卻仍然靜靜地坐在桌旁，面無表情，紋風不動。

就在這時，我注意到屋裡開始颳起一陣旋風，所有東西都被捲了進去，隨著旋風不停地繞圈。紙片、書籍、傢俱、植物、聖品等等都在屋裡打轉，唯有療癒師和我靜止不動，完全不受影響。這一幕讓我驚慌失措，不知該如何是好。

最後，在凌晨三點驚醒，發現自己還在盧加諾。此時，床上的被子竟然一圈又一圈地繞住了我的脖子，這是之前從未經歷過的情況。

醒來後，我一遍又一遍地對自己說：「我不配，我不配……」但就在這時，意想不到的幸福暖流從腳底往上流竄，隨著它遍布全身時，我的身體感受到一種前所未有的溫暖，嘴裡說出的話竟然變成：「啊！我值得，我配得上！」淚流滿面的我，就這樣幸福地進入夢鄉。

此刻，我清楚明白，這段療癒的過程終於圓滿結束了，曾經的疾病和疲憊都已被拋諸腦後。

謹在此，對所有與此次療癒相關的人，致上最誠摯的感謝。

Chapter 4
如何解讀

在為個案提供服務時，我通常採取所謂「跟著能量走」的方法。我會向個案提出一連串看似毫不相關的問題，試圖從中找出他們能量場中被卡住或阻塞的部分。一旦找到這些阻塞點，就能順利指出我認為是導致個案無法走出困境的突破口，或是無法釋放自己的原因。

如果能量場的阻塞來自尚待解決的前世問題，我就會運用第三眼來讀取「靈魂的永久紀錄」，也就是所謂的**阿卡西紀錄**。這些紀錄有時能揭示個案問題的根源，有可能是童年某個事件或某個特定因素造成的創傷。一般來說，只要能精準指出某個特定的人事物，就足以釋放經年累月被阻塞的能量，從而啟動療癒的過程。

有時，我需要「啟動某些能量」來引導個案「擁有」某種情緒，比如憤怒或羞恥。換句話說，我會要求他們沉浸在這些情緒中，表達他們在其中最想要達到的改變，這便是他們的「底線」。這種方式能讓個案全心投入，幫助他們面對並接受當前的情況，進而處理與釋放這些情緒。整個過程能為我們期待的身心自由打開一條通路。

「看前世」意味著什麼？

想像一下，有一天你偶遇一位久未謀面的朋友。在他尚未開口之前，你就能「感覺」到他正在承受某種壓力或帶著某些情緒。如果你屬於高敏感族群，這種直覺還能告訴你在這種情況下是否應該進一步詢問他的狀況。又或者，看到朋友臉上洋溢著幸福的光芒，你同樣能感受到他正經歷著美好的事情。這些都表明你在「讀取他們的能量訊息」。這種感知力也同樣適用於電話溝通，一聽到對方的聲音，就能立即意識到他當時有著什麼樣的情緒。

如果你心懷幫助別人離苦得樂的信念，並且勤奮地練習這種感知力，就能擴展這方面的意識。隨著練習愈深入，你所看到的、感受到的就會愈來愈多，最終能像我一樣讀取更深層次的訊息。你可能會意識到前世的存在，或所謂的「中陰身」註1，甚至是超越一般意識的其他維度。如果你能將這個過程想像成一種深層的冥想狀態（西塔波），就會開始體會我在看前世時的感覺。

雖然每次在為個案看前世時都是回應他們尋求解脫的需求，但我非常清楚這其實也是一個教學相長的經驗。我很慶幸能從事這項工作，因為自己也從中獲益，甚至常發現自己同樣對某些問題有著與個案相同的疑惑，這讓我的旅程更具意義。

1 編註：佛教用語，指人在死亡後、還沒投胎轉世前的存在狀態。

一旦踏上了道，
道就會在你眼前展開，
既然明白它的去向，
就朝它狂奔而去吧！

——魯米[註2]

2 譯註：Rumi，中世紀波斯的蘇菲派詩人、神祕主義者和哲學家。他的中心思想圍繞著愛與靈性，論述超越了宗教與文化的普世智慧。他相信，生命的最終目標是透過愛來達到與神合一的靈性覺醒。

PART II

個案的阿卡西之旅

我並不在意你是否相信前世，
我只專注講述發人深省的故事。
——彌哲

本書囊括了二十八篇透過解讀個案阿卡西紀錄而取得的故事。這些都是我們靈魂的永久紀錄，能幫助我們從中逐一探討累世的經歷，藉此了解現今生命中發生的各種事件。除非我們能夠理解生生世世積累在心識流中各種強烈感受的意義，並在生命成長的過程中加以應用，否則那些未被弭平的感受，就會緊緊抓住我們不放。只有透過個人的理解、學習與成長，才能獲知這些經歷存在的意義，並為我們提供增長智慧的機會。

所有懸而未決的問題，最關鍵的要素都會在生活中持續著。我們需要先理解問題之所在，才能解決它。看前世就是一個很有效的方法，誠如威廉．福克納（William Faulkner）所說：「過去永遠不會消逝，甚至從未過去。」

在彌哲女士為個案看前世一段時間之後，會有個案接受採訪的紀錄。採訪的重點在於：在體驗了看前世一段時間之後，這個經驗對個案的生活帶來了怎麼樣的影響。緊接在訪談之後的，是與故事主人翁如何療癒人生課題有關的名人金句或詩篇，目的在於提供讀者進一步反思的空間，以激發更深刻的見解。

最後，彌哲女士在每章結尾都附上解決問題的「工具」，為讀者提供簡單實用且有效的方法，以便將她所教導的玄學原理與概念付諸實行。我們一旦開始理解這些原理原則，就可以運用適當的工具把學到的概念應用到實際生活中。你會發現很多工具其實都適用於不同情境，這些工具能幫助你在生活中得到想要的改變，你會變得更欣賞自己、愛護自己、接受自己。我相信你會更快樂、更成功。一個更快樂的你，必定能為這個世界帶來更多美好的祝福！

為了保護個人隱私，書中所有案例的個人訊息和敏感細節都已更改。為了提高可讀性，我們也在文字上做了相應的修改。

究竟是什麼樣的恐懼阻礙了我們去實現人生的目標？這些前世故事揭示了我們今日困境的根源，也為我們共同面對的問題提供了全新的觀點和思維方式。在這二十八篇被選出來與讀者分享的案例中，有些關注於家庭成員和伴侶的關係；有些探討工作、職業，以及生命更深層次想要完成的目標；還有針對財務問題，包括住房、居住地以及未來計畫的決策等等。無論你是否已婚、單身、有沒有孩子，是治療師還是公司的執行長，都能找到適合你參考的內容。

讓我們在玄學以及阿卡西紀錄的領域中繼續深入探討，以便能理解它們對我們生活的影響。

Chapter 5
孩子失眠

〔工具〕主導情境

【克莉絲汀，妮娜的母親，生於一九七五年】

克莉絲汀是訓練有素的針灸師。她是住在瑞士的美國人，先生是瑞士人。在聽了彌哲的演講後，為了進一步深入了解，她與彌哲約談。當時，她五歲的女兒妮娜夜裡總是難以入眠。妮娜害怕獨處，更害怕獨自入睡。妮娜一出生，克莉絲汀就能感覺到孩子有很深的恐懼感，有時甚至會恐慌症發作。小妮娜總要握緊媽媽的手或貼著媽媽的身體才能入睡，儘管有時實在累壞了，她也會努力讓自己保持在清醒狀態。

每當克莉絲汀停了車要為妮娜打開車門時，如果當時車內只有妮娜一個人，她就會開始尖叫。克莉絲汀必須先讓自己這邊的車門開著，繞過去打開孩子那邊的車門，帶她下車，然後才可以把兩邊的車門都關上。漸漸地，克莉絲汀習慣了這種開門、關門的模式，但她總想弄明白這件事背後的原因。

透過探討前世，克莉絲汀了解了女兒有過的一段經歷：

在這段前世裡，妮娜是個七歲的小女孩，有個大她兩歲的姊姊。她們和父母住在越南一間簡陋的小屋子裡。事件發生在一個深夜，當時兩個女孩都被反鎖在小屋裡。起先她的父母和士兵在屋外，後來父母雙雙被士兵槍殺。她們在屋內只聽到槍聲，後來才發現父母都死了。妮娜那一世的生命很短暫，十幾歲就去世了。短暫的生命讓她沒有機會從失去父母的傷痛中走出來。那一世極為震撼的情緒創傷，被她帶到了這一世。

彌哲解釋：當一個人的生命到達前世創傷發生的那個時間點時，前世所經歷的傷痛經常有可能再度被引發；同樣，此生發生的類似體驗，也可能促使那些記憶一觸即發。當初沒有能力處理的痛苦記憶，此刻會開始產生影響；從另一個角度看，這其實是為人們提供解決以前未能及時修復情緒創傷的機會，使得深層傷痛的記憶變得比較容易處理。

克莉絲汀和妮娜的轉變

兩年後，克莉絲汀在一次後續訪談中，描述了自己如何在了解了女兒前世之後，幫助她改變恐懼的心態，進而改善了家庭的互動模式。

聽彌哲解讀女兒前世的當下，我全身起雞皮疙瘩，因為她的故事印證了我的體驗。我清楚知道她所敘述的故事有其真實性。妮娜一直被某種無以名狀的事困擾而飽受煎熬。由於對女兒這段前世的認知以及各種努力得來的成果，我確信事情已經開始改變了。來自各方面的幫助，著實讓我鬆了一口氣。

除此之外，我們也採納「人體運動學」註1療法。這個團體裡的人都能理解、支持我，讓我不會感到孤單。孩子七歲生日過後，我們開始感覺到她的神經不再那麼緊繃。在了解前世後沒多久，我不僅在想法和感受上有改變，對孩子的行為也有更深的理解與寬容。我和丈夫偶爾會有爭執，因為他總認為妮娜這麼大了，應該可以自己睡了，覺得我夜裡一直這樣陪孩子是不對的。

我一直都很認真對待孩子的恐懼心態，如今情況有了明顯的改善，我也放心多了。我覺得自己在這件事上處理得很好，給了她足夠的安全感。今晚睡覺時，我依舊陪她看書，給她講故事，沒想到她就這樣睡著了。

女兒出生前不久，鎮上有人放煙火。生產前那一晚，我到屋頂露台看煙火。就在那個時候，我的羊水破了，這很有可能間接導致了她把過往的恐懼帶回這個世上。如今，她對噪音不再那麼在意，也可以欣賞美麗的煙火，現在跟外向愛玩的男孩相處時也很自在，不會那麼害羞了。

因為妮娜仍然需要父母的陪伴，隨時想知道爸媽去哪裡，什麼時候回家。感激丈夫經常在家，認真參與孩子的成長與家庭活動。她覺得被父母了解與接受，而我對於所採取的應對措施也充滿信心，相信這些改變都是正確的。

與此同時，我也在學習寬恕。看前世給了我信心與力量，接受不同層面的訊息，可以提升覺知，幫助我們放下執著並解決問題。只要有機會多了解，就能讓我們成長。看前世得到的清晰意象和訊息是一份珍貴的禮物，讓我受益匪淺，有效地驅使我從內心深處做改變，並持續關注這個議題。

我跟丈夫提及女兒前世的故事，他的反應沒有我那麼強烈。儘管如此，他對輪迴抱持開放的態度。因為女兒的故事是由彌哲告訴我，我再轉述給他的，所以他多少會接受一些，並因此更加關注這方面的訊息。這些改變對我們全家都很有幫助。

只要地球上還有不快樂的孩子，
就不會有偉大的發現和進步。
——愛因斯坦

〔工具〕主導情境

當你（或你的孩子）陷入一種讓人困擾的情境時，請試試以下的方法：

找一個安靜且不會被打擾的地方，坐下來。把注意力集中在呼吸上，直到幾分鐘後內心開始感到平靜為止。接下來，開始觀想一個令你束手無策的情境，你可以任意編造這樣的情境。在情境中，你企圖改變的模式正牢牢地抓著你不放。隨著畫面變得清晰，情境逐一展開並推進情節的發展。允許自己的情緒被激起，盡情發揮你的想像力！一直跟隨這個情境直到結束，然後靜靜地坐著，觀察自己當下身心的感受。這個過程稱為「主導」情境。當我們能主動擁有它時，便有能力去改變它、化解它。我們不再是無助

1 譯註：kinesiology，是一種綜合性的替代醫療方法，主要使用肌肉測試來檢測人體能量流動的阻礙，從而找到潛在的健康問題，改善身體的生理功能。

的受害者，相反地，我們此刻有創造力和執行力，能夠找到解決問題的方法。

你是否擁有家的「主導權」？居住的飯店房間？選擇的家庭？情感的關係？親情？只要告訴自己「這是我家」，進入每個房間時以此大聲宣布，即使在旅館房間裡，也說一聲「這是我的空間」，都能幫助你找到內心的平靜。對親人、伴侶或孩子說一聲「真高興你是我的家人」，能帶來深深的療癒力。你的生命是自己一手創造的傑作，請好好擁有它！

Chapter 6
靈性危機

〔工具〕評定是非

【艾瑞絲，生於一九六〇年】

多年來，艾瑞絲和卡琳一直在同一個合唱團唱歌，也都同樣從事腳底按摩（反射療法）治療師的工作。她經由卡琳的介紹認識了彌哲。一開始，她並沒有提出具體的問題或請求，只想請彌哲觀測她的能量場，並依此提出看法與建議。當時艾瑞絲總覺得身體有哪裡不對勁，卻又說不清到底是怎麼一回事。她常覺得自己瘦得像皮包骨，好像只是裹在薄薄皮囊下的骷髏，四處漂泊，希望彌哲對此能有所解釋。

以下是她們的談話內容：

彌：我雖然不知道妳健康時的樣子，但是妳現在臉色蒼白，能量極低，顯然妳的健康出了點問題。

艾：我常常覺得很累，整個人都不對勁。這個情形已經持續大約兩年了。

彌：兩年前發生了什麼事？

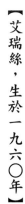

艾：我因為心悸去看醫生。他檢查之後認為我的身體沒有任何問題，但我仍然整日惴惴不安。

彌：我們來看看妳的人際關係吧！或許能從這個角度找到一些蛛絲馬跡。

艾：過去十年來我都是一個人住，感情生活一片空白。我也常問自己這是怎麼一回事。多年前之所以結束一段感情，是因為實在無法跟那個人繼續生活下去。

彌：妳的心情沮喪嗎？

艾：我雖然不覺得沮喪，卻也不怎麼開心。父親在一年前去世之後，我的血液檢查報告開始出現異常，鐵含量特別低。

彌：我所謂的「沮喪」不代表妳是否傷心。感覺上，妳的能量太低了。能不能告訴我，妳想要什麼？

艾：我讀到有關妳的文章，所以想看看妳能否替我找出我的問題所在。

彌：所以，妳想知道為什麼身體出現這些徵狀？

艾：是的。

彌：妳還想要什麼？

艾：我還想知道阿卡西紀錄裡有哪些跟我相關的訊息。我知道的愈多，或許就愈能了解自己做得好不好、對不對。這樣的話，我的人際關係和健康問題或許能有所改善。

彌：讓我們先把這些都擺一邊。請告訴我，妳真正想要的是什麼？

艾：我希望有人能支持我、幫助我，讓我的身體恢復健康，感情生活幸福。

彌：妳有朋友嗎？

艾：有的。

彌：他們支持妳嗎？

艾：是的。

彌：假設我是妳的神仙教母（fairy godmother），只要揮一揮魔杖，妳所有的夢想都會成真，那麼妳的夢想會是什麼呢？

艾：我不明白妳的問題。

彌：我懷疑妳可能從未真正表達過自己內心的渴望。假想一下這個情況：我是妳有求必應的神仙教母，現在給妳三個願望，每個願望都能成真。請告訴我妳想要什麼？

艾：我想要有健康的身體、心愛的伴侶和一份真正喜歡的工作。我從事腳底按摩的工作，還得另外打零工賺錢。我希望有更多自己的時間來做治療師的工作。

彌：讓我們重新開始，請告訴我妳的姓名、生日？

艾：我叫艾瑞絲，一九六〇年出生。

彌：現在比較能感覺到妳的能量了。妳知道妳的第三眼是開著的嗎？

艾：是的，很多人都這麼跟我說過。

彌：多久以前就知道它已經開啟了？

艾：至少有十年了。

彌：當我把能量調到與妳同頻時，我可以感受到一些痛苦。妳也覺察到了嗎？當妳用第三眼來看事情時，它讓妳開心還是害怕？

艾：其實它豐富了我的人生，對我而言是積極而且正向的。

彌：父親去世對妳產生了什麼影響？那個時候妳有沒有看到什麼？

艾：什麼都沒有！

彌：現在我把讀到的訊息描述給妳聽：我目前還看不出原因，但是有一部分的妳已經離開了身體。有時一個人的離世，會讓其他人的能量也跟著離開。但我感覺妳的情況並非如此，沒聽妳提過去三年有什麼讓妳痛苦難忘的事情。我問妳想要什麼，妳的語氣也很冷漠，好像事不關己。即便是在講述自己的願望時，我也感受不到任何的能量與熱情。我認為一定發生了什麼，導致部分的妳離開了身體。由於這種不完整，妳無法自我療癒，也無法接近吸引妳的人。我說的這些，對妳並不意外，對嗎？我相信妳是明白的。

艾：父親一年前去世，當時我整個人都崩潰了。雖然我的身體還在，但它就像一個空殼。我確實感受到身體有一部分跑到別的地方去了。

彌：就在此刻，當妳跟我描述這件事，告訴我妳其實對這一切都很清楚明白。這一刻，是我到現在為止感受到妳的能量最強烈的時刻。現在讓我再做個假設，假設有大約百分之三十的妳是在這裡的。但這只是出於我個人的感覺，所以很可能不準確。如果我問妳「妳願意百分之百在這裡嗎？」妳的答覆會是什麼？

艾：我絕對願意！

彌：妳是否能感覺到妳的回答和實際情況有差異？妳說的是「我絕對願意」，但妳的能量沒跟上，兩者不一致。

艾：我不懂妳的意思。

彌：這就是為什麼我一再問妳「妳想要什麼」的原因。我們內心的渴望將我們帶到這個世界上來，讓我們去達成它、滿足它。如果沒有任何渴望，就沒有理由留在這裡。依我看，妳現在只剩半條命，正處在靈性危機中，陷入理想幻滅的境地裡。我們的確需要找出問題所在。治好自己，這件事對妳來說重要嗎？妳能為治癒自己做出承諾嗎？

艾：我的答案是肯定的。

彌：妳沒有孩子，沒有家庭，沒有伴侶，父親也不在了。母親還健在嗎？

艾：是的，我和媽媽的關係很好。

彌：妳願意為她而活嗎？

艾：不願意！

彌：我看到妳的光體（light body），也看到妳不斷把妳的光體推開，與它保持一定的距離。也就是在那個時候，你打開了妳的療癒通道。妳做腳底按摩有多久了？

艾：十年了。

彌：當妳為客戶服務時，自己擁有的能量足以發揮作用嗎？當妳與客戶建立關係時，妳能感覺到自己還有更多潛能可以發揮嗎？

艾：是的。

彌：妳的光體在妳身後大約三英尺的地方，觸手可及。我看不出有任何業力或障礙阻止妳使用它，也不認為使用它會為妳帶來什麼困難。感覺上，這股光體的力量對你來說過於強大。將它融入身體能幫助妳得到內心的平靜與穩定。然而，當妳擁有這份強大的能量時，它會對妳提出新的要求，到那時，妳不得不關上後門。這扇後門目前是開啟的，意味著妳有主導權，可以決定它與妳身體保持多大的距離。

此刻的妳不是完整的，所以能量極低。當妳發現自己擁有特殊的治癒能力卻選擇將它推開時，妳的拒絕，引發了一場內心的危機。只有將所有的能量都聚集於一身時，妳才會感到安定與踏實。然而，一旦如此，他人又有可能對妳提出各種要求，向妳索求幫助。到底我們人類對妳做了什麼，讓妳如此失望而拒絕？這是我們每一個人都經歷過的共同體驗。

我認為妳面臨的危機有兩個層面：一方面，妳拒絕了自己擁有的治癒能力，導致無力照顧好自己，影響了身體健康。當然，妳也可以假裝自己從未有過這種能力。另一方面，在妳的內心深處認為，沒有任何人值得受益於妳的治癒能力，包括妳自己。這種想法源於前世經歷，那時的妳堅信所有的人都不配接受妳這份特殊的治癒力量。

李察・巴哈（Richard Bach）寫了一本很棒的書，書名是《夢幻飛行》（*Illusions: The Adventures of a Reluctant Messiah*）。書中敘述一個擁有治癒天賦的人，能幫助並指導別人達到開悟的境界，但他偏偏不想要有這樣的能力，他不喜歡別人對他有種種要求，因為責任太大了。妳的現況正是如此。妳原本擁有完整的光體，有可以治癒他人所需的一切能量，但妳一旦感覺到自己有這個能力，就會不由自主地把它推開。

因為妳的能量場太弱，我很難覺察妳到底想要什麼。但此刻，我終於能感受到妳內心產生了變化。這一刻，我等了很久！妳把自己藏得很深呢！有時，只要意識到自己在做什麼，就能覺察到：「等一下！這並不是我真正想要做的事！」

平常我很容易就能從阿卡西紀錄看到每個人的前世，但妳的特別難讀取，可能是妳頑強抵抗，也可能是因為妳還不確定是否要揭開其中的奧祕。妳真的想知道這段有可能幫助妳走出困境的前世嗎？

艾：這正是我來找妳的原因。我確實想了解它，而且我也知道這是我的靈性危機。

談話進行到這裡，彌哲開始講述艾瑞絲的一段前世：

我看到船上有很多活動正在進行，周遭的一切亂成一團。這是在第二次世界大戰期間，乘客主要是一群逃離德國正在尋找落腳地的猶太難民。你是醫生，但不是這艘大船上官派的醫生，跟其他人一樣，只是一名乘客。

因為船上的人都病了，當地的政府機構擔心病人把疾病帶上岸，所以無論船開到哪個港口都會被拒絕靠岸。船上大約有二、三十個房間供富人使用，你是其中有特權的人之一。甲板下層的空間狹小，數百人只能躺在地上，他們把衣服拿出來鋪在地上當被褥。如果有人病了，情況就更糟糕，因為大家都在船上，根本無法隔離病人以防止疾病擴散。

你不久前才發現自己有猶太人的血統，正承受著極大的衝擊。你在柏林一家著名的大醫院擔任院長一職，還是醫院附屬大學的教授，早些時候，當納粹開始圍捕猶太人時，你都暗自祈禱，希望身處極具聲望的職位能保你平安無事。

終於有一天他們來抓你了。你一向受人愛戴與敬重，職位穩固，發表過無數學術文章，還是很多醫生的指導老師，他們都曾接受過你的督導，所以此舉激怒了所有的護士和醫生。

當身穿黑色制服的人來醫院的時候，有些醫生試圖擋在你和黑衣人之間。護士們哭了，醫院裡一片混亂。你把每個人都叫到面前說：「別擔心，我會把這個問題解決好的。不要難過，繼續照顧我們的病人，我下午就會回來。」

因為你身居高位，他們對你做出的唯一讓步就是把你帶到軍事法官面前。法官手邊有很多文件證明你位居顯貴、能謀善斷、廣受歡迎。於是他對你說：「聽好了！我其實不應該這樣做，但我還是決定給你和你的家人二十四小時逃離這個國家。萬一出了什麼事，而且事情鬧大了，我跟你一點關係都沒有！」你看著他的眼睛，看出他是納粹黨內少數幾個有同情心的人。他說：「別想帶走任何東西，哪怕只是一袋衣服，只要帶著你所有的錢離開這裡，我能幫的就這麼多了。」顯然這並不屬於法庭系統的一部分，也不像是對官員的審判。

這件事讓你了解到：有些人雖然在同一個制度裡工作，卻反對納粹，有不同的立場。他們為數不多，彼此也都不認識。他們安排你和家人登上一艘船。本來沒有人知道你的身分，但你十二歲的兒子在甲板上跟幾個朋友一起聊天時，說出了你是醫生的事實。於是話傳開了，船長來找你：「現在的情況很明顯，船上沒有半個醫務人員，卻有太多病人。我們現在的處境很糟糕，迫切需要你的協助。如果不能將船上所有染病的人治好，我們將永遠無法停靠任何港口。」

你二話不說，捲起袖子就投入工作，你的妻子和十五歲的大女兒也想幫忙。儘管你認為這個疾病的傳染性太強，不希望她們介入，但她們依然堅持幫忙。在這一個多月裡，你竭盡全力拯救每一個能救的人，並不斷提醒船長，最重要的是遏制疾病的擴散。

你想出了一個能將健康的人和病人隔離的辦法。然而，命運無情，你的妻女也相繼病倒，病得非常嚴重。你對那些曾經受你幫助的人說：「我希望能去船艙另一頭照顧那邊的病人，但我需要有人幫忙照顧我的妻女。我可以監督和指導一切，並盡我所能確保不再有其他人染病。」

讓你無法接受的是，船上竟然沒有一個健康的人願意站出來幫你。你面臨著艱難的抉擇：是救自己的家人、陪伴妻女，還是繼續留在病人區，盡可能挽救更多的生命？你不願將妻女帶到病人區，因為那樣對她們太危險了。最終，大部分時間你選擇留在自己的船艙裡，陪伴她們，但也仍然設法幫助其他病人。

當你的妻女在短短二十四小時內相繼離世後，你的心幾乎崩潰，放棄了一切。如果當時有人願意幫忙照顧她們，你會教他們如何去做，自己則會去拯救其他病人。然而，偏偏沒有人伸出援手。人情冷漠與至親的逝去，讓你徹底心灰意冷，不願意再去幫助那些不願意幫助你的人。

你回到了船艙，將自己和另外兩個孩子一起鎖在裡面，漫無止境地等待著結局。船上超過一半的人死去，屍體被投入大海。最後，許多人不是痊癒，就是去世。這艘船終於獲准靠岸。你在南美洲的一個地方下了船，戰後在那裡住了幾年。每當你想起自己為那些冷漠無情的人付出了妻女的生命，心中的絕望便再次襲來。

即使妳今天試圖擺脫過去的痛苦，並開始採用新的療癒方式，前世的幻滅感依然在今生強烈地存在著，並始終伴隨著妳。妳發現自己擁有強大的治癒能量，卻再一次拒絕了它。其實，妳今生的課題是學會寬恕，原諒前世那些因為恐懼而背棄妳的人。

在前世，妳克服了內心的恐懼，妻女也戰勝了她們的恐懼，因此妳無法理解為什麼其他人拒絕幫助妳。而今，妳再次面臨同樣的困境，我們可以看看這次妳能否無條件地接受他人。有些人內心強大，願意冒著生命危險幫助他人，而有些人則無法做到這一點。在我看來，現在正是妳改變命運的關鍵時刻。

艾瑞絲感謝彌哲與她分享這段前世經歷，她總結道：「這一世，我和其他人一樣，面對相同的情境，耗費了太多的精力。了解前世的經歷後，很多事情都能歸納在一起。昨天我才跟朋友說，我確信自己曾經是一名醫生。一開始，我真的不知道該如何提問。」

彌哲答道：「妳離開自己太久了，現在正重新與自己接軌，找回自我。妳的光體也正逐漸與妳的身體融合。」

艾瑞絲的轉變

在與艾瑞絲的後續訪談中，她敘述看前世的體驗如何翻轉了她的人生。

前世的故事與我產生了深刻的共鳴，讓我有種「啊！原來如此，這就說得通了！」的感覺。隨著我對這些經歷的理解愈來愈深，很多事情對我來說都變得更加清晰，這種似曾相識的感覺不斷出現，並且持續著。

在請彌哲給我建議之前，我一直面臨著健康問題。看過前世之後，我反覆聆聽與彌哲的對話錄音，慢慢深入理解其中的奧妙，更加明白累世業力的影響，內心感到非常寬慰。其實在看前世之前，我就已經覺察到自己對許多事有種難以解釋的熟悉感，卻無法說出這些感覺來自何處或如何產生。看前世的經歷成了一段解惑的旅程，證實了我一直以來的信念：我們都是懷著動機與目的來到這個世界上，人生的一切都在按照一個既定的計畫和模式展開。我一次又一次重溫前世中的每個片段和當時的各種情緒體驗，這個過程幫助我深入理解到「事出必有因」，順藤摸瓜的過程，讓我更踏實地去感受當下的生活。

從今以後，我可以放下過去事件對我的影響，讓它隨風而去。前世我曾盡一切努力去幫助他人，儘管我竭力給予幫助，但當我最需要他們時，卻只得到了冷漠的回應，這讓我深感失望。作為一名醫生，我最後竟然選擇以牙還牙，拒絕幫助他人，這讓我感到深深的內疚。我帶著這種對他人和對自己極度失望的情緒來到了今生。雖然我仍然走在幫助別人的道路上，但今世我已不再是醫生，也不再有那種「非我莫屬」的壓力感。那種「不得不」的心態已經遠離了我。如今，事情的發展與前世大不相同，這個認知讓我得以擺脫巨大的心理壓力。我終於明白，這些困擾我的感覺其實是來自前世的記憶，但它們不再會影響我今生的生活。

我不再因為內疚而強迫自己去參與某些事或活動。如果我真的不想當醫生、治療師，或從事其他不喜歡的職業，我就不再勉強自己。如今，我終於能自在地做決定，也更清楚為什麼我的治療師生涯有時會停滯不前。

過去的一年，我逐漸減少了治療師的工作。做出這個決定時，內心多少帶著些許悲傷。回想起學生時期，老師們多次以各種方式督促我完成課程，但我的內心似乎有一種力量讓我無法完成。這種反抗，其實是源自於我給自己「必須這樣做」的壓力，讓我感到自己好像是來「還債」的。正因如此，今生我埋頭苦幹，完成了學習，成為治療師。多年來，我的事業一直都很成功，直到我決定停業為止。

在理解了前世因果關係後，我學到了深刻的道理，這也讓我更清楚為什麼治療師的生涯無法繼續。前世的負擔給我帶來了持續的壓力，而現在，我終於擺脫了這些責任與成為醫生的執念，感受到從未有過的自由。

為了完成今生的使命，我刻意做出了改變生活的決定。我堅信，每個人都有來到這個世界的原因與目的。我已經盡心盡力，做好了所有的工作，並不斷努力去解決生活中的挑戰。如果生命的藍圖中沒有這些需求，我就不會選擇投生到這個家庭，並成為醫護團隊的一員。這些經歷讓我更加明白生命的真諦。

從學生時期到後來的成長過程，我遇到的每一段人際關係，都讓我內心深處的感受被喚醒，讓我確認了所有的人事物都是相互關聯的，彼此間緊密相連，構成了一個完整的整體。這種歸屬感，正是我所信奉的真理。儘管偶爾仍會感到空虛，但這個認知為我提供了一個堅實的框架與基礎。只要我活著，生命就有值得學習的地方。

如今，我愈發遵循自己的直覺，並堅信我的生命擁有神聖的使命，這個使命與我、與他人息息相關。我愈投入生活，愈相信這個觀點是正確的。一旦我發現某些人事物與我的生活不合拍，我就會馬上去解決問題，並做出必要的調整。

我終於重新找回了自己，健康和直覺能力也在逐步恢復，我再次能夠傾聽內在的聲音，過去那種與自己失聯的狀態已經得到了修復。雖然前世的重擔依然存在，但現在，我已經找到了方向。這就像在拼湊一副拼圖，讓生命的圖案逐漸完整，這個過程不僅豐富了我的生命，也讓我深深地鬆了一口氣！

愛覺醒之處，
自我那黑暗暴君就會滅亡。

——魯米

〔工具〕評定是非

選擇一個你抱持憤怒、怨憎或想責罵的人。這個人很可能是你的家人或朋友，雖然表面上你說過「我原諒你」這樣的話，但在內心深處，你認為他們的所做所為或該做卻未做的事，是不可饒恕的。過去，你一直以拒絕對此人付出愛與認可來懲罰他。

現在想像一下：那個正在控訴別人是非對錯的你，好像是一位高高在上的法官，傲視法庭。庭下的囚犯（被告）是你的家人或朋友。而願意被療癒的你，是律師，是被告的辯護人。

接下來這部分，最好能大聲地說出來：

法官（控訴囚犯的你）說出囚犯的姓名，並詳盡說明他犯下的罪行。

律師（為囚犯辯護的你）懇求法官釋放囚犯，說明此人已經服滿刑期。此刻，法官必須決定囚犯是否已服夠刑期，是否可以獲釋。若你不介意，還可以找個證人來協助你。你必須對自己百分百誠實。

請記住，寬恕別人並不意味著你必須喜歡這個人。

每當你發現自己透過拒絕去愛與認可來懲罰別人時，就請使用這個非常有效的工具。不妨試著這樣想：跟某人生氣沒問題，但請同時保持一顆對他寬容的心。

Chapter 7
頭痛不止

〔工具〕優越與自卑

【海倫，一九五八年生】

海倫是冥想導師，也是按摩師。她來找彌哲，是因為她從小就有頭痛的毛病。以下是她們第一次的談話內容。

海：我從三歲起就頭疼得厲害。

彌：小時候，妳如果生氣會怎樣？

海：我不應該生氣。

彌：妳是否害怕生氣會導致不好的事情發生？

海：不會吧！好像不是這樣的。

彌：妳的母親在家時會生氣嗎？父親呢？妳的父親生氣時會怎樣？他會不會又吼又叫？扔東西？他會打東西還是會打人？

海：父親會對某些事情生氣，但不會對某個人生氣。他生氣時，母親就會對他說：「別生這麼大的氣啊！」

彌：父親生氣時，妳會怕他嗎？

海：我不但不怕爸爸生氣，反而能

體會到他內心的不安全感。但媽媽生氣會讓我感到害怕。她會責難我，不再關注我，甚至看都不看我一眼。她採取冷處理的方式，看到我就像看到空氣一樣，完全隱藏了對我的關愛。

彌：妳會害怕她的冷漠嗎？

海：當然。這種瞬間變臉不愛我的冷漠模式，已經伴隨了我一生，我可以感覺到這種冷漠在身上竄流，從頭頂到腿腳。身體的感受和被她否定的冷漠態度有關。

彌：我看到妳的後腦勺有一個紅色的拳頭。我感覺到妳因為害怕他人的憤怒，甚至連自己的情緒都不敢表達。在妳的家庭中，似乎一直充斥著「小心說話」的氣氛。妳母親的怒火是冰冷的，當她生氣時，會切斷對妳的關愛。妳父親的怒火則來得猛烈而無情，他會在氣頭上說些讓人難以承受的話。可能因為他不常對妳發火，所以妳錯以為自己並不怕他。實際上，妳已經將自己的憤怒和恐懼都壓抑了起來。

當妳想對某件事說「不」的時候，內心是什麼感覺？

海：即便在今日，要我開口說聲「不」依舊是件非常困難的事。但是，孩提時期的我並沒有這個問題。

彌：多年來，這些被壓抑的情緒，尤其是妳沒能說出口的「不」，已經滯留在妳的脖子和後腦勺。我有幾個建議給妳，可以幫助妳開始釋放這些情緒。如果覺得這些方法無法自行解決，或在試了幾個月後仍然沒有改善，我建議妳參加霍夫曼學院為期一週的「四元進程」（Quadrinity Process）課程，這將是一次深層的療癒經驗。

我觀察到妳把所有的壓力都累積在身體裡，這也是妳頭痛的原因。光靠理性思維無法解決這個問題，妳需要一些練習來釋放壓抑的情緒。先從身體層次去感受它，然後才能慢慢去改變。以下是一個每天五分鐘的練習，建議持續兩週。

每天找一個不被打擾的空間，站著，深呼吸，然後大聲說：「不！不！我什麼都不想聽！不！我沒時間做這件事！不！我現在不做了！」用妳的真實情感去表達，讓自己感覺到這些「不」是真正出自內心的。一邊說，一邊感受自己身體的反應。開始時，可以從三分鐘做起，然後逐漸延長到五分鐘。如果兩週後還想繼續，可以延長到三週。妳有太多沒說出口的「不」或「我不要」，那些積壓在內心的負能量不斷被堆積，現在所有的能量全都卡在脖子和頭部。這個練習（參考第十一章的工具：學會說不）將幫助你釋放積壓已久的負能量。

此外，另一個有效的方式是寫信。盡情抒發所有的感受，不去在意字跡是否工整或措辭是否太過尖銳。寫完之後，將信燒掉，這樣你可以在安全的情境下釋放情感。如果是寫給母親的信，可以表達她的冷漠對妳造成的傷害和痛苦。這些信不是為了給他人看，而是幫助妳釋放內心壓抑的負面情緒。這些信跟別人毫無關係，寫完就燒掉，不需要寄出去。

最後，我看到妳和母親之間有一個代代相傳的模式。母親冷漠的行為其實是她在心煩意亂時用來保護自己的方式，是她的防禦機制。這樣的模式從妳的外婆傳到妳的母親，延續了好幾代。這也往往源於因果律。如果妳能在她離世前打破這個模式，整個家族都能因此得到療癒。我曾聽佛教徒說過：「當你從痛苦中解脫出來時，前後十代都將獲得解脫。」**註1**這種代代相傳的痛苦其實是可以被終結的，其他家人都以為「沒人能幫我，日子只能這樣過下去，除此別無他法。」而妳是第一個有機會改變這一切的人，妳已經打開了破解魔咒的大門，勇敢地承認了自己需要幫助，這是突破的第一步，對妳自己和妳的後代來說都是好消息。

讓我們深入探索妳和母親之間的因果模式，這也許能帶來更多的理解和療癒。以下是彌哲對海倫前世的敘述：

在斯堪地那維亞王子的宮殿裡，我看到許多僕人。妳的母親是王子的私生女，地位十分特殊。幸運的是，王子並沒有將她遺棄在冰天雪地中，而是帶入宮中撫養。然而，她既不是皇室成員，也不是僕人，這讓她的身分變得非常尷尬。僕人們在廚房用餐，皇室家族則在華麗的餐廳享用盛宴。而她該在哪裡用餐？這個問題成為家族內長期爭論的焦點。妳的母親有時會被邀請與皇室成員一同用餐，但有時基於某些原因，她會被告知：「妳今天和僕人們一起吃吧！」這樣的安排常讓她困惑不已。

妳以保姆的身分進入這個皇室家庭，隨著孩子們的成長，皇室決定送妳去學校學習，這是一個極為罕見的決定，進一步模糊了妳的身分。妳受過教育，不再完全是僕人，但也無法被視為皇室成員。最終，妳與那位私生女，也就是妳今生的母親，成了親密的朋友。餐廳與廚房之間有一個小小的角落，這裡偶爾會被用來享用早餐。後來，妳們幾乎每天都在這個小餐室裡共進早餐。妳們面臨著另一個困境：是否應該讓僕人來侍候妳們？

當妳的母親十八、九歲時，家族開始討論她的婚姻問題。她的地位模糊，既無法向貴族提親，也不能嫁給僕人。經過長時間的商討，最終他們決定將她嫁給一位極為富有的男子。多年來，這位男子在金錢上支援皇室，並且在皇室有重要決策時提供意見。這位富商雖然沒有皇室血統，但因財力雄厚，時常被邀請參加皇室活動。對他來說，娶一位有皇室血統的女子是件有利的事情。對妳的母親來說，這段婚姻也讓她滿意，既提升了她的地位，也解決了長期困擾她的「該與誰共餐」的問題。

---

1 譯註：《地藏菩薩本願經》提到，修行者的功德可以迴向給家族親友，使他們受益，減少痛苦。這種觀念體現個人修行對他人的影響。同時，佛教中有因果報應的教義：一個人的行為會對自己和他人產生跨越多個世代的深遠影響。

婚後，妳的母親意識到妳們的地位有著巨大的差距，讓她感到內疚。她環顧四周，發現自己沒有真正的朋友，而妳是她唯一的依靠，也是她內心深處真正需要的朋友。然而，隨著她身分的改變，她開始穿著華麗的衣服，前往羅馬參加各種宗教慶典。在宮中的晚宴上，她偶爾會看到妳，卻只能轉身離去。每當她這樣做，妳都感到受傷，而她心裡也很痛苦，因為她真的想向妳打個招呼。然而，貴婦與僕人交談是不合身分的，她只能勉力維持自己新身分的得體與尊嚴。如果她對妳流露出關懷，便會破壞她的新地位，彷彿宣告她並不屬於皇室。因此，她只能壓抑自己的感情，表現得冷漠疏離，以符合社會對她的新期望。

彌哲和海倫接著討論前世給今生帶來的影響，以下是她們的談話內容：

彌：妳們選擇再度相遇，是因為都渴望解決這個懸而未決的課題。她希望透過好好與妳相處，來彌補前世的錯誤。但妳曾說自己一出生便不被祝福，這或許反映了她內心的極度矛盾與掙扎。妳能感受到這份矛盾嗎？她渴望妳成為她的女兒，這樣就能好好愛妳。對她來說，這是一種退讓，因為她前世的尊貴地位其實極其脆弱，稍有不慎，便可能危及她的身分。

這也是為什麼每當負面情緒升起時，她便將妳排斥在外。而當她重新想起自己對妳的愛意時，又會試圖彌補過去的冷漠。母親依然對前世那種高人一等的優越感有所執著。

海：是的，她正是如此。

彌：雖然她內心存有優越感，卻無法達到她心目中的那種高度。我並不認為妳有與她相同的心態，因為妳並不追求這種優越感。在前世，她的母親未婚生下她，這讓她自出生起便感到羞愧，而這種羞愧感伴隨她來到今生。她渴望被以平等和尊重的態度對待，而身為私生女的羞辱感，至今仍然困擾著她。她竭盡全力維護平和的表象，因為她深知，一旦出現波瀾，便會帶來更大的災難。

這正是妳父母關係中的一大特徵。每當父親心煩意亂時，母親的責任便是盡快撫平他的情緒。即便父親做錯了事，母親也選擇不去追究，因為她認為貴族應該具備這樣的容忍與行為舉止。

妳今生會和她在一起，正是因為她對妳心懷愧疚，渴望與妳達成和解。有時，她能夠做到，但有時她也無法達成自己心中的期待。妳能真誠地告訴她，妳愛她嗎？如果妳能以前面建議的方式，真心地表達對她的愛，並發自內心去原諒她，這對她來說將會非常重要，也能讓妳們的關係得到更深層的療癒。

海：我可以對我婆婆這樣說，但無法對我媽媽說同樣的話。

彌：除非妳能真心誠意地說，否則不要勉強去嘗試。

海倫的轉變

幾個月過後，海倫分享了一些她的體會：

很高興能夠認識彌哲，讓我感覺自己成為這個社群的一部分。每次提到這件事，我都不禁感動。大家心連心，營造出一股奇妙的能量，彷彿能用它改變世界。這段經歷對我幫助極大，讓我確認過去的痛苦是真實存在的。我曾經懷疑自己持續的頭痛是否只是想像，甚至一度懷疑自己是否瘋了。然而，透過看前世，我了解到頭痛的源頭，這使我不再質疑自己。

與彌哲的相遇讓我感受到被接納、被理解。前世的故事證實了我並非異常，我的感受是真實的。同時，這也改善了我與母親的關係。我們的互動開始好轉，她多年來那種自帶優越感的態度以及對我的冷漠，原來深植於她的性格。這種新的認知讓我對她的現狀多了同理心，並理解她為何在情感上隱藏自己。

母親今年九十三歲，頭腦依然敏銳。作為她唯一的親人，我負責照顧她的生活起居，每天陪她聊天。過去，我對這份責任有複雜的情感，但這次療癒幫助我集中精力，積極面對。我們現在會一起討論她生活中的各種問題，我也更願意支持她做的決定，以及她未來的需求。

雖然前世我曾依賴過她，但今生我不希望她過度依賴我。儘管她年事已高，我認為讓她自主安排生活仍是重要的。在看前世之前，我無法想像自己能對母親說出「我愛妳」這樣的話。小時候，我總覺得自己出生後不久就被調換了身分，是被抱錯的嬰兒。這種感覺一直持續到青春期，但我是在家裡出生的，所以我知道這是不可能的。記憶中，我和母親的互動很少，幾乎沒有交集，對這個家也沒有歸屬感。

要對母親表達愛意，我需要先肯定自己的價值，並真實感受到被愛。如今，我們的關係愈來愈親密，我能發自內心地對她說「我愛妳」。能夠主動、積極、巧妙地調整與她的關係，感覺非常自在。我已經勇敢地與她討論過多次內心的負面情緒，這讓我得以化解長久以來的心結。

彌哲建議我用網球拍拍打床墊，或用腳踢紙箱來釋放憤怒，這些方法對發洩憤怒的情緒很有用。我學會象徵性地將內心的衝動能量轉變為中性，於是能集中精神解決當下的問題，這是一個積極有效的過程。

看前世讓我回到了過去的生命，重新體驗那時的情感，並釋放壓抑的憤怒。我現在明白了前世與今生的關聯，並勇於面對過去的痛苦經歷。一旦了解憤怒的源頭，就能提供療癒的契機。

雖然頭痛尚未完全消失，但有很多時段我能感受到頭痛的緩解。現在我正努力擺脫那些舊有的思維模式，比如陷入負面思維或「自我實現預言」註2。這樣做只會加重我的不適。透過反覆聆聽看前世的錄音，我逐漸獲得了更深刻、更廣闊的人生洞見。

因為想了解前世而結識彌哲，沒想到她是如此特殊又好相處的人。她在講述我的故事時充滿慈悲，讓我感到無比舒心。與她在一起，我能敞開心扉，放下恐懼與障礙，並建立起深厚的信任。

女兒的母親是母親的女兒，
有史以來都是這樣環環相扣
——辛格尼．翰莫（Signe Hammer，作家）

關於母親，我認為一旦孩子呱呱墜地，
母女就不再那麼契合……
我們一次又一次學到現實中的母女關係，
就是不斷在適應與接受之間
做抉擇的一段旅程。
——凱莉．科里根（Kelly Corrigan，作家）

2 譯註：self-fulfilling prophecy，是一種心理學概念，指一個人對某事物的預期或信念，會透過其行為和態度影響事情的進展，最終導致該預言變成現實。

〔工具〕優越與自卑

優越感與自卑感可說是一體兩面。當其中一面存在時，往往能發現另一面就在不遠處若隱若現，只是有時不那麼容易察覺。無論是優越感還是自卑感，都是分離狀態的產物。如果我們只專注於其中一方，就會因孤立而感到痛苦。真正的挑戰在於如何融合這兩者，做到既不自傲也不自卑。如果感到自卑，可以對優越感說：「我想向你學習，看看你是如何那麼有自信。」反之，感覺到優越時，也可以對自己說：「哇，我怎麼又覺得自己那麼渺小呢？」只要能夠意識到自己有這些感受，哪怕只是私下承認，便能開始重新連結兩者。如果你感到優越，不妨試著分享或傳授別人一些技能：「讓我示範一下這是怎麼操作的吧，好嗎？」一旦你能察覺到這些感受，便可以開始練習平衡它們。

如果這些情緒強烈到讓你不知所措，最好的方式是坦然接受內心的感受，告訴自己：「是的，這也是我。」（參見第二章）。這樣做有助於更深入地理解並處理自己的情感，透過清晰地表達和承認自己的一些特質來促進自我認知與接納。舉例來說，成長過程中，你可能有一個比你聰明很多的兄弟姊妹，這讓你一直感到痛苦。解決這種困境的關鍵在於面對並接受這個事實，從而在更深的層次上接納自己。事實上，別人可能比你更聰明、更漂亮或更富有，但這並不意味著他們比你優越；他們只是在某些方面表現突出，而這樣的人永遠都會存在。接受自己才是給自己最珍貴的禮物，與自己和解，擁抱自身的獨特性。

正如大海中的每一滴水之間沒有優劣之分，人也是如此。我們只是各有不同，而這種差異正是生活的多樣性，能夠豐富我們的生命，啟迪我們的思想。差異是快樂的源泉，為我們提供了更有趣、更充滿激情的人生。

差異萬歲！

Chapter 8
廣島創傷

〔工具〕1 我是誰　2 振作精神

【露絲，生於一九六七年】

露絲是一位小學老師，也是三個孩子的母親。她渴望能更深入地理解自己在這個世界上所該扮演的角色。無論面對自我還是這個世界，她總覺得有些格格不入。好像行屍走肉，每天機械般地忙碌著，滿足父母和他人對她的期望，卻從未真正為自己而活。她過於在意別人的看法，渴望被接納，處處討好他人。唯有在幫助別人或獲得別人認可時，才能感受到自己存在的意義，才能真正感到自在。

當露絲分享內心的感受和焦慮時，彌哲眼前浮現了三次相同的畫面。這些畫面如此震撼，以至於她不得不一再確認自己所見的真實性。彌哲描述了她所看到的景象：

在過去那一世，妳是一個嫁給外交官的英國女子。二戰期間，妳的丈夫被派往日本執行任務，後來提前離開，但妳卻因為戰時的封鎖被困在日本，與他失聯。妳的內心充滿恐懼和擔憂，儘管有朋友試圖幫助妳，但最終妳成為了廣島原子彈爆炸中的受難者之一。那是戰爭造成的人間地獄。

爆炸瞬間，妳的肉體被蒸發，徹底消失，沒有留下任何痕跡。妳的以太體也被撕裂成碎片。以太體雖然看不見，卻是賦予肉體生命的能量體。一旦以太體與肉體分離，生命也就結束了。妳的身體在爆炸中猶如沸騰的茶壺，只剩下微弱的蒸汽消散在空氣中。

由於妳的以太體被撕成了碎片，妳知道自己無法再完整地存在。雖然還有些微的意識，妳卻無法找到那個曾經是「妳」的自己。用我們的專業術語來說，妳等於是進入了一段長時間的漂浮狀態。然而，隨著時間推移，不知何種契機，妳的以太體碎片逐漸重新聚集起來。從那時起，妳開始尋找出路，並在這條漫長的道路上不斷前行。然而，妳的內心充滿恐懼，無法認出那些想幫助妳的天使，甚至看不見周圍隨時可以利用的資源。

最終，妳逐漸恢復了覺知，認識到有「我」的存在。但沒有身體的「我」究竟在哪裡？所謂的「我」又是誰？妳環顧四周，看見一位正在祈禱、渴望懷上女兒的女子。妳心想：這是我找到自己道路的機會。於是，妳毫不猶豫地進入了那個正在孕育中的嬰兒體內，開始了新的一生。

妳剛出生時，感到周圍的一切既陌生又不協調，彷彿與他人格格不入，內心常浮現「我為什麼會在這裡？周圍這些人是誰？接下來我該怎麼辦？」這種迷惘與不安逐漸籠罩著妳。隨著時間推移，妳開始找到些許方向感，會去碰碰椅子、摸摸別人給妳的小玩具，並試著與它們互動，提醒自己「這是泰迪熊，我正在觸碰它」。

這一世，妳學會了透過身邊的事物來界定自己，卻仍缺乏內心的力量說出「我就是我」

這樣的宣言。那個還未完全成形的「妳」，時刻警惕地環顧四周，默默地認為「我和其他人不同」。妳的肉體曾經在爆炸中蒸發消失，以太體被撕裂粉碎。這種極端創傷極少有人體驗過，沒有語言可以描述這種超越理解的傷痛。

在恐懼驅使下，妳投生在這個家庭之中。妳對自我的認知始終模糊，不知該如何像大多數孩子那樣找到定位，也沒有機會去確立自己的身分。「我是誰？」成為妳日常生活中不斷徘徊的疑問，像是一段不成調的主旋律。妳在原子彈摧毀後的創傷中，努力試圖尋找自己。

與大多數人不同的是，妳在選擇家人時是沒有自主意識的，這段過程更像是一場充滿恐懼的逃亡。設想一下：妳在一條長長的走廊中不斷奔跑，身後有怪物緊追不捨，妳渴望找到一個安全之處。終於，一扇門打開了，妳未經多想便衝進去，心想裡面總比外面安全。稍作喘息後，妳開始小心翼翼地探索新的環境，卻對該怎麼做一無所知。正如我先前所說，妳開始學習從周遭的人和事物中獲取足夠的訊息來度日。妳告訴自己：我有一個身體，這個身體可以坐在椅子上。我有一個母親，她有時喜歡我，有時卻顯得很冷淡。她對某些事感到不安，但我還不了解這些情緒的來源。妳在這種環境中摸索著，努力去理解，避免再度發生問題。

精神導師拉瑪納．馬哈希的教導核心，即是持續詢問自己：「我是誰？」最初聽到這個問題時，我們的回答可能是「我是個女人，有個名字，有藍眼睛和紅頭髮」。而馬哈希說，若有一天，妳開始懷疑這樣的回答，改口說「我不知道自己是誰」，那便是覺醒的開始。如果妳能從「我不知道自己是誰」的角度開始探索，便會在這片未知中展開一段宇宙的教導旅程。隨後，妳遇到的每個人和每件事，都會成為幫助妳認識自我的老師。

質疑自己的身分、對自我不安的感覺，從某種意義上反而對妳有利。當一個人沒有特定的身分認同，就不需要為放棄什麼而掙扎，這種不確定讓妳能以最有力的角度去處理問題。

正如馬哈希所言：「當一個人說出『我不知道』時，便處在充滿能量的立場。」而妳當下的生活正是這種狀態，從靈性角度來看，這是妳的最佳時機。只有不拿自己與別人相比，才能珍惜眼前的處境。

彌哲想了解露絲對前世的看法，以下是兩人的對話：

露：有很多妳跟我說過的事，後來都得到了驗證。去年我還參觀了廣島。

彌：這麼巧啊！妳在那裡有什麼感覺嗎？

露：我也問自己同樣的問題。我覺得，去廣島是件耐人尋味的事。

彌：理當如此！

露：在那裡看到曾經經歷的苦難，心裡實在難以承受。

彌：由於妳的身體曾經瞬間毀滅成微塵，妳的痛苦更多是心理與靈性上的。可以想像，任何離爆炸中心那麼近的人，都會像妳一樣感到迷失，難以重新與自己的身體建立連結。而那些遠離爆炸中心的受難者雖然主要的經歷是肉體上的折磨，但他們的痛苦仍然是無休止的，對他們來說，廣島的經歷無疑是極度殘酷的。

露：為什麼宇宙會允許我們在靈魂還沒被「修復」的情況下回到地球呢？

彌：天地萬物本身並無任何特定的意圖。我認為現在正是妳重新認識自己、與自己建立連結、學習如何照顧自己的時刻。經歷了人類歷史上如此難以言喻的重大事件後，妳會發現自己擁有超越常人的悲憫之心。當妳從這些創傷中獲得療癒，也就更能理解人類承受的種種苦難。

露：我該如何才能找到自己呢？

彌：閱讀馬哈希的著作或許會給妳帶來幫助。雖然他從未親自執筆，但他的許多教誨被弟子忠實地記錄了下來。即使到了七、八十歲，他依然充滿慈悲，神情純真如一個孩子。如果妳每天持續問自己「我是誰？」並讓答案從內心深處浮現，留意自身內在的感受，就會更加了解自己。所以，如果我現在問妳：「妳是誰？」妳的內心會有怎樣的反應？

露：我現在感覺輕鬆多了。剛才好像被束縛、被壓抑，非常沉重。

彌：而且，妳現在對自己為何有這樣的感覺，有了一定程度的理解，所以也不再那麼害怕了。不是嗎？所以，露絲，妳是誰呢？

露：我還不知道。

彌：妳是誰？

露：我此刻無法感覺到內心深處有任何明確的答案。人們說，我們每個人都是這個世界的一部分。既然我屬於這個世界，我也應該在這裡。然而，我感受不到這句話的意義，但也只能以這個方式來回應妳。

彌：當我問「妳是誰」時，妳可以回答：「我感覺自己被隔離了。」「我正在尋找回家的路。」「我還不知道。」「我是個追尋者，正在尋找自己。」所以，妳是誰呢？

妳先生也會參與此事嗎？他了解妳嗎？

露：是的。他會參與，也了解我的情況。

彌：妳可以請他每天問妳這個問題，一天問三次。請他在出其不意的時刻問：「露絲，妳是誰？」妳在當下，停下手邊的事，審視內心，看看會有什麼樣的答案浮現。

露：我不知道是否能帶他走進我個人的成長旅程。他不知道我今天會來。對他來說，這一切都很玄、很神祕。這些概念都不在他的認知範圍裡，但是他不介意我來找妳，即使他知道了也不會反對。

彌：他是個很敏感的人。

露：我曾跟他說過，我對自己沒有很好的認知，常感到不自在。我問他是否明白我的意思，他說：「不太明白，但是我能感覺到那是一種不太好的感受。」

彌：妳可以依直覺決定是否尋求他的協助。我仍然能感知到妳的一部分能量碎片漂浮在以太大氣中。容我再問妳：「如果以一到一〇〇的刻度衡量，妳渴望回到身體的意願是多少？如果至少有百分之五十一的妳渴望在這裡，那麼妳確實是選擇要留在這裡。妳能同意百分之五十一這個說法嗎？」

露：是的，我必須這樣做。我已經在這裡了，我不能就這樣死去。

彌：當然不能。我們今天就從超過半數開始估計。妳想要活下去的念頭，有多強？

露：我希望能說出是百分之百，那樣會覺得超棒的！

彌：這是一個很好的目標，因為幾乎沒有人能百分之百地想留在這個世界。我們都介於五十一到一〇〇之間，這個意願每天都會有所波動。光是願意留在這裡、決心要繼續生活，妳就已經邁出了一大步。妳可以每天問自己：「今天我有多想留在人世間？」妳現在的答案，可能已經與剛進來這道門時不同了。

露：是啊。

彌：現在有多少成分的妳想要留在這裡？還記得在原子彈爆炸前就感到的那份恐懼嗎？當時並不知道會發生什麼事，但妳已經害怕了。妳並不仇視所有的日本人，畢竟妳也有一些日本朋友。然而，因為許多人用不友善的語氣對待妳，妳不得不在朋友的保護下躲藏起來。在原子彈投下之前，妳在日本就已經覺得格格不入了。我們在死亡的瞬間，會帶著當下的感受離去，而這些感受將影響到來生。我認為妳最近到日本去了解核爆對當地人的影響，是一個非常勇敢的行動。

露：這純粹是個偶然，我其實對此事一無所知。

彌：這是妳療癒過程中的一部分，在日本，妳能更加真實地觸摸到歷史的脈動。當時妳在爆炸剎那人間蒸發，根本無法理解什麼是真實的。此生再回到那裡，妳的親身經歷能幫助妳重新定位自己，或許也為妳今天來這裡，聽我述說妳的過去而鋪路。順帶一提，妳前世能說一口流利的日語。

露：我去過法國士兵的墓地和歷史戰場，在那裡我感受到的歷史讓我更難過，我實在難以接受那麼多人被殺害的事實。

彌：妳是否察覺到二戰對妳的重要性有多麼深遠？妳始終試圖理解那裡到底發生了什麼，妳的直覺也不斷將妳帶回那裡。我認為妳在反思自己過往經歷這方面做得非常好，極少人能有妳這種體驗。每當妳說「我想要更專注於此刻的感受」，妳便更多一分地接納了自己，並將接納的自己融入身體裡。

妳知道「毀滅」這個詞的真正意涵嗎？極少人理解其深度。被毀滅意味著徹底被摧毀，如同一顆炸彈將整個村莊夷為平地。而妳現在在這裡，清楚體會到不安的感受，卻仍有勇氣去面對它。放眼四周，有許多人也有類似的感受。有些人非常在意，也有些人漠不關心。但妳對歸屬感的需求比一般人強烈。假如那種與自己和諧共處的感覺對妳來說還不熟悉，妳可能就不會覺得自己失去了什麼。然而，一旦曾經體會過，卻長期處於不協調的狀態，這會讓妳難以找到自己的定位。能去廣島的妳，真是了不起。

露：我很驚訝自己在廣島沒有更強烈的體會。如果前世的故事是真的，重新回到那裡應該會讓我感到非常難過；又或者，我將無法忍受在那裡做片刻的逗留。

彌：那時發生在妳身上的，不僅僅是情感上的衝擊。妳對在那裡受難的其他人產生了深刻的共鳴。如今妳回來了，擁有了身體和愛妳的人。一旦與自己重新建立更深的連結，就會有深刻的感受。當年震撼妳的不僅僅是死亡，而是比死亡更刻骨銘心的體驗。

露：對於接下來會發生的事，我既興奮又期待。我覺得問題正一個一個被解決。

彌：我告訴妳的這一切，大部分已在妳的理解中，但妳仍需要看到事情的全貌。

露絲的轉變

兩年後，在接下來的對話中，露絲描述了她如何找到內心的安寧：

當彌哲講述我的前世時，我並未聽到任何讓我驚訝或懷疑的內容。她的話語中沒有恐懼或不可能的成分。多次我情緒激動，眼淚不自覺地湧出，因為內心深深感受到「是的，她確實從靈魂深處的層次與我連結」。

她的敘述精準地吻合了我內心多年來的感受，似乎是對我無法看見的過去的一種印證。在一對一會談中，她提到我靈魂中那個遺失的部分，逐漸為我帶來了一種內在的平靜。她描述的故事讓我震撼不已，彷彿自己徘徊於一個已死未生的陰陽界，沿著長廊奔跑，試圖擺脫壓迫與窒息的感受。我焦急地尋找能打開的門，直到終於有扇門被我打開，讓我逃脫威脅的困境。當故事結束，我心中暗想：「是的，我有時就是這樣的感覺。」如今，我真切地感受到，那些失散的靈魂碎片正一點點回到我身邊，讓我逐漸恢復完整。

過去，我經常需要他人的反應來確認自己的定位，現在不再有這份依賴。面對某些情境時，我毫不猶豫地對自己說：「就是這麼做。」這種自信的改變帶給我極大的助益。

有段時間我感覺一切順遂。然而，與彌哲談話回到家後，卻有一種異樣的感覺，覺得家裡的氛圍不再符合我的需求。彷彿那一小時的談話帶給我的內在改變，並未延續到家裡。屋內一切還是跟以前一樣，但我的內心卻不再如常。我決定去接觸大自然，到樹林中散步，重新調適自己。走了一圈，內心平靜了很多，覺得這次經驗格外有趣。

自從看過前世，我開始抱著枕頭體驗擁抱自己的感覺，為我帶來被重新組裝回身體裡的安穩感，讓身心得以紓解。

多年來，我與自己的身心靈都脫節，為了生存，我學會了如何忍受痛苦。如今，隨著靈魂碎片的慢慢回歸，我逐漸在此生重新找到自我。雖然未完全整合，但我開始體會到內心深處被接受與表達渴望。有時，我會想在朋友面前開些玩笑，即使這個舉動可能會讓他們覺得奇怪或不適。遇到這樣的情況，我也難免質疑自己，但內心清楚地知道，還有個想要展現風趣機智的我，那是屬於我本真的一部分。雖然有些時刻我仍然缺乏對生活的喜悅，但我能感受到，自己愈來愈輕鬆自在了。

靈魂渴望新鮮的體驗，帶領著我向更積極的方向前進。儘管偶爾感到悲傷，但我相信最終能夠化解這些情緒。我渴望體驗更多生活的樂趣，對身邊的事物充滿好奇。每當在街上遇見學生熱情地向我打招呼時，就是我最歡喜的時刻。別人對我展現好感，以正能量迎面而來時，我內心也充滿喜悅。然而，內心深處仍缺乏一股穩定的喜悅泉源。究竟我想體驗什麼？真正渴望的是什麼？什麼能點燃我的激情？這些問題，我目前仍未找到答案，但我期盼在不遠的未來，所有願景將逐漸明朗。

我深知自己的內心仍處於冬眠狀態。即使參加冥想，去觀察與感受內在，打開通往靈魂的門，內心有時依然充滿恐懼和不安。我害怕面對自己，害怕改變。儘管明白改變可能會帶來更好的未來，卻仍畏懼一旦內心之門敞開，生活會因此翻天覆地。我更擔心自己缺乏足夠的勇氣。然而，我正邁著小小步伐，緩慢前行。

對我而言，逐步放下自我防禦和內在的盔甲尤為重要。人們往往能同情瀕死經歷，但關於前世的話題對多數人而言過於陌生。我渴望能自在地談論發生在身上的這些經歷，讓自己被理解，同時更深入地認識自己。但這些經歷並非人人都能接受，必須慎選談話的對象。幸運的是，至少有一位朋友能真正理解我。許多人從未思考過前世，也許對這類話題不感興趣。若強行與這些人分享我的經歷，我猜他們多半會轉身離去。

對於未來的變化，我希望自己能保持開放的態度。無論在家庭、友誼各方面，我都渴望穩定的成長。我不願因為改變而冒太多風險，令身邊的人誤解而與我疏離。尤其在婚姻中，我擔心若繼續朝這方向發展，丈夫會不會覺得我改變過頭而無法接受。我們之間的關係是否會因此出現裂痕？他對前世不感興趣，對生死之間的問題毫無概念。我目前仍維繫著我們的關係，並承擔較多生活穩定方面的責任，好在他在這方面不曾對我設限。

對生命的熱愛，我始終感到匱乏，悲傷和憂鬱的情緒時常縈繞，令我難以真正感受生命的美好。即使努力探索原因，依然無法找出低落情緒的源頭。有時我會持續幾天淚流不止。我期望有朝一日，這些悲傷的情緒會逐漸遠去，終能真正釋放，迎來內心的平靜與喜悅。

我到底來這裡做什麼？
這個問題值得思索一生
因為
一旦找到答案
它就不再是問題
因為
下一刻就會化為灰燼
而且
新的問題會開始浮現
問題將無限循環。
有時快樂就是解藥，
但悲傷常接踵而至
愛不斷重現
迎著　迎著　迎來了嘆息
這隻不死鳥已與我為友
它似曾相識。
我不再那麼堅持
事情的好壞對錯

放下一切　我可以做到
讓它隨風起風落。
大地響起耳語
「你存在」
我存在嗎？
「你存在」
空中微風吹來一聲嘆息
「你存在」
我的心悸動著——我存在
是的。我存在
如是足矣。

——彌哲

〔工具〕1 我是誰？

聖者馬哈希從未親自撰寫任何文字，卻有人記錄了他大部分的教導。他八十歲時，看起來仍像個天真的孩童，人們稱他為慈悲的化身。他的教法被稱為「無教而教之法」。

在印度的某一天，一位洗衣工帶著他的驢子前往村莊。途中，他發現了一隻幼小的獅子，幼獅的母親已經被殺害。洗衣工收養了這隻小獅子，將牠和驢子一起撫養長大。有一天，洗衣工在陽光下將衣物攤開曝曬在岩石上。年幼的獅子和驢子在附近的草地上平靜地吃著草。一隻老獅子沿著河岸走來，驚訝地看到一起吃草的幼獅和驢子。於是，牠走過去問幼獅：「你在幹嘛！跟你的晚餐一起吃草嗎？」他帶著幼獅來到河邊，讓牠看看自己在水中的倒影並對牠說：「你不是一頭驢，你是一隻獅子！快醒過來，大吼一聲吧！」

這是聖者馬哈希給我們所有人的訊息：醒過來，看看你是誰吧！

嘗試他的教法，每天反覆問自己「我是誰？」「我是誰？」每次問，都讓答案從內心湧現；請記住，這個問題的焦點，在於如何去實現真正的自我。當你用盡所有可以描述自己的詞語，包括年齡、性別、家庭、職業等等之後，並開始說：「我不知道我是誰」時，就會開始意識到，所有你認為的自己都是謬誤。問自己「我是誰？」並不是為了找到答案，而是去除錯誤的定義，擺脫以前設定的所有前提。當那些都被放下後，剩下的就是一個嶄新的開始：或許就是實現真正自我的開始。讓我們也「醒過來，大吼一聲吧！」

〔工具〕2 振作精神

當你情緒極其低落，對什麼都提不起興趣，難以擺脫憂鬱的情緒時，不妨這樣想：你需要一個能無條件愛你並關注你的人，這個人就是你自己。學會如何管理自己的能量和情緒很重要，有個方法是了解自己需要什麼，並努力滿足它們。有時給自己一個擁抱是件好事，需要振作精神時，在陽光下散步，或透過運動、瑜伽來調整心情，都會是有效的方法。在室內室外舒適的地方午睡，也能幫助大腦恢復清醒，讓你更積極地看待事物。

閱讀一本鼓舞人心的書或朗誦一些你喜歡的詩歌；探望一個孩子；享受一次按摩；與朋友共進午餐；點上喜歡的香氛蠟燭，洗個熱水浴來放鬆身心。找出能安慰、治癒你的事情。練習「內心微笑」：想像體內器官一個個都在微笑（這是道家的教導）。列出能撫慰你、振奮你精神的事情，確保在情緒低落時能看到這個清單。承諾自己滿足這些需求，同時珍惜工作與娛樂的平衡，這些都有助於啟動你的潛能。

Chapter 9
奴役剝削

〔工具〕儀式

【瑪麗，生於一九七八年】

瑪麗是藝術家、社會工作者，也是薩滿教學生。在聽過彌哲因果業力的演講後，她進一步諮詢彌哲，尋求更具體且突破性的見解。她目前所租的房子問題不少，而屋主就住在隔壁。住房的不穩定讓她對未來充滿不確定性，然而她仍試圖在這裡安頓下來。

瑪麗詳細描述了她的困境：

我的房東一輩子都住在那裡，我感到很難要求他做出任何改變，或是希望他對我的住處放手不管。我不明白在這樣的環境下，我應該扮演什麼角色，也想知道這裡是否有長期發展的可能。我對這個地方有家的感覺，甚至有一種責任感。然而，我無法從屋主那裡得到明確的答案，不知道我是否可以把這裡當作永久住所，甚至將來是否有可能買下它。我和伴侶住在一起，但他也不確定這個地方是否適合我們。我還渴望成為母親，但伴侶對這點猶豫不決，對關係的長期承諾也遲疑不定。這一切都處於懸而未決的狀態，讓我感到非常焦慮。

此時，彌哲立刻看出她的問題源於過去的某一世：

當妳一進入屋內，我便看到一位非洲女性的形象。這畫面似乎來自三、四世前的某個時期。當時的妳是村裡的接生婆，扮演著穩定且重要的角色。妳有一位好丈夫，四個孩子，生活安逸且充滿自豪感。村裡的人以華麗的珠寶和服飾炫耀財富，而妳的裝扮更是其中最奢華的，衣服上繡有美麗的圖案，項鍊上串滿了一排排精緻的珠子，甚至連入睡時也佩戴著珠寶。妳在村裡過得幸福而愜意，時常哼唱著自創的歌謠。

然而，一場無情的悲劇突然降臨。夜幕下，一群黑奴販子襲擊了妳的村莊，選擇其中一些人帶走當奴隸。清晨，所有村民被迫低著頭站在廣場上，雙手被綑綁，神色黯然。侵略者們逐一審視每個人，挑選那些看起來最有價值的人帶走。妳因為健康強壯且珠光寶氣，成為第一批被選中的人。他們也帶走了妳的丈夫和孩子，因為他們體力充沛，是勞動的資產。

在任何人有機會抗議之前，許多村民已被強行帶走，只留下年邁的長者、病人、行動不便者，還有幾個由老人照顧的幼兒。被留下的人緊緊排成一列，相互依偎。侵略者小心地避免讓同一個家庭的人站在一起，一旦發現便將他們分開。這個事件徹底改變了妳的生活。

妳被帶到人販市場，最終被賣給白人奴隸販子，並被送上一艘開往西方的船，可能前往北美、南美或是某個島嶼。原本幸福美滿的生活在那一刻被徹底摧毀。自此，妳的生活變得艱難且不可預測，孤獨無助，一切都仰賴別人的支配和憐憫。

彌哲接著指出瑪麗今生的挑戰與此事件之間的相關性：

我認為，妳現在面對的這種不可預測的處境，或許正喚醒了前世記憶的殘影。妳渴望找到一種穩定的生活，讓未來不再充滿不確定性。與此同時，妳與伴侶對生養孩子的態度也存在分歧，他可能擔心你們一旦有了孩子，這種不安的情緒會進一步加深。

前世的痛苦經歷仍在今生影響著妳。當年妳被迫與孩子分離，再無重逢的機會。妳的丈夫對此也無能為力，這對他來說是最深的痛苦。那次分離讓妳失去了家的歸屬感和社群中的地位，而最深刻的傷痛則來自與孩子骨肉分離。因此，如今妳迫切希望找到一個小而溫馨的空間，建立一個真正的家，不受他人左右。只要有人對妳指指點點，告訴妳該如何生活，妳便缺乏真正的安全感。這份痛苦源自妳內心對一個專屬於自己的家的渴望，以及圍繞著這個渴望的複雜情緒。

妳今生的伴侶即是前世的丈夫，他對生養孩子的擔憂，或許正是那段過往的創傷在作祟。他怕自己無法保護孩子，這份恐懼根植於前世記憶。你們今生再次相遇，或許正是為了療癒彼此過去的傷痛。那些浮現的情緒，只是幫助你們共同讓過去創傷康復的契機。

以下是彌哲與瑪麗的對話：

彌：我們先來了解一下妳房東的情況。他會去看你們住的地方嗎？

瑪：起初他常會過來，後來就不來了。我感覺他有控制慾。

彌：看得出他喜歡有妳這樣的房客。可是，他擔心一旦把房子賣給妳，彼此不再是房東房客的關係以後，他就沒有理由再登門造訪了。他喜歡去檢查房子和院子的情形。妳是否偶爾也會邀請他進屋坐坐，喝杯咖啡之類的？

瑪：是的，當其他鄰居也在場的時候，我會邀請他。

彌：妳喜歡他這個人嗎？

瑪：還好吧！我多少能理解他為什麼會有這樣的行為和態度。

彌：妳知道嗎？他其實很孤單，可能妳已經感覺到他喜歡來找妳。在他面前，不妨放輕鬆一些。如果妳對他不排斥，不妨讓他知道，這或許能讓他放下想要掌控妳的想法。

瑪：對我來說，這是一個他是否足夠信任我的問題。

彌：妳能真心接受他嗎？妳有這樣的信心嗎？假如他將房子賣給妳，當他再次來拜訪時，妳是否會讓他吃閉門羹？如果他知道妳會真誠地做朋友，他會感到很開心。但前提是，妳必須真心相待，避免勉強或虛偽。我們不妨從這個角度來設想一下：如果他是妳的爺爺，妳會不會讓他知道妳愛他，並真心友善地對待他？同時，也清楚地告知妳的界線，讓他明白什麼可以做，什麼不可以做。妳做得到嗎？

瑪：如果彼此能那樣相處，我當然可以和他做朋友，問題就在於我不知道他究竟會怎麼做，也不知道他心裡到底在想什麼，這讓我很沒有安全感。

彌：別忘了，他會漸漸變老，而老人總希望身邊有家人和朋友陪伴。如果他是妳的爺爺，妳會愛他，但也不希望被他控制。在接下來的幾週中，試著從這個視角出發，看看會不會有不同的相處方式。這種微妙的改變也許會讓他更感受到家的溫暖與關懷，而妳也可以更清楚地認識自己的需求。因為他喜歡妳的陪伴，除非兩人有巨大的衝突，否則他不會趕妳走。他也需要有足夠的安全感，這樣才可能把房子賣給妳。如果他是妳的爺爺，妳會邀請他來家裡坐坐，甚至親自下廚嗎？

瑪：我會去他家看他，但平常很難聯絡到他，即使去找他，也常常好一段時間找不到人。

彌：看來妳已經盡力做了妳能做的事。他知道妳去過他家，也希望能更接近妳，但他害怕，有所顧忌。妳看到爺爺會有什麼反應？看到妳愛的人會有什麼反應？

瑪：我會毫無保留地接納我愛的人，會希望彼此更親近。

彌：希望妳能真誠對待他，而不是想掌控他。當他感覺到妳的真心，信任自然會加深，他有可能會更樂意把房子賣給妳。他現在或許不急需錢，但若能賣掉房子對他將來也有幫助。當有一天他不得不搬到老人院時，經濟上的支持會更加重要。若妳能以真心相待，很多事情將會順利許多。前世的創傷可能使妳現在很難再完全信任他人。當年妳在村裡享受著幸福的生活，樂於助人，但突如其來的災難摧毀了一切。這次妳的恐懼可能來自前世的悲劇。

瑪：我覺得自己是這個住處的守護者，跟每個鄰居都熟識，也都保持很好的關係。嚴格說起來，我已經在關照這個地方了。

彌：一切皆有可能，即使現在妳還未意識到，但在這裡妳其實已經有一定的安全感。房東喜歡妳住在那裡，他比妳想像的更信任妳，這也是他為什麼不再常去干涉的原因。未來並非如妳所擔心的不可控制。在接下來的幾週，不妨在心中將他視為家人，看看會帶來什麼不同的感受。若妳願意，未來甚至有機會以某種形式照顧他。

瑪：總還是有些不確定的因素吧！

彌：曾有一位老師稱這種心態為「對假想未來的恐懼」。妳有沒有發現自己總在為還沒發生的事擔憂？或許這是妳保護自己的一種方式，而根源來自前世悲劇的影響。

瑪：那倒是真的。對目前，我感到很自在，但一想到不可控制的未來，就會升起莫名的恐懼。

彌：是的，一旦妳展望未來就會開始害怕。

瑪：我總覺得自己必須完成一些大事，才能證明自己的價值。我對自己期望很高，因此常懷疑是否有能力做好當前的事情，這讓我無法輕鬆享受當下的快樂。再過不久，我將和父親一起舉辦畫展，對自己的高度期許正讓我備感壓力。

彌：當時那種一切被剝奪的感受，至今還深深埋在妳心中。請妳坦白告訴我，妳覺得自己的作品怎麼樣？妳認為這些畫作是否真正表達了妳心裡想要傳達的東西？

瑪：其實，我也不太確定這次畫展是否真正表達了我的內心。但當我能自由創作、隨心而畫時，我會對那些作品感到滿意。

彌：那妳對自己滿意嗎？妳會給自己打幾分？達到及格的標準了嗎？

瑪：我很清楚有這個挑戰，也渴望做一些改變，擺脫那個自己也不喜歡的模樣。

彌：想像一下，如果妳是奴隸，妳能自由地做讓自己開心的事嗎？

瑪：不能。

彌：作為奴隸，妳必須時時討好主人才不會被轉賣。顯然那一世的陰影仍伴隨著妳，隨著畫展將近，這個陰影也悄然浮現。我建議妳舉行一個小型儀式來釋放自己。妳可以準備一份象徵自由的「解放證書」**註1**，以及一張象徵束縛的「奴隸契約」。在奴隸契約上，可以標註「妳擁有的一切其實屬於他人」。準備好以後，將這些文件一併焚燒，象徵妳的解放與自由。如果妳願意，也可以從資料庫中查找歷史上奴隸主的買賣契約或其他相關文件，象徵性地確認妳的解放。網上也有許多例子可以參考。

一旦奴隸獲得解放，便成為自由人，此時妳的唯一責任就是取悅自己。這也是我會問妳對自己打幾分的原因。顯然，妳在這方面已經做得相當不錯，對自己完成的作品大多感到滿意。所以，我建議妳去處理解放證書，然後將那些妳認為尚有不足的畫作一一擺在面前，問

---

1 譯註：emancipation letter，指正式解除奴隸身分的文件，給予特定奴隸合法的自由權利。

自己：「作為自由人，我不必取悅任何人。那麼，是否可以在這些畫作上做些改動，讓自己更加滿意？這幅畫有補救的機會嗎？」

如果發現無法修改，那麼對於那些無法挽救的作品，不如乾脆用白石膏塗料覆蓋畫布，然後重新創作？妳是自由的，再也不需迎合他人。妳可以在儀式中象徵性地在手腕戴上鐵鏈，然後將其解開；或者選擇另一種象徵解放自己重獲自由的方式。妳會發現，這樣的儀式將能為妳帶來不可思議的效果。

妳知道那些成功畫家的祕密嗎？他們創作不是為了迎合他人，而是為了表達自我。對他們來說，自我表達至關重要。妳知道嗎，梵谷一生只賣出過一幅畫。他在生前並未被視為成功的畫家，世人並不認同他的作品價值，然而他的畫作如今已是無價之寶。

所以，妳應該致力於滿足自己。這意味著妳的創作是為了真誠地表達內心，而不是為了博得他人讚美。妳已不再是被束縛的奴隸。此時，我仍能感受到妳心中些許的不安，這種感覺會在妳的創作中持續影響妳，讓妳缺乏安全感。但別忘了妳是自由的，只需忠於自己。

瑪：是的，我還是經常會覺得有些事不被允許，想做卻不能去做。我被卡住了。

彌：既然妳願意將屋主看成是日後的家庭成員，情況一定會有改善，我很看好妳。

瑪麗的轉變

大約一年之後，瑪麗在後續談話中談到看前世的經驗讓她學到的事情：

我希望能穩定地在目前的居住地生活。透過對前世的理解，我發現自己因為害怕再次失去一切，而產生了不安全感，進而在做事時猶豫不決，這是過去生命中深層情緒的迴響。在此生，我時常覺得自己綁手綁腳，無法採取行動。每當我想要做某些事，似乎總有無形的障礙阻擋我，不論是成為一個治療師、探索薩滿的興趣，還是從事藝術創作，我都會感到心裡有個聲音告訴我「不該去做」。這種心態滲透到日常生活、居住環境，甚至是生小孩的各個層面上。

彌哲鼓勵我將房東視為爺爺，我愉快地接受了這個建議。自那以後，我與房東之間的互動逐漸變得正向且親密。會談後不久，我發現，若改口直呼他的名字而不是連名帶姓，彼此之間的親近感會增強。這樣的轉變發生得很自然。在一次姐妹家的聚會中，大家也建議我和房東彼此直呼名字。現在，他也直呼我伴侶的名字。雖然房東年齡只足以當我的父親，但視他如爺爺讓我們保持了一種安全的距離，增加了彼此的好感。

他在朋友之間的名聲並不佳，有時顯得刻薄又固執，但現在，若有人說他壞話，我會感到不舒服。我漸漸感到跟他更親近，也試著看見他的優點。正是因為他和他母親拒絕讓擁有老房子的村莊被新建築取代，這裡才成為一片綠洲，保留了珍貴的綠地。我開始欣賞他在這方面的堅持，感受到他對我們的信任不斷增加。我對現在的處境感到安穩，也相信如果他有一天必須出售房子時，會來徵求我們的意見。

在生日那天，我依彌哲的建議，精心安排了一場儀式。我為儀式設置了特別的空間，用祖傳的老地毯裝飾在壁爐周圍，藉此連結祖輩的根源。對我而言，有人見證這場儀式十分重要，於是我邀請了知心的姐妹們一起參與。我的前世是一個開心且愛唱歌的黑人助產士，如今內心卻總有個聲音提醒自己「妳難道不知道自己不會唱歌？」因為我的姊姊是位優秀的歌手，我以往總忍著不唱以免尷尬。但這一次，我強烈地渴望唱歌。我為畫展作畫時，聽了許多關於自由和解放的歌曲，並時常跟著哼唱。因此，我在儀式中也融入了這些歌曲，讓音樂的力量成為儀式的一部分。

儀式的某部分是迎向自由的舞蹈。在開始跳舞前，我向在場的姐妹們講述了我的故事。陳述的過程中充滿了正能量，也讓自己再次被深深感動。這個故事彷彿歷歷在目、清晰可見，說起來格外順暢。過去，我從不知道自己有能力將故事講述得如此動人。我等到最後才告訴她們，這個故事其實來自我的一個前世。

這場儀式包含了篝火、說故事、舞蹈與歌唱。最重要的是，我在整個過程中有著清晰的覺知，明白自己能夠擺脫前世的束縛，解放這場悲劇的記憶，並脫離內在深層的奴性。

籌備並主持這場儀式對我的身心產生了深遠的影響，使我變得更為強健。我不再有被他人剝奪一空的感覺，行事更加果斷且富有創造力。我允許自己不再為他人創作，而是依照內心的真實感受如實表達。我有能力這樣做，也決心繼續走下去。

在主持儀式的過程中，我體驗到一股內在強大的力量升起。這份天賜的禮物值得珍惜，我會隨時與這股力量保持連結。我對薩滿信仰（藥師或靈性療癒師）充滿興趣，深深投入並接受了一些相關訓練，並因此產生了幫助人們重返自然懷抱的信念。現在的工作與兒童有關，這與我對療癒的渴望不謀而合，讓我得以在這條薩滿治癒之路上持續前行。

此外，我也感到自己與伴侶之間有著深刻的緣分。前世的故事證實了我的直覺：我和他在前世曾共組家庭，卻因強行分離而備受痛苦，這種熟悉感自始至終未曾消失。

我的父親也是藝術家，因此我們共同策劃了畫展。他主動提出這個想法，令我感到十分高興，因為無論是我選擇的生活方式，還是我從事的工作，都得到了他的認可。我們可以在這個領域裡相互溝通。這次畫展讓我備感期待，也帶給我信心，使我更能忠於自己的作品，真實地呈現出內心的感受，讓作品更加貼近真實的我。現在，我不再需要隱藏，可以坦然接受自己的感知與感受事物的方式。

起初，我和房東之間非常疏遠。然而，把他當成爺爺的建議成了關鍵，幫助我理解並改變了彼此的關係。將他視為家庭的一份子，讓很多事情開始轉變。即使他個性鮮明，一旦有人說他的壞話，也會讓我難受。我們之間已建立起如家人般的親密感情。

前世創傷的記憶曾阻礙我參與許多事情。作為一名奴隸，我沒有機會去實踐自己的天賦與才能。與彌哲會面後，我對許多莫名的感受有了不同的理解，明白它們的根源並感到內心的共鳴。現在的我，比過去更好、更自由。

人間至美的體驗，莫過於神祕。
它是所有真正藝術與科學的泉源。
那些漠視情感，不再停下腳步讚嘆並仰望奇蹟的人，
如同死去一般，無動於衷，眼底盡是黑暗。
生命奧祕的啟示，雖然伴隨著恐懼，卻也孕育了宗教。
有些事物超越我們的理解力，但確實存在，
顯現出極致的智慧和璀璨的美麗。
我們有限的感官，只能以最原始的形式去理解。
這份理解，這份感受，是真正宗教信仰的核心。

——愛因斯坦

〔工具〕儀式

你在生活中有什麼想改變的，想放下的？就像之前提到的前世一樣，你可以設計一個儀式，幫自己達到這個理想。用這個儀式來提醒自己，我們生來就是自由的，卻在不知不覺間選擇去限制自己。無意識的信念（例如瑪麗認為自己是奴隸）只會阻礙我們發揮潛能。如果你想培養清楚表達自我的能力，無論是繪畫、寫作，或是與人溝通，你的儀式就應該以慶祝創造性的表達為主題，來涵蓋各種自我表達的方式。這個儀式一定要有朋友在場見證，與你一起慶祝。讓你在最脆弱的時刻，將最害怕被人看到的表情，都在這個儀式中展現出來。憤怒、眼淚和喜悅都能經由詩歌、音樂和儀式來表達。拔除公眾人物形象的外衣，讓真實的你擁有自己的聲音。透過這樣的機會，可以讓你不再擔心別人如何看待你，或因為「被看到」而覺得尷尬。將原本就屬於你的自由找出來，帶回去！

這就是魯米所說的：「放棄安穩，逃離舒適區，到讓你害怕的地方過日子。毀掉你的名譽，做個惡名昭彰的人。謹言慎行的方式我已經試過太久了，從今往後，我要癲狂地放飛自我。」

Chapter 10
公開演講

〔工具〕面對恐懼

【傑克，生於一九七〇年】

傑克是一位醫生、治療師和老師。他跟隨彌哲學習多年，參加了以探討輪迴為主題的蓮花綻放研討課程。但是，他對前世仍抱持半信半疑的態度，讓他內心十分掙扎。他此次前來，希望能克服對公開演講的恐懼，以實現將學識與經歷分享給他人的心願。

傑克想了解自己為什麼總害怕公開演講。在小組或一對一的情況下，他能收放自如，一旦站在廣大群眾面前，他的思緒卻變得很混亂，無法清楚表達自己。他渴望能在公眾面前自在地分享自己的經歷，但每次遇到這種情況，他總會焦慮不安。

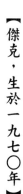

彌哲立刻看到了傑克的前世：

你知道宗教法庭是什麼吧！法庭裡各有三位法官和訊問人，審判結果有可能導致酷刑。你從小喜歡動物，在農場長大，是一個很純樸的人。當初你的父親為了達成某個目的而跟上帝許諾：如果事情成了，就把一個兒子獻給教會。你是他最小的兒子，比哥哥更像個修行人，秉性與今生類似。於是你成為父親與上帝交易的結果，此刻是穿著棕色長袍的修道士。

大約十四歲時，你的父親就跟你說：「我向上帝承諾過要獻給祂一個兒子，我認為你最能勝任，所以你就是我應許的那個人。」父親試著讓這件事聽起來像是一件好事，你於是問他：「我該怎麼做？」父親安慰著說：「別擔心！他們會告訴你該怎麼做。」你跟著他一起去了修道院。到達後，你發現在那裡有很多時間可以做自己真正喜歡做的事。不像在老家的農場，從來沒有時間閱讀、畫畫，也沒有時間和動物玩。

這是一個農耕修道院，他們種植食物，飼養動物，而你可以自行決定每週提供什麼樣的服務。於是你意識到這個地方很適合你，留下來是一個很好的安排。

你在這裡開始發現自己有治癒動物的能力，牠們好像很喜歡你以某種方式將手放在牠們身上的某個部位，會變得特別溫馴，最奇特的是牠們的身體狀況也會有所改善。雖然結果並非立竿見影，但無數次下來，可以肯定你的做法對動物的健康的確有很大的改善。

在那裡你的年紀最小，其他修道士也都觀察到你的能力，但他們只覺得那是上帝的傑作，並沒有對特殊現象感到大驚小怪。人們或許多少有點好奇，但除此以外並沒有特別去關注什麼。漸漸地，你被分配到一個治療中心，任何需要幫助的人都會去那裡找你。

治療中心設在修道院的側翼，有一個獨立的小院子。這裡的人們會帶著孩子、孕婦和傷者來求助。儘管這是一種醫療救助，但與現代的做法完全不同。這裡主要依靠草藥治療，有時也會處理骨折、縫合傷口等情況。你很快發現，你用來治療動物的方法同樣適用於人類。

有位年長的修道士對你說：「用你的方式治療，不會有問題。但是，切忌與患者討論，說得太多，會讓他們害怕。一旦他們感到害怕，你就幫不了他們。所以，默默地去做，不必解釋什麼。」他補充說：「這就像你不會對一匹馬解釋什麼，對待患者也是一樣，不必多說。」你聽了心中竊笑：「我在治療狗和馬時，其實一直在和牠們交談呢！」但你理解他的善意，因此繼續默默地為患者服務。治療中心採取輪班制，每個人都有自己的工作時段，並不會一直待在那裡。

自從被父親帶到修道院後，這裡成了你與外界接觸最重要的途徑。你喜歡這樣的醫療救助，因為你樂於照顧孩子，幫助別人。這些經驗讓你感到莫大的成就感，並保持著純真和童稚的特質。年輕的你對世俗毫無經驗，對每件事物都充滿好奇。

你對那些出於不同原因而來此的修道士們感到好奇。雖然有人警告過你「不該問的問題不要問」，但你的好奇心依然難以抑制。這樣的生活持續了多年。

此刻，我看到的你已經四十歲左右，戴著一副對你視力沒有多大幫助、小小的圓框眼鏡。你舉止善良，與今生的你非常相似。每當向他人介紹自己時，你總是和藹可親，這讓人們感到放鬆，願意敞開心扉談論他們的需求。

然而，有一天，一件前所未有的怪事發生了。由於教皇想了解義大利偏遠地區的情況，一些代表教皇的男人從羅馬來到修道院，他們被稱為審判官或法官。沒人知道他們的具體來意，也沒人告訴你做錯了什麼，沒有任何預警或徵兆讓你感到不安。

修道院對這些訪客展現了極大的熱情，提供了最好的食物和居住條件。與此形成對比的是，修道士們只能睡在薄薄的木板床上，而這些訪客卻享有最舒適的床。他們計劃在此逗留幾天，四處走動，觀察每個人的行為。他們走遍每棟建築，檢查所有細節，並做了許多筆記。你以為這就是他們來的全部目的，但幾天後，他們突然說：「嗯……我們在這裡發現了一些不合常理的現象，必須進一步詢問一些細節。」這到底是什麼意思呢？但他們似乎並不想向任何人透露，於是人們心中的不安逐漸蔓延開來。

修道院特別為三位法官準備了一間特別的房間，房內設有一張長桌。法官們穿著黑色長袍，與你見過的任何服裝都截然不同。審訊開始時，人們被一一帶進那間審訊室，而修道院的所有人，包括園丁和廚房幫手，都被要求在場觀看。

在你之前，很多人先後被叫進審訊室，包括修道士和院長。每個人走出來時，不是臉色蒼白就是滿臉通紅，看起來極度沮喪。沒有人願意談論在裡面發生的事情。接下來的幾天裡，他們變得極為沉默和低調。

你是最後一個被詢問的人。他們問了你一些普通問題，但重點還是集中在你在診所裡的所作所為。雖然你沒有多想，但你記得修道士們警告過你：不要談論你在診所的做法，因為那會引起恐懼。所以你保持沉默，沒有提及將手放在患者身上來緩解他們病痛的事。你只簡單描述了每日例行公事，並強調了保持清潔衛生的重要性。儘管如此，你對於隱瞞這些細節感到一絲內疚，但直覺告訴你，對這件事，你必須三緘其口。

審訊你的同時，他們也向其他修道士進行了盤問。令你震驚的是，這些修道士毫不猶豫地提到你的能力，甚至表示他們相信你是被上帝揀選的，因為每當你把手放在患者身上時，患者的病痛就能舒緩。這些人正是警告過你不要談論這些事的人。幾乎所有的修道士在被問及此事時，都說了同樣的話。你才意識到，他們顯然在背後談論你已經很久了。他們甚至能詳細回憶起每一個病人的情況，鉅細靡遺地講述你是如何幫助他們的。

當時你還年輕，完全不知道自己的一舉一動都被密切觀察著。因為患者經過你的治療後病情都會好轉，所以他們認為你與眾不同，對你有敬畏之心。但他們從未在日常行為中表露出來，你根本無法察覺自己在他們眼中如此特別。

審訊持續了很多天，三位法官一次又一次地向所有人重複著相同的問題，而得到的答案也始終一致。儘管修道士們在回答時顯得猶豫，但他們心裡都清楚這將以不祥的結局收場。這對修道院的每個人來說，都是一個巨大的意外。

隨著時間的推移，有些人被要求提供更多的資料，並告知他們將面臨處罰。然而，儘管法官們的態度嚴肅，並沒有引發太多恐慌。似乎沒有人真正意識到將要發生的事。

在所有詢問結束後，法官們再度對你進行質疑，詢問其他人對你的說法是否屬實。你誠實地回答：「是的。」他們追問你為什麼最初對他們隱瞞真相，你回答：「有人告訴我最好不要提這些事，免得嚇到人們，所以我認為最好也不要跟你們談論它。」

就在這之後，他們開始用「魔鬼」這個詞語。他們指稱魔鬼狡猾陰險，刻意讓人們對他的作為保持沉默。他們繼續暗示這是一個修道院內部的巨大陰謀，所有修道士共同隱瞞你這個「魔鬼」的行為。他們認為修道士們明知真相卻默許你的行徑，這正是「魔鬼」狡計得逞的證據；然而，即使如此，他們仍然選擇讓這一切持續發生。

你開始全身顫抖起來，完全無法理解他們的指控。你從未和魔鬼打過交道，對魔鬼一無所知。但當你環顧四周，看到其他修道士臉上同樣恐懼的表情時，你明白他們和你一樣，也對魔鬼毫不了解。兩位年長的修道士試圖站起來辯解：「如果這是為了幫助別人，怎麼可能會是魔鬼的作為？不會吧！」他們剛說完這些話，便遭到了嚴厲的訓斥和懲罰。任何試圖支持你的人，都在痛苦的折磨下屈服，直到承認這是魔鬼的行為後，酷刑才得以停止，接著他們會被拖出去包紮傷口，接受治療。

你每天都坐在觀察席上，看著、聽著這些令人不安的審訊。你漸漸意識到，這一切的起因，都源於你為患者舒緩病痛所做的治療。你不禁開始懷疑自己：也許他們才是對的？也許這真的是魔鬼的作為？面對眾人的指責，迷惑的你心中浮現出一個原本跛腳的小女孩的身影。經過了三次的治療之後，她能和其他孩子一起行走、玩耍、奔跑、歡笑。你問自己：「這怎麼可能是魔鬼的作為？我從沒見過什麼魔鬼呀！」

當法官再次對你進行質問時，你已充滿困惑。他們宣判你的罪行，你發現自己完全語無倫次。法官冷冷地說：「你明知自己所做的是魔鬼的行為！」你反駁：「不，不，我真的不知道。」他們會暫時將你帶走，讓你第二天再回來。然後，他們對你施以酷刑。最終你絕望地說：「或許我沒能認出魔鬼的模樣，在不知情的情況下做了這些事。」這個回答終於令他們滿意了。儘管你聲稱不明白自己的所作所為，但你終究承認了自己確實做過。

有些人因此遭受了永久性的傷害。法官離開後，有的人再也無法正常行走，有的人經常身體疼痛。每個人受到的懲罰各不相同，有一位曾大聲為你辯護的男子被割去了舌頭。你在修道院裡獨自徘徊，試圖理解這一切究竟因何而起。到底與你有什麼關係？你無法接受有人因你而遭受痛苦的事實，但也無法否認這是現實。這一切令人難以置信，卻沒有任何人的解釋能揭開事件的真相。你只能不斷地反問自己：「我到底做錯了什麼？為什麼他們認為我有罪？我怎麼會捲入這場與魔鬼的角力中？這究竟是怎麼發生的？」你的餘生就在反覆思考這些無解的問題中度過。

從那以後，修道院失去了往日的幸福感和信任感，人們之間再也無法像以前那樣親密無間。雖然你們仍然共同生活，繼續耕種作物和處理日常事務，但診所已經永遠關閉。生活變得僵硬、孤立，每個人都懷抱著彼此間無法抹去的陰影。

彌哲解釋那段前世對傑克影響的對話如下：

彌：那一世，你完全失去了對自己的信任。經歷了多生多世，你才逐漸重新建立起信心，而今生的你仍在這條道路上不斷努力。每當回憶起那段過去，你總會感覺這不僅僅是個人的經歷，還牽涉到許多因你而受苦的人。儘管你不是唯一承擔風險的人，但你總覺得自己要為修道院中所有人的痛苦負責。

若以今日的眼光來看待當時的事件，不難理解那時你被捲入了一場無法掌控的風暴中。就像一塊巨石從山坡上一路呼嘯滾落，所經之處都被破壞殆盡，無人能阻擋。當時教會的力量如同這塊巨石，轟然衝擊著你的修道院，將那裡的一切摧毀。你成了眾人目光的焦點，這種被聚焦的感受至今仍時常困擾著你，彷彿內心有一個警告聲在提醒你：「小心！不要讓任何人注意到你。」

在某些時刻，這些感受會特別強烈，比如是在考試或可能遭到批評的情況下，你的思緒就會突然僵住。雖然你已經在許多方面取得了進展，但唯有真正原諒了自己，你才能覺得內心安穩。當恐懼再次浮現時，你可以告訴自己：「過去的事已經結束，與現在無關，那只是一段記憶。即使有人聽到類似的事，最多也只是覺得我有些奇怪罷了。」當代社會已沒有宗教法庭，儘管仍然有人會對不理解的事物感到害怕，但他們大多數只會跟你保持距離而已。

至今，仍有許多人會對類似的事情心存恐懼，走在變革前線的人總會面臨這樣的處境。作為領頭羊，如果你對所做的事有清晰的認識，相信自己沒有害人之心，就能坦然面對這一切。隨著時間過去，你會愈來愈自在。

傑：有可能擺脫這些恐懼嗎？

彌：隨著愈來愈多人接受靈性治療師的療癒，對治療的恐懼也會逐漸減少。意識正在改變，恐懼將漸漸平息。我無法預測未來的確切變化，但我確信意識正逐漸轉型。在影視作品中，主流媒體對心靈感應者的描繪與十年前已大不相同。過去，人們經常嘲笑治療師和心靈感應者，把他們視為怪人或瘋子；而如今，這些領域正被更嚴肅地對待。靈性治療逐漸被視為一種可能的療法，治療師的天賦也因此受到尊重。這種改變需要耐心，也需要對恐懼的本質有正確的理解，因為許多恐懼源自前世的記憶。在過去，你不僅自己受苦，還認為別人因你受難。你深信自己和他人息息相關，不願成為別人痛苦的源頭。

業力的形成取決於個人的意念強度。如果我們存心傷害他人並確實造成傷害，我們就得承擔業果。如果並非惡意卻依然造成誤解和傷害，那麼這樣的傷害不會讓我們背上業力的包袱，我們依然可以嘗試彌補，但有時在這種情況下，唯一能做而且最該做的，就是放手。

你仍然害怕犯錯，在意別人的評價。不同的患者會有不同的反應，有些人能輕鬆接受你想傳達的訊息，有些則不能。對於那些你認為可以接受的人，不妨直接分享。如果你仍會為此感到惴惴不安，可以問自己：最糟的情況會是怎樣？

傑：這讓我無言以對。

彌：你可以問自己：「這是我最真誠的行為嗎？我想幫助他人的動機是否純正？」如果答案是肯定的，那麼你可以全權決定是否要冒險將這項工作提升到更高的層次。我認為，你正努力邁向一個新的高度。一旦達成，你將有能力與那些對你的工作毫無概念的人交流，這正是你的目標。因此，找到能夠真實做自己的勇氣非常重要，這對每個人而言都是關鍵。作為一名治療師，這是一把雙面刃。你可能會因此失去一些東西，但也可能因此擁有更大的影響力。這是你此生的使命，人們會聽你的。

還有一件事：如果你害怕的是一隻狗，牠會是隻什麼樣的狗？

傑：我覺得那應該是一隻長毛大狗，到處走來走去，露出凶惡的牙齒。

彌：如果那隻狗一直擋住你的去向，不讓你往你想去的方向前進，你會怎麼做？

傑：我想我會試著變換我的位置。如果我是站著的，就會試著讓自己變得更矮小來試探牠的反應，以此做因應措施。

彌：看來，你的注意力還是放在恐懼上。我建議你去訓練你的「狗」。當牠走到你面前擋住你的去向時，你不妨對牠說：「坐下、躺下，我現在不需要你的幫助。」因為你的狗（恐懼）其實是來幫你的，牠因為發現有狀況而試圖警告你。但一切還是你說了算。是否真有什麼事值得你去害怕？你可以給狗明確的指示：什麼時候需要牠的警告，什麼時候不需要。因此，當你感到害怕時，可以看著狗說：「我知道了，你坐下來吧！」要掌控自己的情緒，成為狗的主人，而不是讓狗來掌控你。你意識到自己在做什麼嗎？你一直把自己變小，把主控權給了狗。現在你有能力成為恐懼的主人，別讓恐懼阻礙你的去向。

你將會在圈內廣為人知，變得頗有聲望。這個改變已經開始了，所以現在是把狗訓練好，把心智掌握好的時候。這可能是每個人都要面臨的最大挑戰。我們的思想很容易失控，會帶著我們往未知的方向走。恐懼是一種收縮，當你收縮時，一切會停止運作。隨著你對恐懼掌控能力愈發嫻熟，就愈能收放自如。要相信自己有能力處理任何想做的事。

任何人都能理解你這種恐懼的心態，並且感同身受。你的大腦很健康，沒有退化。恐懼之所以會導致大腦一片空白，在於神經元的突觸暫時失去反應力。此時若能大聲說出來，會對這種情況有所幫助。我若想記住某件事，就會試著大聲說出來，甚至重複說好幾遍，這樣比較容易記住，這是給大腦指令的一種方式。人們最大的挑戰其實是恐懼本身，如果你能嘗試用這個例子，設法在一定程度上掌控你的恐懼，就會做得更好。從邏輯思維做理性分析，了解其實根本沒有什麼可怕的，一切只是恐懼本身在作祟。所以，要感激那隻狗！牠的目的是保護你、幫助你。你可以明白地告訴牠，你需要什麼，比如「我現在不需要你，躺下來休息吧！」這就是自我控制的能力。

傑克的轉變

以下是傑克敘述他在看前世後所受到的影響：

剛開始聆聽彌哲敘述自己前世時，純粹是以興奮、好奇、有趣的心態，內心並沒有太多觸動。然而，當我聽完彌哲描述修道士們的行為，以及當時發生的恐怖事件後，我的內心開始悸動。發現自己的行為舉止有時竟然和前世一模一樣，這讓我發自內心對前世產生了強烈的認同感。我的行事風格總是低調謹慎，不喜歡自我推銷，對於靈性感知的能力以及靈性生活的追求也很少提及，所以醫學界同事幾乎不認識這方面的我。在他人眼中，這樣的我確實有些異乎尋常。

源於自己的叛逆思維，我對主流醫學的做法並不完全認同。儘管我的醫療方式和行為明顯與眾不同，但仍希望盡可能避免引起同事的注意。我很清楚一定有人會反對我的做法，因此恐懼的心態在所難免。當我開始讓別人了解自己的醫療方式後，消息逐漸傳開。他們會在美容沙龍裡談論我，說我有時會用超自然的方法進行醫療。我不完全倚賴傳統醫療的做法已是無可辯駁的事實，更何況我的工作已經超出常規，自成一格。雖然我並不很在意這些評論，但多少還是會擔心他們的看法。彌哲認為我挺有趣，她說我外表和穿著都很保守，但內心深處卻是個不折不扣的變革者。不得不說，她的話切中要害。我的「外包裝」能保護我在不被注意的情況下，過著正常的日子，然而內在的運作方式卻與表面截然不同。

那麼，我找彌哲了解前世意味著什麼呢？我認為，儘管無法一蹴而就，卻還是有助於減輕心理上的壓力。現在站在一大群人面前，我依然會感受到壓力，是一種挑戰。但對內心恐懼的看法已有改變，我能從更深層次來理解這些情感反應。回想過去考試時的緊張，我可以將眼前所感受到的壓力，解讀成是基於之前的經歷，這種理解讓我感到欣慰。

我以完全擺脫這種恐懼為目標，這也是我在這個問題上不斷尋求幫助的原因。當我帶領一個團隊，或者處於面對面討論議題的情況下，我都沒有困難。但要面對五百人的群體，我就會害怕被人批評，或引起他人的不滿。當我無法避免這些負面評價時，恐懼感就會湧上心頭。「我會失去我的立場嗎？」我無法不去擔心自己喪失清晰的思考能力，找不到自己，導致陷入無言以對的困境。

雖然早在二十多年前就聽過有前世這件事，但對這個概念從未認真做深入探討，更不會試圖用這個想法來跟患者溝通。之前曾引起一些質疑讓我很不自在，所以避免再提起這個概念。其實，一直有一個無解的問題困擾著我：「如果前世訊息確實存在，知道之後該如何面對？」如果患者無法體會我所讀取到的相關訊息，我難免懷疑：「我說的話合乎邏輯嗎？」但現在情況不一樣了，我變得更堅定。隨著自己與患者間的敏感度日益增強，並學會以不同的方式應對各種情況，我意識到現在的我不但能感知自己的前世，也能感知患者的前世，還能以不同的方式來探索這些充滿爭議的話題。雖然我無法確定患者會有什麼樣的反應，但透過與彌哲探討前世的經驗，我已經能平靜地面對這些議題。

我不難看出目前生活所面臨的問題與前世模式有關的可能性。由於在醫學界工作，人們對於科學的精準度有一定的期望，談論前世這樣的概念，往往被視為荒謬、不科學、難以理解。我很清楚自己無法提供實證來支持所說的一切，因此很容易被他人指責或攻擊，這多少讓脆弱的內心充滿不安全感，但這也是可以理解的。

過去，我對前世今生輪迴轉世這類的看法理解得不夠深入，但在日常生活中卻常出現一些看似與前世有關的跡象，使得我對此產生疑惑與好奇。透過與彌哲的溝通，我對內在的感受和清晰的意象愈發自信。這種信心好比一張新發下來的許可證，允許我接受來自不同層面的覺知和信念，使我愈來愈相信自己所見的真實性，並將它應用在患者身上。

儘管害怕在大眾面前演講的問題仍未完全解決，我有信心一切終將被克服。這與我思想的開放程度以及自我認知的發展有一定的關聯。此外，我也正面臨另一個課題：「在演講或專題討論時，該對受眾傳遞什麼訊息？」我想分享的通常與靈性和醫學相關，因為這些直接關係到我們的身心健康、生活態度以及信仰體系，牽涉到對各種信仰模式的探索以及如何推動變革。這是我的直覺，也慶幸自己正朝著這個方向前進。

尼克勞斯・馮・弗呂[註1]的祈禱文對我影響深遠，成為我的座右銘。這篇祈禱文幫助我從不同的角度思考並採取行動，指導我如何放下自我，以免阻礙了正確的認知。

主啊，我的天主，
請將使我更疏遠祢的一切
帶離我。
主啊，我的天主，
請將使我更親近祢的一切
賜予我。

主啊，我的天主，
請把我從牢籠中釋放，
將我的一切都託付於祢。
——尼克勞斯．馮．弗呂

過去多生多世的經歷一再證實我曾是修道士、牧師、僧侶。我很擅長應用草藥，也意識到自己特別依戀義大利，總會被修道主義和苦行僧的生活所吸引。然而，如今的我完全沒有去住修道院的想法。

參加考試總帶給我巨大的壓力，對我來說是件極其困難的事。參加完國家考試後，我決定繼續在這個領域工作，卻不選擇醫生這個行業。在醫學院三年期間，我負責指導學生，同時每天跟七十多位教授打交道。根據自己的觀察，並參考學生給教授的回饋，提供對教授的教學評估。這份工作讓我一直處於所謂的權威地位。雖然我的教育背景與此無關，但這份工作減少了我對權威人士的恐懼。我不明白自己為什麼會做這項工作。起初，我根本沒勇氣和他們說話，後來，逼不得已，我跟院長說：「如果你不給我排班上課，我就自己排。」我對自己這樣的行為很驚訝，因為我以前從來不敢這麼和院長說話。透過這次經歷，我對權威人

1 譯註：Niklaus von Flüe，瑞士的神祕主義者、隱士及政治人物，五十歲時感受到靈性召喚，離世隱居，生命最後二十年都在祈禱與冥想中度過。因其深厚的靈性、促進瑞士和平的角色以及對祈禱與簡樸生活的奉獻備受尊敬。

士的恐懼大大減少。

原本我把所有權威的教授都供奉在神壇上，但隨著日常互動的增加，我開始從不同的角度來了解他們，也對許多教授深感失望。這份失望並非來自他們與我直接的互動，而是看到他們彼此勾心鬥角，嫉妒猜疑，甚至幸災樂禍。這完全是一場權力的鬥爭，我不認為那值得為之奮鬥或追求。了解這些之後，我再也無法以同樣的方式看待他們了。當然，他們當中也有很傑出的人，但更多的人志在追求權力。前世經歷的累積與今生親眼所見，幫助我化解了當時宗教法庭帶給我的創傷。我再也不把教授供奉在神壇上了。

我的心

我的心與宇宙的心同頻
在紛亂的大地中
堅定地律動
抵禦困惑與自我猶豫
穿越憂傷與虛幻失落
在恐懼自由的同時
我被滋養
被照亮

——彌哲

〔工具〕面對恐懼

先來複習之前提到的方法，把恐懼假想成一隻狗。你恐懼的對象是什麼呢？像傑克一樣害怕公開演講？是社交場合？面對潛水的體力挑戰？還是害怕粗暴的人、小狗、蛇或蜘蛛？害怕讓別人失望？失去你關心的人？參加考試？或者是去看牙醫？我們害怕的清單真是無窮無盡。

現在，把你的恐懼想像成一隻試圖警告和保護你的狗。牠是一隻有威脅性的大狗？還是喜歡在你腳邊打轉、愛吠的小狗？如果牠真的是一隻狗，你會很快意識到牠需要被訓練，需要從主人那裡獲得清晰的指令。牠需要你告訴牠，眼前的情境是否真的有危險。所以，對你的狗（也就是你的恐懼）下指令，讓牠聽話。讓牠坐下或者躺下，不要擋在你的路上。能夠這樣做，就是控制情緒的一大進步。當你掌控好自己的恐懼時，你會發現，無論是內心還是外在世界，許多原本無法體驗的可能性正在打開。

克服恐懼不意味著我們只能依靠自己，也不代表要拒絕尋求幫助。當真正的威脅來臨時，我們要能夠勇於尋求支援，不因內心的恐懼而癱瘓。要學會如何面對恐懼、掌握它，並適時地尋求幫助。

正確地看待恐懼，可以改變我們對宇宙的認識，從對各種潛在危險的憂慮轉變成走入一個充滿奇蹟和無限可能的美麗新世界，迎接一個又一個深具意義的巧合和奇蹟。

Chapter 11
新的戀情

〔工具〕學會說不

【邦妮，生於一九五四年；季斯，生於一九四七年】

邦妮是位退休的醫療技術員，因為個人情感原因來找彌哲。她的困擾在於無法結束前一段感情。她說她還需要時間，要等到自己覺得可以結束才結束。她已經有新男友，也覺得對方人不錯，但前男友顯得非常沮喪，不肯跟她分手。直到現在，她都覺得要對前男友負責。他們決定保持著普通朋友的關係，但這似乎也行不通。

以下是邦妮與彌哲對話的內容：

邦：我想告訴他一切都結束了，但就是狠不下心來跟他說這樣的話。

彌：為什麼？

邦：我還在關心他、擔心他。

彌：我來看看他是否真如妳所說的那麼不穩定。當我和第一任丈夫分手時，也像妳這樣內心十分煎熬，無法徹底了斷。我擔心他會崩潰，所以我去找了心理師，他說：「妳可憐可憐這個傢伙吧！如果他一直抱著能和妳復合的希望，他就沒有動力去找其他女人了。」我說：「但我仍然愛他。」他說：「對他仁慈些，還他自由吧！告訴他，妳不再愛他了。」我聽從了心理師的建議，而且那是我做過最正確的決定。一年之內丈夫又再婚了，他的第二段婚姻維持了四十年之久。

妳如果只是為了要保護他，不告訴他事情的真相，對他一點幫助也沒有。他會對妳一直存有幻想，希望妳改變心意，但這是毫無意義的，因為妳不可能放棄現在的男友，回到以前那段關係去。所以，善意地告訴他：「一切都結束了。現在我有了新男友，我不會改變主意，也希望你去尋找你的愛，快快樂樂地過日子。」

邦：我跟他這樣說過，但他說他已經太老了。當然這是他的藉口。

彌：他如果再打電話給妳，只要一聽到是他，就心平氣和地說聲「打錯了！」然後輕輕掛上。如果他去妳家找妳，也不要開門。

邦：他給我寫了很多信。

彌：把那些信都退回去。妳每讀一次他的信，就會重新燃起他對妳的希望。如果來信沒拆封就被退回，他才會清醒知道「她這次是認真的了」。

邦：我和他之間有什麼因果關係？

彌：當然有。可是你們都已經結束了，還需要去了解這些嗎？

邦：是啊，還是想知道。

彌：他給妳寫信，妳回覆了嗎？

邦：有時候會。

彌：那就再給他寫最後一封信，把事情說清楚：「一切都結束了！該說的都說了，該做的也都做了。我不會再讀你的來信，也不會再接你的電話。」只有這樣，妳才能把注意力放在新的戀情上，也才能給前男友找新女友的自由。

邦：好的。我好奇自己和新男友在前世是否彼此認識。

彌：嗯，探討這段關係比較有意義。他的職業是什麼？

邦：他是位藝術家，教美術。

彌：長久以來，他最需要的一劑良藥就是投入一段新的戀情。上一段感情中，他付出了太多，投入得太深，以為專注在工作和學生身上就能忘記那段過往，結果卻只是感到空虛和沮喪。最終，他對自己說：「是時候迎接新的愛情了。」正是在這個時刻，妳出現了。這對你們兩個人來說都是好事，看來你們將會一起走下去。你和前男友同居過嗎？

邦：不，他不願意和我住在一起。

彌：妳會來這裡尋求答案，其實也和他當時曖昧的態度有關。現在雖然有了新戀情，但這段感情不會發展得太快。你們對彼此真誠坦率，願意接受對方的優缺點。然而，新男友有自己的考量，當他慢慢釐清思緒並準備好未來的時候，妳也會跟著準備好。每段感情都有起伏，但你們之間沒有顯著的阻礙。當你們的親密關係達到一定的穩定狀態後，會維持在那個互動模式一段時間。當雙方都意識到還有更多發展的可能性時，你們會再邁出下一步。這段感情會穩定而持續地發展，並在適當時機迎來新的進展。

妳的創造力還有很多潛力可以挖掘。既然和他在一起，妳會有想要打開那扇門的衝動。當妳感到創作的靈感時，要勇敢地跨出那一步，去嘗試妳喜愛的藝術形式。我看不出妳會選擇什麼具體的創作路徑，但也許會和他走在不同的方向上。一旦妳的創造力被激發，你們就會在藝術層面上有更深層次的互動。這段新關係的前景十分光明，所以勇敢去探索吧！想畫畫，就儘管拿起畫筆；想做陶藝，無論是鍋、罐、碗、壺，都可以嘗試。創作可以透過雕塑、舞蹈、音樂等各種形式來表達。過去，妳曾讓前男友阻礙了妳的創作慾望，延緩了這方面的發展。而當妳找到屬於自己的表達方式時，現任男友將全力支持並為妳喝采。也許妳會對紡織、蠟染或色彩創作產生興趣？

邦：我的夢想一直是為兒童讀物畫插圖。

彌：那就找個妳喜歡的故事放膽去畫吧！藝術是件有趣的事，有人等到八十歲才突然發現自己可以創造出很好的作品。美國的摩西奶奶（Grandma Moses）就是個著名的例子，她七十八歲才開始畫，就一舉成名。藝術不受年齡或經驗限制，還能為你們的感情增添溝通管道。妳考慮過為圖畫書寫故事嗎？有什麼故事可以分享嗎？

邦：我曾有過一些，但它們都從腦海中消失了。或許有一天會再回來。

彌：現在不妨來看看妳的前世。但在這之前，能先告訴我妳害怕什麼嗎？妳心裡有太多的恐懼。妳害怕快樂嗎？

邦：目前看來是如此。我不習慣處在快樂情境裡，不覺得自己應該得到太多幸福。

彌：需要改變什麼才能讓妳覺得值得擁有快樂呢？要如何獲得快樂呢？

邦：我不知道。

彌：妳認為大多數人值得擁有快樂嗎？

邦：我懷疑這與前世有關。也許我們得先積累福報？

彌：嗯，那倒是真的，這就是人們所謂的積功德。那麼，假想妳有一分鐘的時間可以扮演上帝，我現在把上帝的權力交給妳。在妳認識的人裡，有多少人值得擁有幸福？

邦：我會把它授予每一個人。

彌：那就沒什麼困難了！如果妳能把它授予每一個人，等輪到妳時，妳會如何？

邦：那我也可以給我自己。

彌：所以妳也值得擁有快樂，不是嗎？我們內心常常會有一些奇怪的自我設限。要如何學會接受自己是值得擁有快樂的人呢？我認為快樂是非常重要的，當我們感到快樂時，那份快樂自然會感染周圍的人。當然，我們也清楚地知道，餘生不可能每一刻都充滿歡愉，正如美國人常說的：「倒霉的事難免會發生。」當我們遇到困難，自然就難以感到快樂。

妳還在懷疑自己是否值得擁有快樂。解決這個疑惑的關鍵在於：持續觀察自己的思維模式。當妳對自己是否值得快樂產生疑慮時，立即停下來檢視這種想法。如果我們真正理解快樂是我們應得的，是與生俱來的一部分，那麼，在失去它的那一刻，就會知道它終究會再回來。妳一定聽過「風雨過後見彩虹」這句話吧？

邦：這很讓人安慰。儘管我和現任男友認識時間不長，但感覺很親密，相處融洽。

彌哲每年都去歐洲訪問，這段期間與邦妮有過多次會談。以下是回答邦妮有關她和現任男友是否前世曾在一起時，彌哲看到的景象：

我看到文藝復興時期一間很大的工作室，其實是一間教堂。有人正在天花板和牆壁上作畫，還有兩、三個人在雕塑。妳和如今是妳現任男友的這個年輕人都是工作室裡的小幫手。你們倆都很高興能在那裡幫忙，從早到晚忙裡忙外讓你們興奮不已，你們在一開始的幾個月裡就成了很好的朋友。我得先補充一個有趣的細節，他們僱用的幫手，幾乎都是男人或男孩，身為女孩的妳因為太想去那裡，決定女扮男裝。

這多少會產生一些尷尬的時刻。通常兩個男孩要上廁所，會到外面找個地方一起方便，但妳總會說妳不需要上廁所，所以從來不會跟妳的好朋友一起去。最後，他意識到妳在某些方面真的很奇怪，終於忍不住問：「你怎麼了？受過什麼傷或者有什麼問題嗎？」妳回答：「你能保證不告訴任何人嗎？」他說：「當然可以。」妳說：「我是個女孩。」他驚呆了：「妳說什麼？」妳無奈地說：「你難道沒注意到他們不僱用女孩子嗎？我能怎麼辦呢？」

十四歲的妳應該看起來像個大女孩了，所以當妳說妳是女扮男裝時，他對此十分懷疑。妳向他展示自己如何把胸部緊緊包裹起來，但他卻說：「妳最好把剩下的也都給我看看。」於是妳拉下褲子，他發現妳真的缺了一些東西。「哦，我的天啊！」這太不可思議了。他把妳當成一個男孩，跟妳在一起口無遮攔，開心自在。但當他發現妳其實是個女孩子，回想之前所有跟妳說過的話，全都是不可能會跟女孩說的，你們就這樣笑翻了。

妳解釋：「這就是我得付出的代價。」他說：「我看以後只會愈來愈困難，不知道妳還能繼續假裝多久。」妳說：「只能走一步算一步，不然怎麼辦呢？」

這次談話後不久，他就成了其中一位雕塑家的助手。跟當小幫手不同的地方在於，助手有實際操作的機會，能學到雕刻的技巧。一旦技術純熟，老師就會讓他參與製作小部分正在雕刻的作品。

因為妳想嘗試做更多事，所以一直都不敢讓其他人知道妳的真實身分。但當他突然被升職做雕塑家的助手之後，他的工作變得相當辛苦。你們再也不能整天黏在一起，想做什麼就做什麼。於是妳決定：「好吧，或許我也能成為一個助手，做類似他做的事。」

妳詢問一位正在天花板上作畫的藝術家，他同意讓妳做他的助手。此刻，他們已經完成了牆壁的部分，妳若要參與，就只能選擇爬到高處畫天花板。那些教堂的天花板有數公尺之高，意外事件不是沒有發生過，但妳對工作的危險性心知肚明。一開始，主要的工作是搬運油漆和刷子，或是用抹布清理油彩溢出的部分，每天爬上爬下很吃力。妳很清楚，要說服別人相信妳能做到手執刷子在高處作畫，需要長時間的努力。

這位藝術家脾氣十分暴躁易怒、喜歡咒罵，常常對助手大聲喝斥。那時妳正在學習如何調配出百分之百符合他要求的顏色。因為他要求完美，所以會讓妳一遍又一遍重做到他滿意為止。他常常情緒失控，整天對妳大吼大叫，只要一聽到有人在吼叫，妳就知道一定是他。在這座超大型的教堂裡，只有他會這樣。經過一段時間以後，妳也習慣了他的言語暴力。

有位畫家一直在留意妳的一舉一動，懷疑妳是個女孩子。他問：「妳願意為我工作嗎？」妳無奈地看著他說：「那個人不會放過我，我唯一能脫身的方法就是退出整個案子。他的前任助手們都因為厭倦他的行為，最後到其他地方找工作了。」但這位畫家說：「這件事交給我來處理。」

壞脾氣畫家畫功一流，所以儘管脾氣古怪仍能保住工作。人們都知道他很難相處，卻也知道如何操控他。所以這位喜歡妳的畫家就去跟壞脾氣畫家打了個賭，如果賭贏，妳就轉做他的助手，最終他還真的贏了賭注。

壞脾氣畫家失去了妳，當然很生氣，差點把妳從鷹架上踢下去。妳單手吊在鷹架上幾乎送命，幸好有人及時伸出援手才不至於釀成意外。

你還有一個做助理畫家的朋友叫費南德。他對妳在壞脾氣畫家那裡受到的不合理對待深表同情。當妳把換了新老闆的事告訴他時，他很好奇：「哪一個呀？」一聽到妳的答覆，他搖頭說：「糟糕了！」妳問：「為什麼？我覺得他不錯呀。他幫我脫離了那個暴躁的傢伙。」朋友說：「他是個把女人當作洩慾工具的好色之徒。」妳說：「他不知道我是個女孩啊！」朋友答說：「他不知道才怪！他肯定知道妳是個女孩。」

誠如費南德所言，這個新老闆開始控制妳了。他不斷找機會與妳獨處，這段期間對妳來說相當煎熬，妳得想盡辦法保護自己不受他的傷害。他很清楚妳想保有祕密，於是強迫妳做些妳不願意做的事情。他直言不諱，毫不隱瞞他的意圖：「妳騙不了我，我對女性瞭如指掌。」好在費南德一直關注著妳的處境，好幾次，他都找藉口及時在妳最需要的時候出現，新老闆也開始意識到有這麼一個人在從中作梗。

最後，費南德決定把與妳相關的事情一五一十地說出來，幫妳脫困。他去找負責這項工程的總建築師，在跟這位大老闆揭露之前，他說：「你知道這個人是誰嗎？（指的是妳）」大老闆說：「是的，這裡的每個人我都認識，他們在做什麼我也都很清楚。」費南德又問：「你覺得他的工作表現如何？」大老闆說：「他是比較認真工作的人之一，總是願意主動承擔額外的工作，能有他在團隊裡是我們的運氣，我對他很滿意。」

費南德順勢發出最後一問：「如果告訴你，他其實是個她，你會怎麼想？」大老闆驚呆了：「你是在告訴我，他是個女孩子嗎？」他聽到的回答當然是肯定的。

費南德堅信唯一能保護妳的方法就是把真相說出來。之前當他試圖與妳討論這件事時，妳總推託說：「不行，不要說出去，我不允許你這樣做。」但他經過深思熟慮後，認為坦白才是最正確的做法。他知道有風險，卻也知道妳是非常出色的助手。

最終，他成功地說服了大老闆讓妳繼續工作。對於費南德，妳既生氣又感激。他違背妳的意願令妳生氣，但妳也明白事實愈來愈難隱藏。既然真相已曝光，妳也就鬆了口氣。費南德神氣地跟妳的新老闆放話：「如果對她圖謀不軌，就別怪我對你不客氣！」

新老闆為了保住他的飯碗，自然不再騷擾妳。於是一切安全過關。妳的朋友在雕塑方面天賦異稟，他在另一個案子拿到能提供更多創作機會的工作。妳雖然有機會學習繪畫，卻面臨新的狀況，導致後來一直停留在初學者的階段。他在職業生涯的改變也影響了妳的職涯。他在離開之際對妳說：「我很希望妳能跟我一起去另一個城市，但是我無法保證妳在那裡能找到工作。」妳問：「這是什麼意思？請說清楚一點。」他說：「我知道我的話有點含糊，但是我愛妳，不想離開妳。」妳只「哦」了一聲，就跟著他走了。你們結了婚，並育有一子。那之後，妳很少再畫畫，他則繼續工作，在自己的領域中取得了良好的成就。

你們還有幾世也曾在一起，但上面這段敘述與今生最契合，見證你們的共同歷史。這裡有許多令人滿意的挑戰：比如當時在商店裡找不到需要的材料，每個人都必須學著如何從零開始製作顏料，妳也學會了這個技巧。

妳的現任男友也在做雕塑嗎？

邦妮說：「是的。而且他依舊有保護我的慾望。挺有趣的！」

邦妮的轉變

幾個月過去，邦妮在經過一番反思後談起她的感想：

對文藝復興時期的藝術、雕塑、繪畫、壁畫等，我一直十分著迷。得知前世曾在義大利和男友共享這樣的生活經驗時，著實讓我興奮不已，太不可思議了！

那個時空背景下的女性，普遍不被社會所接納，我不得不把自己偽裝成男性。直到現在，我還有為了融入男性主導的世界，得把自己偽裝成男人的錯覺。大約十歲時，我就已經開始進入青春期，在當時這樣的發育非常引人注目。我對胸部開始發育感到非常尷尬，有人說我早熟。小學三年級時，我經常在套頭衫裡面再穿一件吊帶褲，這樣可以遮掩逐漸豐滿的胸部。

無法以女性的身分去做自己想做的事，那種尷尬的感覺，顯然是受到前世的影響。

我也感覺到自己的前世與今生有著驚人的相似之處，這在我和現任男友之間的默契上尤其強烈，前世故事證明了這種模式曾經發生過，而且至今仍延續在我們之間。他是個藝術家，有很多創作，我也對藝術深感興趣，這是我們的共同點，也是我們感情的基礎。

透過了解前世，我的信心增強了。在這段戀情的初期，由於不確定自己對他的重要性，我經常缺乏安全感。探索前世後，我才明白彼此早在過去就很投緣，心靈契合，擁有共同的興趣，這段感情也有持續的可能，這一切都讓我非常欣喜。過去的幾段戀情中，我常感到失望，因此我的安全感一度非常脆弱。前世的回顧對我確實很有幫助。

在以前的工作環境裡，有個連學業都沒完成的男同事。只因為他是男性，就受到額外的關注。老闆對他的偏愛很明顯，客戶也覺得他的身分更具份量。相比之下，做同樣工作的女性卻得不到同樣的重視。我一次又一次發現，這種性別偏見依然深植於人們思維中。我之所以會對此特別敏感，應該是受到前世經歷的影響，讓我在職場上有更深的體會。現在，我能夠放下內心的糾結，隨遇而安。必要時，我也會堅定地捍衛自己的立場。

在另一次會談中，邦妮問起她與俄羅斯的關聯。她和新男友季斯都被那個國家所深深吸引，懷疑是否曾在那裡住過。她還想知道她和季斯是否是在那裡認識的。以下是彌哲根據阿卡西紀錄所做的解讀：

我看到不斷來回於城市和鄉村間切換的畫面。你是音樂家，你的父親在鄉下有一大塊土地，部分是農場，部分是牧場，外加一個葡萄園。牧場上養牛和馬。你是他的二兒子。

你的父親是個商人，在城裡也有房產。他把兩個兒子撫養長大成人，希望他們將來接管他的業務。大哥對父親在城裡的生意有興趣，為了讓父親高興，決心離家到學校學習如何經商。大哥也是母親最疼愛的孩子。

你比哥哥小四歲，生性叛逆，我行我素，只對自己想做的事情感興趣，無意取悅任何人。你想做的事跟經商沒有任何關係，但父親還是希望你學習如何經營農場，以便接管他營運的農業和畜牧業。

他看到你非常喜歡馬，有段時間對你抱有一絲希望。你擅長馬術，喜歡騎著馬到處跑，對如何育馬更是癡迷，覺得這個技術很不可思議。父親引進血統不同的種馬，讓牠跟母馬配種。當時他心裡是有期待的：「等等吧！隨著時間過去，兒子或許會對經營農場產生興趣。」但他失望了，你只喜歡馬匹本身，對管理毫無興趣，更別提經營馬場。你喜歡的是音樂、繪畫和閱讀。

與父親期望背道而馳的你，對金錢完全不感興趣，你只需要足夠的錢去做喜歡做的事，至於錢從哪裡來、怎麼來，對你而言根本無關緊要。

你的姑丈在結婚幾個月後就被殺害，姑姑只好搬回去和父母同住，讓他們照顧。如今換父親照顧家人，所以她必須依賴你的父親。在你的成長過程中，姑姑都在身邊，她是家族成員中唯一對你所做的事情感興趣的人。

實際上，是她鼓勵你去做喜歡做的事。你的父親覺得被她背叛了，總是威脅著要把她趕出家門。當你難過時，總會第一時間去找她傾訴，家中只有她稍微了解你。父親對你很失望，母親也覺得你應該聽他的話。

平常除了做工賺一點錢，父親不會額外給你錢。他認為既然你對經營農場沒興趣，手邊缺錢時就只能做髒活。他從來沒給過你足夠的錢讓你有點積蓄，於是你告訴自己，這樣下去絕對不行。你在十七歲左右決定離家出走，但也需要足夠的錢勉強應付剛開始的那段日子，於是姑姑就從你的父親那裡偷了一些錢讓你帶走。

就這樣，你成了這個大城市裡的一名街頭藝人，只需要把帽子放地上，自己盡情彈唱，人們就會過來往帽子裡扔錢。這讓你頗感驚訝！對於能賺到這麼多錢的這件事，最感到意外的人，其實就是你自己。

離開三年後，第一次跟父親聯繫。你把當年從他那裡拿走的錢寄還給他，並附上一封信告訴他，你一直在外面奮鬥、養活自己，現在終於有能力把「借來的」錢還給他。

他幾乎已經放棄你了，對此感到十分震驚，自然對你充滿了好奇：「你這是在騙我嗎？彈那種愚蠢的東西，怎麼能賺到錢？」他不知道你其實很擅長彈奏這個樂器。

當他知道你在某個公園演奏之後，就偷偷跑去公園看你表演。他對你的演出非常讚賞，忍不住自言自語：「嗯，這小子還真有點才華！可惜了，如果在別的地方表演，會比做個街頭藝人更為出色。」他走過去跟你打招呼，這下子反倒讓你驚訝得說不出話來，你很難相信如此固執的父親竟然會來找你。過去，他對你應該做什麼有著堅定不移的想法，但你違背了他，你以為他一定不要你這個兒子了。

在接受這個自以為是的結果之後，你卻看到他突然出現在面前，激動的你對他說：「我可以請你吃飯嗎？」你對這個地區瞭如指掌。你們沒有去高檔餐廳，反而去了一個極為普通的小館子，但是那裡的食物好吃極了。父親跟你說：「雖然你沒能達到我當初的期望，但無法否認你終究是我的兒子。老爸很高興看到你成功地做著能帶給你快樂的事情。」最終你以一種有趣的方式重新被這個家庭所接納。

後來，父親也幫你安排在音樂廳和其他地方演奏，賺了更多的錢。你結了婚，有一個兒子和一個美滿的家庭。兒子喜歡去農場做爺爺做的事，他對爺爺說：「我想學習如何做你做的事。」這整件事於是迎來了一個圓滿的循環，父親對你的期許終於在他的孫子身上實現了，這是一個饒富趣味的故事。

這個前世發生在十八世紀、有馬和馬車的時代。印象中，是在聖彼得堡發生的。那是一座美麗的城市，有許多雕像和噴泉，有宏偉的房屋和市政建築，還有河流蜿蜒其中。這是你音樂生涯的場景。這個故事有著快樂的結局，也涵蓋了許多元素。

此刻的邦妮變得更為興奮，她想知道季斯是否也在那座城裡生活過。對話如下：

邦：我的現任男友也在其中嗎？

彌：他是俄羅斯人嗎？

邦：不，但我們對所有與俄羅斯相關的事物都很著迷。

彌：他會不會是我們剛剛提到的那一世的父親？

邦：我就是有這種感覺！

彌：是的，他就是妳的父親。他發現即使妳沒有達到他的期望，他仍然很愛妳。毫無疑問，在那一世，妳是他最重要的老師。他原本對事情應該如何發展有很主觀的想法，但因為愛，他願意改變。

從俄羅斯度假回來之後，邦妮在與彌哲的第二次會談中，抒發了更多的感想：

一到俄羅斯，我立刻就有難以言喻的自在感。這個景色如畫的地方帶給我回到家的感覺，這或許可以解釋我的第一任丈夫雖然是捷克人，但我認為俄羅斯人更帥。

很高興得知自己在俄羅斯住過，感覺自己就是這裡的街頭音樂家。很可惜我現在不會演奏任何樂器，但還是非常喜歡駐足於街頭音樂家的表演，比起專業管弦樂團，我更喜歡街頭表演。前世故事說明了我喜歡民間音樂的原因，尤其是俄羅斯音樂。我很容易被街頭藝人所吸引，尤其是東方音樂。前世演奏的樂器應該就是典型的俄羅斯樂器，很有可能是三角琴（Balalaika，又稱為俄羅斯吉他）。

孩提時代我就喜歡反覆看《齊瓦哥醫生》這部電影。我十七歲時，這部電影在電影院放映，主題曲就是用三角琴來彈奏的。因為非常喜歡它的旋律，所以給自己買了一台留聲機，一遍又一遍地聽這首歌。看完電影以後，我就想學俄語，斯拉夫語系的語言特別能吸引我、感動我。原本在學校裡可以學，可惜我缺少語言天賦，沒學好。

去年秋天，我聯絡一個俄羅斯合唱團辦了一場音樂會，他們給了我一把三角琴。我試著自己學，但發現還是需要有人教，等以後有更多時間，我會好好學怎麼彈奏。

前世的任性和獨立讓我印象深刻，走自己的路當然也得承擔後果，當時的堅持以及最終能與父親和解，是多麼美好的結局啊！

我多少也感覺到現任男友和前世父親有某些相關性，因為男友對我非常寬容，我可以照自己想要的方式生活。他願意配合我、接納我，這點是我不擅長的。前世父親最終對我的寬容與自我節制，與現在的男友很契合。

隨著邦妮和季斯情感的發展，兩人出現更多前世，對於用來驗證某些細節可能會有所幫助。這次兩人是一起前來看前世的。彌哲敘述著：

這是一個山區，陡峭的懸崖下有河流蜿蜒。妳的現任男友季斯在當時是一名建築師，因為人們想修一條橫跨峽谷的橋，並從橋的兩頭延伸出通往村莊的道路，所以他被派去勘察地形。這是一個非常大膽的想法，沒有人相信它的可行性。但他看過地勢以後說：「應該沒問題，我們會想辦法把這條跨谷大橋建好。」在深谷上造橋是非常危險的，但對於如何造橋，他自有一套想法，於是他跟建築公司提出了突破性的解決方案。

能把懸跨萬丈深淵深谷的橋建成，對很多人來說，簡直就是夢想成真。如果橋兩頭的路也能修好，就能將兩個相互隔離的村莊連在一起，為村民開啟無限的可能。這家公司決定在他身上投下了鉅額資本，給他一個機會，希望他能將提案付諸實行。

那時，妳是個三十二歲、年輕漂亮的寡婦。妳的丈夫在這個區域的懸崖處掉入深谷下的河水中，事故發生時，他們試圖在這裡建造一座步行吊橋。過去多年來，那裡一直都有小型吊橋，可是搭好不久又會崩壞，問題一直都無法解決，妳的丈夫正是嘗試把吊橋修好的人之一。

自從丈夫去世，失去固定收入來源之後，妳的生活就陷入困境，僅憑替人洗衣、修補衣服和其他零星的工作賺取微薄的生活費用，收入實在不足以維生。就在妳擔心會不會連住的房子都無法保住的窘困時刻，剛接到工作的建築師也開始在附近找住的地方。他來到妳的村子，出現在妳的面前，對妳說：「我需要一個住的地方，也許還可以帶一些其他需要住宿的人來這裡住。這個案子需要好幾年的時間才能完成。」他進一步解釋正在建橫跨深谷橋樑的計畫，但妳沒當真，只是附和地笑著說：「這件事以前有人試過，如果你也打算這麼做，我可以租個房間給你。」

妳有五間臥室，如果把所有的臥室都租出去，妳的錢會多到無法想像。雖然男人說他會在那裡住好幾年，妳卻不相信。妳以為他會像以前的人一樣試著造橋鋪路，直到認清計畫不可行之後就會黯然離開。但他不同，在他搬進來之後，其他人也陸續搬進來。

最初兩個星期只有他一個人住在那裡，那時他主要做大幅度的調查工作，後來其他的工人也開始搬了進來。工程的進行為村落的人提高了士氣。他一個人在妳家住的那兩個星期裡，你們互相吸引，也滿足了彼此的某些需求。從剛開始對柴米油鹽的需求，到後來彼此深深相愛。

這座橋花了整整十二年的時間才建成，許多人在造橋的過程中喪生。每次遇到巨大的阻礙，他都會想辦法解決。村子裡的每個人都關注著他的一舉一動。很多以前從來沒來過妳家的人都開始來拜訪妳，然而他們其實是想看看如此瘋狂的男人會是什麼樣子。他們一眼就能看出這是一件不可能的任務，但他奮力向前，毫不退縮。橋搭好後之後，他們接著開始在橋的另一邊修路，又花了很多年的時間。

有了跨谷大橋和銜接村莊的道路之後，這個小鎮開始蓬勃發展了起來。房屋一棟棟地蓋，商店一家家地開。妳的事業也做得有聲有色，最終你倆結婚了。

妳並不知道他工作完成後將如何發展，但妳覺得如果必須跟他一起搬去別的地方住也無妨。一段時間過後，儘管妳不再因缺錢而租房間給別人，但還是繼續租屋。不同的是，妳現在只租給妳喜歡的人。而那間分租房也變成人們集思廣益的一個聚會場所。

妳有兩個兒子，婚姻幸福美滿，夫妻倆在村子裡都很受歡迎，被人們視為「為人所不能為的瘋子、跟瘋子結婚生了兩個孩子的寡婦」。那一世，妳喜歡烹飪，尤其喜歡大夥兒圍在桌前的那種感覺，他的到來讓整個小鎮生機盎然。

現階段的邦妮有了很大的改變，推斷的能力日益增強。她很享受這個過程，並樂於分享自己的見解。她說：

男友季斯是個有遠見的建築師。儘管眾人都認為這座橋不可能被建起來，但他力排眾議，迎難而上，終於圓滿成功。我倆的前世與今生都有一些相似之處。對於我認為行不通的事，他總有辦法說服我，讓我相信他可以做到。他常輕鬆地說：「沒問題，那件事行得通，交給我。」最終，事情也會如他所言順利完成。涉及新的計畫時，我往往是那個提出各種反對意見的人，但他總會說：「沒問題，行得通，交給我。」然後就去執行。他做事堅持不懈，信心十足，這也讓我放心將事情交給他辦。因為這種處事態度，他取得更高成就的可能性就更大。如果能找到這座橋的確切地理位置，見證它是否依舊屹立不搖，將會是一件令人興奮至極的事，這會是極富策略性和重要性的連結。當時家裡來往的朋友很多，我們都喜歡與朋友在一起，至今也仍延續這個模式。

我讀過很多關於輪迴的書，也在彌哲的帶領下有過看前世的體驗。她讓我了解到輪迴的深義，也因此對今生有更確定性與安全感。如果有人賺了很多錢或取得很大的成就，我不會認為這有什麼不公平。我以為：人的一生，都被賦予一項畢生需要掌握的技巧，或是該學會的本領。每個人的人生軌跡不同，因此沒有必要去仿效他人。即使事情從表面上看不算成功，但一切都有條不紊地運行著。即使現在有人比我過得更輕鬆自在，我也不會以是否公平來論斷。一切好的、壞的，終將相互抵銷而達到平衡。很可能曾經有過或將來會有同樣的人生體驗，我感覺事情就是這樣，這就夠了。

一旦想到經歷過多生多世，就不再那麼害怕死亡了，這真是一大解脫。當然，愈接近死亡，感受將會愈不一樣。有時我會反覆聆聽彌哲看前世時的錄音，新的體會也往往會突然湧現，讓我從另一個維度領悟新的觀點。

有了對前世的概念與了解，在孩子還小的時候確實給了我很多幫助。因為我和孩子之間有很多挑戰，當我了解他們的前世之後，更能以不同的方式看待母子關係，並做出適當的對應。縱觀這一切，我自然能從不同角度理解很多事情。

由於這段經驗與兩人都有關，所以季斯也有話要說：

有時我仍然有想做一些瘋狂事情的衝動。這位在前世造橋的建築師在生活上和現在的我有很多共同點，這點引起我內心很深的共鳴。早些時候，尤其是在藝術領域，我有過很多奇特的想法，但由於經濟原因無法付諸實行。後來從事教育，成為一位美術老師，我曾想用聚酯纖維創作一些具象的人物和雕塑，但後來還是放棄了。

建築對我來說並不陌生。現在住的房子，就是我自己設計、建造的，我對建築的興趣至今仍然不減。我的母親來自木匠家庭，外公是非常成功的匠師，做過很多精美的作品，蓋了許多美麗的木屋。因為他的第二任妻子不被家人接受，雙雙被趕出家門，所以我一直到十六歲才有機會認識他。對這門手藝雖有些認識，但與外公的木工技藝缺乏直接傳承。後來自己學會了製圖，內心依舊感覺與他很親近。

透過前世故事裡的特定細節，我注意到之前完全陌生的事物忽然變得熟悉起來。因為我是在冷戰時期長大的，大人教導我：俄羅斯人很危險、很卑鄙，不可信賴，所以我小時候特別怕他們，當時俄羅斯人對我來說就是危險的化身。

由於六〇年代的反文化運動，社會發生巨大的改變。成年後第一次去俄羅斯旅遊就有了完全不同的感受。在那裡體驗當地人的生活方式，了解他們的社會和家庭結構，發現之前所學的一切都是不對的，這些觀察對我深具啟發。在那裡，我體會到太多的溫暖與善良。剛開始他們對我或許有所保留，然而，一旦和他們成為朋友，就能感受到他們的真情與溫暖，讓我改變了對他們的印象。旅行時接觸到的人、風景和文化，逐漸讓我對這個國家的看法有了改變，現在若要去學習俄語也是完全可能的。

透過這些經歷，我明白很多事情其實受限於成長環境的偏見。跨越國界的交流，讓我看到世界的多樣性和人性的普遍性，這也是前世經驗為我帶來的重要啟示。

願我們都能辨識真理，
但若無法迅速領悟它，
願我們對自己懷有慈悲與寬容的心。

——彌哲

〔工具〕學會說不

你能否在說「不」和說「是」的時候，感受到同樣的自在？當你不想做某件事時，能誠實地說「不」嗎？早期的兒童教育有一種理念：如果孩子在小時候不被允許建立自己的界線，不被允許說「不」，他們將來長大後將會無法對生活說「是」，無法信任自己的能力。

如果這正是發生在你身上的情況，很可能你也隨身攜帶著滿口袋沒有機會說出口的

「不」。你的挑戰就是開始去清空那個「不」的袋子。試試這個練習：找一個四下無人、可以讓你大聲吼叫的地方，帶著情緒大聲喊：「不，我不想！」「不，我不必！」「不，你不能強迫我！」「住手，我不喜歡你那樣做！」或任何最能表達現實情境的語句。一共做十次，每次花三到五分鐘。這個練習不必連續做，可以隔天或隔幾天做一次。在過程中，你可能會想要嘶吼或敲打東西（比如用拳頭打在枕頭上，或用網球拍敲打床墊等等），這樣做能幫助你清空滿袋子的心靈包袱，也能讓自己清楚如何去設定邊界。這個練習賦予你說「不」的權利，很快地，你就能輕鬆自在、毫無歉意、無須辯解地說出「不」。

恭喜你可以自在地做自己了！

Chapter 12
害怕死亡

〔工具〕直面死亡

【季斯，生於一九四七年】

我們在上一章已經跟季斯打過照面了。他是位藝術家，也是中學美術老師。這次，他帶著兩個問題前來，希望經由看前世得到答案。第一個問題與他的健康有關，第二個問題是諮詢他現在的生活。時年六十八歲的季斯在一年前退休，六年前心臟病發作，兩年前動了心臟手術。雖然他覺得身體還算不錯，但每當天氣一有變化，胸部就會疼痛。他以為那只是手術的後遺症，醫生們也都說一切正常。然而這並不是最讓他擔心的，他擔心的是經常半夜醒來會出現嚴重的盜汗現象，這讓他很緊張，心情難以放鬆。

以下是他與彌哲的對話：

彌：你是戰後出生的。你的父親參與了戰爭嗎？

季：是的，但他沒上戰場。他是二

戰期間在邊境服勤的一個瑞士士兵。

彌：你對父親的認同感特別強烈。小時候，你想要成為像他那樣的人。其實，小時候你是跟母親比較親近的，不知道為什麼沒跟母親看齊。總之，我感受到你所有的能量都集中在父親身上。戰爭讓他承受了巨大的焦慮和壓力，而且大部分時間他都處在恐懼中。

你的父親很有毅力，我之所以這樣說，是因為雖然他每天早上都不想起床，卻還是起來做應該做的事。你從小注意著他的一言一行，心想：「我長大要像他那樣，我想幫助他。」所以你習慣性地肩負著他所承受的壓力。你的父親還在世嗎？

季：他很早就去世了，那時我才十二歲。

彌：為了要幫他，你把他承受的所有壓力都轉移到自己的肩上。這樣的兒時記憶，總會在夜間回到你的夢裡。你的父親是怎麼死的？

季：他得了白血病。

彌：白血病是他的死因嗎？

季：當時他們對血液方面的疾病不夠了解，所以他病了三年都沒有被診斷出病因。父親生病那三年，我們全家人都住在一起。

彌：他們診斷出白血病時你才九歲？

季：是的，最終他死於腦溢血。

彌：他承受壓力的方式導致了他的死亡，所以是中風奪走了他的生命。的確，身心緊繃只會給身體帶來難以負荷的壓力，也難怪你會擔心。你想成為他那樣的人，卻同時感受到他身心承受了巨大壓力。當你體會到放鬆的感覺以後，就意識到自己不要活成像父親那樣。對他來說，有個兒子是件美好的事情，他是否曾這樣跟你說過？

季：三個孩子裡面，我最小，也是他最鍾愛的。

彌：對他來說，你想幫助他是件好事。每當你看到別人受苦，即使做不到，你的直覺反應還是去幫助他們。你的父親在知道自己生病之前就已經在受苦，因為他無法釋放緊張的情緒。自從戰爭爆發以來，他每天都像是在鬼門關徘徊。

針對你的父親，我看到這樣的畫面：儘管他長時間生活在對死亡的恐懼裡，但當死神降臨時，他卻經歷了一段美好的過程，他為此感到內疚。以往，他不斷督促自己做他認為該做的事，卻仍擔心自己做得不夠好。當他心存恐懼時，會更努力讓自己做得更好。如今離開了身體和家人，他覺得自己沒有資格享有如此平靜美好的一刻。

死後，他想在家人身邊多逗留一些日子，所以他的靈魂在人間停留很長一段時間。他試圖從高處安慰妻子，看顧孩子們。這段時間來帶領他的導師不斷告訴他：他這一生都是個好人，所有的痛苦都已經過去了，現在應該要安息了。但他置之不理，直到他的導師跟他說：「是時候該走了。」

你的身體所感受到的，其實是父親對死亡的恐懼。你是否也意識到這一點呢？如果你能從這種焦躁不安中解脫出來，在離開身體之前放下它，那麼死亡的過程就會像父親經歷過的那樣美好。或許需要幫助，但你一定能學會。不過，死亡離你還很遙遠，這一點你應該也能感覺得到。不妨學著放鬆心情，出於對父親的愛，你承襲了他的心理壓力。同樣，現在，出於對自己的愛，你該放下了。

很少有人像你這樣不在戰爭期間出生，卻深受戰爭的影響。由於你向父親看齊，以他為榜樣，才導致自己飽嘗戰爭苦難的陰影。戰爭的確間接地殺死了你的父親。

季：健康問題與我的壓力有關，我也正在克服自己對死亡的恐懼。

彌：是的，我也這麼認為。你的職業是什麼？

季：為了賺錢，我教年輕人畫畫。但教書花去太多時間，無法在家做自己的藝術作品，我更想畫畫或雕刻。

彌：所以，擔心沒時間表達內心真正想表達的，也讓你感到害怕。

季：是的，我放不開，無法隨性做想做的事。畫畫時，總處在高度擔憂緊張的狀態，怕自己的畫不夠好，怕別人給我負面的批評。

彌：這種緊張不安還是源自父親，你從不吝惜給自己最嚴苛的批判。請問，你到底是為誰而畫呢？

季：出於對景色的喜愛，我為自己畫各種風景。我也想經由繪畫和雕塑，為世界和平做出一點貢獻，我認為人與人之間的愛才是和平的基礎。

彌：你和別人談話或討論事情時，能不能很自在地表達自己？

季：有時我會刻意壓抑自己，不做表達。

彌：一旦你意識到這點，你會怎麼做？你意識到這是給自己設定的限制嗎？問問自己：「這是我想做的嗎？」你可知自己一直在施加不真實也無意義的限制？

季：沒錯！這些壓力在我孩童時期就一直在那裡了。上學時，我的壓力來自宗教的限制。如今作為一位老師，整個教育體制也帶給我不少制約。

季斯的轉變

季斯有心得和體驗想跟大家分享，於是他參與訪談，說了這些話：

父親的早逝對我影響極大。我總覺得自己缺少很多東西，尤其缺少親生父親在人生道路上的指引。彌哲讓我了解到，其實有很長一段時間，即使父親已經往生了，他仍選擇留在我們身邊，默默地守護著我們。這點我感覺特別有意思。姊姊告訴過我，父親死後她見過父親一次。在那個異象中，父親告訴她，他很好，要她安心，保持冷靜。這是姊姊在父親去世不久後從他那裡得到的訊息。然而，姊姊最近才告訴我這件事。她說以前她覺得不能告訴任何人，因為人們會說她是傷心過度才有此瘋言瘋語。

我從來沒有這樣的經歷。那時我才十二歲，姊姊十六歲。直到最近我才意識到，原來她更了解父親，與父親的關係更親密。我九歲時，父親就生病了，所以他在我心目中僅僅是個需要被照顧的病人。不成熟的我，雖然內心渴望他的引領，卻無法理解事情的複雜性。因此，當我意識到姊姊對父親的看法與我完全不同時，我非常驚訝。這讓我深受感動，也有助於我重新與他們建立連結，進一步理解這段關係。

我來自嚴謹的天主教家庭。父親病了，我們為他虔誠祈禱了三年，但他還是離開了我們。當時的我心中充滿疑惑：「事情怎麼可能這樣？家中每個人整天為他祈禱，早上一次，晚上一次，無時無刻都在內心祈求。但最終，他還是離開了我們。在這麼長的一段時間裡，親愛的主，您在哪裡？要我如何相信您的存在？」從此以後，我什麼都不相信了！

小時候，在宗教教規和誡命的束縛下，我承受著巨大的痛苦。我們被教導有很多事情不能做，這無疑抑制了孩子們的好奇心和對生活的熱情。那些過於嚴苛的禁令和誡命，讓我的童年備受壓抑。

隨著年齡漸長，讀了各式各樣的書，我決定把所有與宗教相關的東西拋諸腦後。雖然還不至於偏激到拒絕參加婚禮或葬禮，但每次參加教會活動都覺得神父說的與我無關。

宗教竟讓我心生厭惡，這多少有點奇怪！這位嚴苛的上帝對我來說實在太陌生。我拒絕祂，也不想知道任何與祂有關的事，最終我離開了教會。

天主教聲稱宗教是一種心靈慰藉，但我對此說法難以認同，我感受到的只有矛盾與衝突。人們看到地獄的圖像會感到恐懼，這哪裡是撫慰人心的做法？人們從這個角度根本無法真正感受到被宗教支持的力量，這些圖像在我幼小的心靈中留下了巨大的壓力。父親是非常虔誠的教徒，但他沒有強迫我要跟他一樣，反倒是母親對我有諸多要求，帶給我恐懼與困擾。

認識前世的好處很多。首先它幫助我了解自己的健康和盜汗其實都與父親有關。父親在萊茵河邊境吃盡了苦頭，即使內心充滿恐懼，還是把創傷深埋心中，這些恐懼和創傷最終導致他生病與死亡。我以想幫助他的心態接近他，但也因此承襲了他的恐懼。我試著調整情緒，把被他感染的憂慮與恐懼放下。儘管有時愈來愈緊張，內心開始感受到壓力，但是如果內在壓力不大，這個情形就不會發生。到目前為止，我的目標是以更輕鬆的態度面對生活、享受當下。我喜歡待在家裡或是去工作室，有太多想法有待實現，這些念頭推動著我不斷向前行。

重複聆聽有關前世的錄音檔時，感受最深的竟然是與姊姊之間的事。起初，我沒有太在意父親內心的恐懼，但在反覆聽過之後，才真正意識到他內心恐懼的深度。我更能理解壓力與心臟病發作之間的關聯，以及緊張如何導致我對死亡的恐懼。了解前世，為我帶來了內心極大的平靜，也逐漸調整自己害怕面對死亡的心態。

季斯對自己與俄羅斯相關的前世故事非常感興趣（參見第十一章），於是請彌哲再看看他在俄羅斯是否還留下其他足跡：

我第一時間看到的景象，是一個手持手風琴站在城市中央廣場上的男人。陽光明媚，周圍的人隨著音樂起舞。你是在公共場所演奏音樂的風笛手，四周的人們自娛自樂，歡樂無比，互相吆喝著一起跳舞。你面前放著小杯子或帽子，歡迎人們的贊助，還有一隻不停搖尾巴的小狗陪伴著你。大家都很喜歡你。你是巡迴演奏的音樂家，有可能是吉普賽人。這是你在俄羅斯的一段生活經歷。

還有另一段也在俄羅斯。那時你是在牆上和天花板上畫畫的藝術家，作品有可能出現在超級富豪的大型建築物中，客戶給你豐厚的報酬請你創作壁畫。你廣受歡迎，需求量非常大，忙得不可開交。儘管客戶給你很高的報酬和各種禮物，讓你成功累積大量財富，但物質上的豐潤並不能帶給你心靈的滿足。你的創作只在滿足別人的需求，而不是表達自己內心的理念，這讓你充滿矛盾。

當贊助者將地產等高價位物品送給你時，你左右為難，內心不斷掙扎與衝突。你會因為無法從工作中表達自我而自責，卻又因為賺錢賺到手軟而意氣風發。追求財富，卻又無法自我實現，對於俄羅斯，你的情緒是複雜的。這兩個前世都有美好的生活，卻又深藏遺憾。

你也生活在末代沙皇滅門案的那個時間點上，但你和他們並不親近。當時你已退休，住進人們給你的鄉間別墅。在生命的最後幾年，你試圖做出自己滿意的作品卻從未成功。

此時此刻，正是你彌補遺憾完成心願的時刻。你終於有機會不受外在的制約，能自由自在地表達自己。現在的你，是自由的。

季斯自述如下：

第二個前世的重點在於我的藝術創作，尤其是繪畫。在這方面，我對自己有很強烈的批判，也引發了我為何在畫畫時備感吃力的反思。現在，我刻意為自己騰出時間，在不降低既有水準的前提下，思考與實踐一些新的創作想法。我正在學習如何以更輕鬆的方式處理事務，並依此重建自信。以前畫畫時我常質疑自己：「你真的懂畫畫嗎？我看你一點也不懂吧！」現在針對這個問題，我的回答很清楚：「開什麼玩笑！我當然懂！」挑戰不曾面對的事物總是困難重重，如今我有不同的想法，心態上能有這些變化是可喜的。

我還想探索俄羅斯與我的關聯，並且特別想知道那時我與邦妮是否就是男女朋友。第一段前世的她，是拉手風琴演奏吉普賽音樂的街頭藝人。我至今仍喜愛這種俄羅斯的民謠風，仍有許多優秀的音樂家能演繹出極具特色的俄羅斯音樂。

姊姊會拉手風琴，我卻缺乏耐心與練習的意願。大人讓我試著拉她的手風琴，她也願意教我，但我的注意力無法集中，也沒有學習的動力，我無法掌握手指的靈巧性。

這兩段前世可以看出邦妮和我在過去可能是藝術上的知音。根據她的前世，我在俄羅斯曾是壁畫藝術家。得知我們曾一同追求藝術的創作，有這樣的交集著實令人振奮。也許這些訊息在將來更具意義，對此，我有一種「哇，這實在太酷了」的感覺。

我對死後的情況一無所知，但會保持開放、理解的態度來留意未來可能的發展。現在的心態就是順其自然，沒有特定信念。如果死後真有生命存在，我會更加放鬆與安心。

原本覺得有太多事情要做，壓力很大。然而，現在的我意識到未來還有很多機會讓我完成未完成的事，這使我自在很多，壓力也減輕許多。

在這次看前世之前，我從未涉足與之相關的議題。我不但無法證實它的真實性，也無法完全相信上述的一切。但這恰好產生了一個有趣的新觀點，引發我的好奇。過去我認定前世不存在，並十分排斥這些想法，之後就不再多加考慮。但今天，我發現這個概念非常有趣，它擴展了我的視野，我願意改口說：「這是有可能的！」並繼續保持對這個觀點的敏感度，也會關注相關的話題。

我們在生活中面臨無數挑戰，而成功去克服挑戰是一項艱鉅的任務。我的伴侶相信前世是存在的，她從中學習並不斷成長，也一直與我分享她的成果。她引導我去了解輪迴的觀點，使我對事情的前因後果抱持更加開放的態度，幫助我在面對挑戰時，有更寬廣的理解，生活也因此變得更踏實。

邦妮和季斯兩人不久就共同生活在一起了。

對任何事心存感恩。

——魯米

〔工具〕直面死亡

如果在面對自己或他人的死亡時，你會感到恐懼，那麼盡可能多方面去了解死亡的本質，會是你很重要的課題。關鍵在於：面對恐懼，接納恐懼，而不是逃避。逃避問題只會讓它更深地埋藏於心底，增加你的負擔，消耗你的活力。所有宗教都有一個共同教義：除非一個人能夠直面自己的死亡，否則無法真正活著。

以下是一些克服對死亡恐懼的方法：

- 看羅賓．威廉斯主演的電影《美夢成真》（*What Dreams May Come*）。這部電影根據各個主要宗教的教義，完美地說明死後會發生的一切事情。你還可以找到理查・麥森（Richard Matheson）的同名原著。本書最後也有一份詳盡的推薦書單。

- 參加大學的解剖課。看到一具沒有生命的屍體，就更能充分領略生命的奇蹟。
- 在當地臨終關懷中心做志願者。如果能在場觀看一個人離開身體的那一刻，會是一項非常特殊的體驗。
- 仔細思考喇嘛梭巴仁波切寫的《如何享受死亡：無所畏懼地準備迎接生命的最後挑戰》（中文暫譯，*How to Enjoy Death: Preparing to Meet Life's Final Challenge Without Fear*）這本書的書名其意義，找出閱讀此書的勇氣。
- 給自己寫訃聞。可以帶點吹噓。
- 有很多人有過瀕死體驗，也有人將它寫下來。閱讀這類書籍，可以幫助你重新將資訊輸入大腦，來接受不可避免的那一天。

富蘭克林・羅斯福曾說過：「**我們唯一需要恐懼的，只有恐懼本身**。」

接受我們都會死去的事實，能讓你更自在地享受和珍惜生命。

Chapter 13
二戰記憶

〔工具〕放眼未來

【迪倫，生於一九六四年】

迪倫是一家科技資訊公司的高階主管，他的妻子正在學習靈性成長方面的課程。妻子認識了彌哲後，去參加蓮花綻放研討課程系列的工作坊，還私下諮詢了許多與前世相關的問題。在過程中，妻子除了詢問自己的事情之外，還談到了迪倫的前世。迪倫就是從錄音中聽到與他相關的談話。他以前從未對這類說法感興趣過，說實在地，他根本認為這些都是胡說八道，是沒有事實根據的無稽之談，直到今天，他仍然將前世歸於此類。但他也會針對個人，來決定此人說的是否值得參考。他表示，儘管不認為自己是個追求靈性的人，還是能接受輪迴轉世有實際存在的可能性。然而他只想腳踏實地過日子：「我的二兒子在輪迴轉世這方面特別感興趣，我則不然，這個觀點對我沒有那麼重要。」

在聽了錄音中有關自己的前世之後，迪倫跟彌哲約談，希望能進一步探索二戰期間他在德國的前世。會談內容如下：

你在前世被處以死刑。我看到的畫面裡，你是試圖暗殺希特勒的德國軍官之一，也是最早抱怨希特勒會把整個國家逼瘋的眾人之一。你試圖力挽狂瀾，為德國推舉出不同的領導人物。然而，因為情勢太過危險，這個計畫暫緩執行了不只一次。

我看不出你們有多少人參與這次的反抗行動。我之所以稱其為「試圖暗殺」，是因為你們最後都被逮捕並被處決了。當時決定參與暗殺希特勒，是一件很值得尊敬的事，但此事導致你如今行事比較消極。跟你在前世批評希特勒一樣，你對現今的政治走向也有多種批判，縱使有你的看法，凡事還是以安全為第一訴求。

蓋棺論定，世人對於試圖暗殺希特勒的人，都給予高度讚賞的評價。那是多麼勇敢的行為！你願意冒著犧牲生命和失去一切的危險，只為了堅守自己堅定不移的信念，應該為自己感到驕傲。

你帶著「我不想再經歷一次這樣的人生」的能量離去，而不是失敗者的能量。瑞士沒有革命，這正是你選擇回到這個國家的原因。你持續觀察這個世界，不僅了解第二次世界大戰，也很清楚當今的政局。因為經歷過一段很糟糕的前世，如今不想太招搖，於是你隱藏了自己的真知灼見。你的確有權保持低調。

你經歷了迄今為止被公認為世界上最可怕的一段歷史，並為此獻出了自己寶貴的生命。你堅持自己的立場，毫不畏縮。所以如果覺得累了現在想歇一歇，當然是可以的。對你來說，那一世的經歷給你留下了一個不良後果，那就是信心的缺乏。你應該很快就能把這些擔子都放下來。天人交戰的矛盾情緒，主要來自當初參與該計畫時，你讓所有家人以及認識的每個人都處於危險之中，許多人因為你的理想主義理念而飽受痛苦。

我認為你應該還能記起在那段生命中發生過的一些事，因為你把二戰的知識帶到今生的意識中，那些記憶足以影響你的這一生。之前你或許沒有把前世扮演的角色與自己連結上，但現在既然知道了，或許可以試著去指認自己是暗殺團隊中的哪位軍官！

迪倫的轉變

以下是迪倫在了解前世之後所受到的影響：

彌哲為我看完前世後，有好一陣子我都覺得這件事挺搞笑的。然而，在給自己一些時間消化這段搞笑訊息之後，我赫然發現，其中很多細節其實都說得通，包括我是怎樣的一個人，是如何看待自己的。前世的我確實與今日的我在性格上有很多相似之處，在群眾中，我喜歡做個旁觀者，從觀察周遭的事物開始。這在職場上不太明顯，但在私人社交場合就常會如此。我拒絕任何形式的階級制度。我有個非常專制的父親，在我十六歲時，蘇黎世有很多年輕人舉行抗議活動，我也積極參與其中。我雖然不屬於任何政治團體，卻認識很多激進份子，也會跟他們一起參加各種示威遊行與抗議活動。加入示威遊行時，我們總會帶著檸檬汁來保護自己，以免受到催淚瓦斯的傷害。青年中心是年輕人可以認識並交換想法的地方，我常常在那裡逗留。對於他們的活動也非常關注。青少年時期，我理解並認同無政府主義者。現在雖然不像以前那麼熱衷，但依舊反對階級制度。在工作圈子裡，我往往會感到不自在。但是，如果有人有想法要表達，我會很感興趣地去聽他們的意見。在了解前世之後，我才對自己這種行為模式有了合理的解釋。

我對二戰瞭如指掌。自小就一直對戰爭很感興趣，孩童時期還閱讀了很多有關戰爭的書籍。不難想像，這個傾向必定與前世的經歷有關。聽到前世故事後，我並沒有立刻去一探究竟或是證明什麼，但後來免不了開始對這個人感到好奇，他到底是誰？等到看到那些人的照片後，我開始認真想：「我會是哪個人？」當時發生的事都有很詳細的紀錄，包括被槍殺者的姓名。我對貝克將軍註1的感受特別強烈，很想知道他那一生是如何度過的，如何走上這條路並參與這項活動。根據官方紀錄，他原本想自殺而死，但最後卻被槍殺了。

在前世，我殺過人。回想當時的經歷，一定有如地獄般恐怖。我知道，即使在同樣的情況下，遇到同樣的事，只要是為了保護我所愛的人，我還會再做一次。

我一直認為希特勒是一個卑鄙的人。雖然我並不理解也不喜歡人們互相殘殺，但對於二戰期間發生的一切，我都非常感興趣並且充滿好奇。我不知道今日的我是否會想出另一個如何殺死希特勒的計畫，如果斗膽宣稱我會再做一次，那就未免過於自大了。

我非常排斥事情被人類過度控制，有組織的宗教我也都拒絕。雖然住在瑞士讓我很開心，卻覺得國籍觀念太狹隘。只要是人類創造出來的思想與觀念體系，我都難以接受。我不相信宗教能讓人變得更好。

內心深處，我是個無政府主義者。但現在長大了，也知道無政府仍是行不通的。在瑞士，我們的處境比較幸運，只要遵守特定的規則就可以隨心所欲，我們的生活多少帶有無政府主義的色彩。因此，不難想像我現在的態度與前世的生活經歷是相關的。

1 譯註：貝克將軍（Ludwig August Theodor Beck，一八八〇～一九四四年）企圖自殺，朝自己開了兩槍卻都未能致命，最終仍被處決。

這次合謀刺殺希特勒的人，都是在體制中的職業軍官。多年來，他們一直都是希特勒忠實的追隨者，而且其中也有許多人原本並不願意參與我們的行動計畫。但因為他們拒絕希特勒的思維模式，也擔心會因此輸掉戰爭，所以還是參與了。我們之所以會去執行這個計畫，是因為其中有位軍官願意承擔整個計畫的執行任務，不是因為他更有正義感，而是因為他願意承擔責任。

在戰爭開始之前，希特勒已經把貝克拉攏在身邊。雖然貝克並沒有積極參與戰爭，但希特勒曾對他說：「如果你和我對抗，你一定會輸！」在基本原則上，貝克並沒有反對希特勒，但他看事情的角度與希特勒不同。每個參與企圖暗殺希特勒的人，都以自己的方式來參與這場戰爭的所有事件和後果。

當年有六、七名軍官在柏林的某個後院被處決，而我正是這群人當中的一員。彌哲所描述的事件都能與歷史紀錄文件核實，這一點讓我感到不可思議、興奮莫名、令人信服。我對此事不再懷疑，也考慮找個機會去柏林，到當初被槍決的地點去感受一下。

在瑞士，我也曾是一名士兵，完成了志願募兵學校的訓練。之後，每年參與三週的服勤任務，直到我的第一個兒子出生為止。每次服勤前，我都如臨大敵，身心痛苦的感受難以言喻。其實早在從軍前，我就已經好幾個星期無法成眠。

我告誡兒子們，如果想從軍服役，就應該先把事情全盤認真考慮清楚，結果他們都沒有入伍。我的生命裡有許多難題，尤其對階級制度深惡痛絕，這肯定與前世的經歷有關。這一切對我而言都是很大的挑戰，但如今我已有能力應對。

我的職業生涯一直都很順利。目前的工作沒有任何階級結構，所以我能做得很好。當然，不同的工作也都有類似的分級，但它的功效發揮得恰如其分，不像戰爭時期那樣，極權導致腐敗。

我擔任行政要職，責任很重。現在回頭看不難發現，了解前世之後的我，更有能力解決很多工作上的矛盾，我與他人的互動發生了很大的變化。比起在家裡，我在工作時思想更加開明通達，行動更加積極。

但在私人生活裡，我不喜歡扮演主導角色。一回到家，我就只喜歡懶懶地窩在沙發上。經過重新評估了很多事，針對這些變化和對前世的了解，我的一些疑慮被解決了。雖然不能說前世種種對今生是個決定性的因素，但它確實能解釋我選擇來瑞士的原因。住瑞士能讓我感受到內心的安寧，我來這裡就是為了能得到全然的休息和放鬆。所以，在家裡什麼事都不做的決定，應該是沒問題的。

現在的我自信多了，可以了解並欣賞自己在工作中的地位和能力，並善加應用。以前那些叛逆的想法已離我遠去。現在一切都已駕輕就熟，透過對自己的接受，以及處理事情時的輕鬆態度，更能發揮我的影響力。

我以前經常冥想，現在也偶爾為之。但我認為自己還有一些脈輪還沒打開。我對團體冥想沒興趣，也絕對不會找自己不熟悉的人來指導我，我必須先有安全感，才能信任他們。

認識彌哲，跟她成了朋友，我能強烈感受從她四周散發出來的寧靜能量波。在她身邊感受到的平靜，如沐春風，給我留下深刻的印象。

直覺的心靈是一份神聖的恩賜，
理性的心靈是一位忠誠的僕人，
我們創造了一個崇尚僕人卻忘記恩賜的社會。
——愛因斯坦

〔工具〕放眼未來

有時候，我們需要把眼光放遠，才能更理解事物的本質。一九七七年，當我還是加州「人類之家」的成員時，瑪莎・莫斯曼老師的言論曾令我深感震撼。她說：比起其他現代人，希特勒拓展了我們更多的意識。「這怎麼可能？」或許你會這樣問。希特勒之所以能夠做到這一點，是因為他透過揭露人性中最不堪的一面，也就是想要在種族、膚色、語言或文化各方面消滅異己的邪惡念頭，來達成他的目的。他引發了國際社會對我們內心這種不寬容和具破壞力的心態加以譴責，整體而言，人類重新意識到慈悲的重要性，再次承諾在心靈和思想中學習如何包容彼此的差異，甚至開始懂得珍惜感激人類的多樣性。

儘管如此，我們還是沒能從可怕的事件中學習到寶貴的教訓，因此在二十一世紀的今天，在這件事情上，我們必須重新學習。在種族主義、分裂、欺騙、貪婪以及對不同於我們的人產生仇恨和恐懼等問題上，我們依然在抵抗。領導者常常反映出群眾最糟糕的一面。我們驚訝地發現自己一直在重蹈覆轍，沒學會更好的方法。

若能將所謂的「療癒危機」，也就是一再重複的危機，視為一種變革和療癒的機會，那我們就是朝著正確有益的方向前進。雖然尚未看到結果，但作為一個物種，我們不斷在進步中，我們會變得對彼此更友善、更富同情心。儘管進展緩慢，甚至時進時退，但從長遠來看，我們正邁向彼此更團結的未來，也意識到我們實際上就是一個大家庭。

為了更充分地理解這種放眼未來的態度，建議閱讀哈拉瑞（Yuval Noah Harari）所著的《人類大歷史》（*Sapiens*）。

Chapter 14
投生家庭

〔工具〕半睡半醒

【溫蒂，生於一九六四年】

溫蒂原本是平面設計師，也是個不折不扣的瑞士農場女孩。成為治療師後的她問了彌哲這樣一個問題：「我為什麼投生在這個家庭裡？」她覺得，除了努力工作，享受美食之外，她的家庭沒有教導她其他有意義的事。她很早就開始學著為自己的行為負責，過著獨立的生活。這讓她很想了解自己來此投胎的原因。

她也想知道為什麼自己總是無法與母親建立親密的情感。還有為什麼她這輩子總是一次又一次傾家蕩產，然後東山再起。一九九六年，她才三十歲出頭，就因為房子失火，幾乎失去了所有的東西，只剩下幾件衣服。她嘆息道：「這就是我的一生。」

針對溫蒂對生活抱持著強烈無力感的看法，彌哲指出了一個因果業力的關係。這是浮現眼前的一段前世：

這是十八世紀初期，妳在日本。這時洋人在日本還不受歡迎。妳的父親做了有辱門風的事，而當時他唯一能做的最光榮的事，就是切腹自殺。他不得不如此。切腹與西方的自殺不同。切腹被視為是可以拯救全家顏面的做法。如果一個人做了讓自己抬不起頭來的事，別人就會期望你以切腹贖罪。

父親死後，剩下的四個年幼孩子都留給母親照顧。父親死前盡其所能確保家人有生存的能力，然而並非一切都能如願。雖然有朋友同意在你們需要幫助時給予援手，但也無法保證能適時提供幫助。

家裡一共有三女一男，妳是大女兒，最小的是弟弟。在當時，女孩被視為次等公民，所以情況對妳非常不利。

在與妳年齡相仿的女孩子中，妳是最瘦小的一個。父親去世時，妳才十二、三歲，正值青春期。母親意識到她要撫養的孩子太多了，所以替最年長的兩個孩子找地方安置。妳雖然個子很小，但是很漂亮。妳的體力不夠，不能給人當僕人。而且如果妳以僕人的身分去服侍別人，會讓家人蒙羞。但如果妳真的長得又高又壯，很可能還是逃不了做僕人的命運。

妳的母親決定去藝伎屋試試，她跟那裡的藝伎說自己有個天生敏感、美麗靈巧的女兒。等長大些，一定能在藝伎屋發揮長才。她說，希望有朝一日，女兒能被訓練成藝伎。

於是她把妳帶去，進入一間有五、六個藝伎在場的房間。她們在妳周遭走來走去，妳覺得自己好像是一塊被她們盯著看的肉。當她們開始扒開妳的衣服，想看看妳的身體長什麼樣子時，妳害怕極了。在家裡天天和家人一起洗澡早已成了習慣，但妳從不曾在外人面前脫過衣服。妳的母親站在房間的另一端低著頭哭泣。當她抬起頭看著妳時，她的眼神好像在跟妳說：「她們愛怎樣就怎樣，隨她們去吧！」

妳站在那裡，感到非常孤單。妳的身體剛開始發育，乳房開始突顯，陰部開始長出陰毛。即使面對自己家人，對於身體的變化也會有強烈的自我意識。妳面對著新的處境，赤身裸體地站在這些女人前面被她們端詳著。她們甚至還要求妳蹲下來，伸出雙臂，擺出各種各樣的姿勢。

最後，有個女人拿出她藏在和服裡的一根羽毛，並用這根羽毛撓妳癢癢。妳驚訝之餘開始咯咯地笑，她也開始咯咯地笑，然後所有的女人都跟著咯咯地笑。妳的母親不知該如何應對，最後她也咯咯地笑了起來。這個舉動讓妳卸下了心防，妳意識到她們並不是妳的敵人，雖然不明白她們為什麼要這樣做，卻覺得這一切都已經無所謂了。

妳被藝伎們接納了。剛開始她們要妳做的事更像是個小僕人。妳前後奔走給她們擦鞋、倒茶、送水等，都不是什麼苦差事。她們沒讓妳做粗活，吃力的工作已經有人做了。妳充其量就是個小幫手，當她們著裝時，妳幫她們穿好衣服，確保一切準備就緒。妳每天在她們的房裡放鮮花，或是為她們準備做髮飾的頭花，諸如此類。當妳長大了些，大約十五歲時，她們會不經意地開始跟妳說：「藝伎應該這樣子做，這樣子坐、這樣子站，這是她們拿扇子的方式。但最重要的，這些都是我們關注男人的方式。一旦這樣做了，妳就會知道男人喜歡什麼，該如何打扮來取悅他們。」

妳很驚訝地發現：為了能夠和男人對得上話，或參與他們正在討論的議題，藝伎們必須了解歷史、政治和時事新聞等等，也因此每天都得大量閱讀。當男人的眼光停留在她們臉上時，就表示他們在等藝伎們說點什麼。妳這才意識到妳的母親其實對藝伎一無所知。大多數的女性不必關注這些話題，但藝伎們的職責就是讓男人開心，所以必須有了解時事的智慧，這點對妳來說既新奇又有趣。儘管有時確實會與男人發生性關係，但她們不是妓女，而是特殊且受尊重的安排。

有時候，男人會要求自己喜歡的藝伎離開這個行業。他可能會買房子給她住，照顧她的生活起居。這就是發生在妳身上的事。妳在取悅男人方面表現出獨特的天賦，也許是因為妳有點通靈，可以「讀懂」男人的心，也可以「讀懂」其他女人。妳知道他們需要什麼，想要什麼，以及如何能取悅他們。他們如果心煩意亂，也逃不過妳的法眼。

一般來這間藝伎屋的男人都在四、五十歲左右，但其中有一個大概不到三十歲、很文靜的男人，正在接手父親的生意。以他的年紀就子承父業，算是非常年輕。年輕人很務實，不喜歡拘泥禮俗。遇到其他生意人時，他喜歡開門見山直接談生意。而既定的程序卻是帶有儀式性的，必須先從天氣談到新聞以及其他話題，最後才開始談最重要的主題。他對這套儀式很不耐煩，而敏銳的妳也察覺到了。所以妳把他拉到一邊，讓他以喜歡的方式說出他想說的話。這一點，正是他重視妳的地方。

他已經有了妻子和兩個孩子。他的妻子非常傳統，總是服從先生的指示，從不發表自己的意見。她不是不聰明，只是遵循禮俗，認為她沒資格和先生討論這些事情，那不是為人妻子該做的事。他之所以喜歡妳，是因為妳不僅對他說的話感興趣，還有一套自己的想法。妳會以令他驚訝和欣喜的方式，對他所說的話做出回應。他說他想給妳一間房子，這點他做到了。他把房子放在妳的名下，也同時在上面留下了自己的名字。他說：「有一天當我們年紀大了，進入人生的不同階段，又或者，當我不得不離開這裡，我就會把我的名字從屋主一欄刪除。但現在，我們就這樣吧！」妳也只能同意。

大約過了一年左右，他因為在生意上與別人產生權力鬥爭，被謀殺了。他的生意被別人接管。他的妻子和孩子不得不回到娘家人身邊；他的一切都沒了。

接管他生意的人在翻閱文件時，發現他名下還有這棟房子。他們來找妳：「這是他財產的一部分，我們已經接管了他所有的財產，妳必須搬走。」妳說：「不，你再仔細看清楚房產文件，我的名字也在上面，房子本來就應該是我的，他把房子給我了。」

妳惹毛了他們，所以他們沒說什麼就離開了。兩、三天以後，房子著火了。那是他們離開後發生的第一件事，所以妳不難發現這是他們要妳離開的警告。人們從四面八方趕來幫忙把火撲滅。妳去找同時擔任警官的省長。他說：「房子屬誰的問題涉及房產分割，需要讓法庭來裁定。妳最好能在他們又做出其他對妳不利的事情之前，把事情處理好。」他沒有提出要幫助妳或保護妳，只是建議妳該怎麼做。

這期間妳去找母親求助，但她仍然在為生活掙扎，並且還得照顧最小的孩子。妳問她：「我只想知道，如果必須離開那棟漂亮的房子，我可以來找妳嗎？可以回家嗎？」她環顧四周說：「不行！我現在也捉襟見肘，只能勉強養活自己和妳的小弟。我快要失去一切了。除非妳能給家裡帶來一些收入，否則我沒有能力收留妳。」也沒有責怪母親的意思，只是悵然若失地離去，並對自己說：「好吧，我早就該知道一切只能靠自己。」

妳去法院要求法官調查此事，但當局決定不接手此案。妳的男人已經被敵人謀殺了，這在那時顯然是常見的事。沒多久，他們連妳也給解決了。某天夜裡有兩個男人悄悄闖入妳屋裡，在睡夢中割斷了妳的喉嚨，妳連哼都沒哼一聲就死了。他們奪走了妳的房產以及他們想要的一切。妳可能根本都不認識這些人，也沒人提出異議。

當妳意識到自己已經死亡時，只好跟自己說：「好吧！下輩子我要學會獨立，不依賴任何人。我要克服這種被人左右命運的感覺。」即便作為藝伎也感覺不到自己有什麼能力，只能靠取悅男人來維持一份工作。問題出現時，沒有男人同樣沒辦法確保自己的安全。一旦男人死了，脆弱的妳更是無力保護自己。

在看過溫蒂的前世之後，彌哲接著解釋這段經歷為何還會影響今生：

回到妳問的問題：為什麼選擇這個家庭？瑞士這個國家，當一個人的生活有困難時，家人多半會伸出援手，這是他們的文化。前世那些男人限制妳、為難妳，迫使妳變得更堅強，變得比任何人都更信任自己。但妳眼前潛在的恐懼感還沒有消失，妳仍然害怕生活會再次崩潰。儘管妳一次次把自己從困苦的深淵中解救出來，卻對自己和自己的能力都沒有足夠的信心，如果再次面臨危機，不確定是否還能起死回生。

妳現在正努力重拾信心，克服再次失去一切的恐懼。如果今天發生這樣的事，妳必定有能力拯救自己。妳已經有這個實力，而且也開始意識到這一點。從藝伎到成為一位治療師和療癒師，妳已經向自己展示出顯著的成果。

現在，妳對男人感興趣時投入的那種關注，也讓人聯想到妳身為藝伎的那段前世。許多有關妳今生的事，都可以追溯到那一世給妳的影響。

現在再來回答妳的第二個問題，關於妳和母親的因果業力：

我看到荷蘭的防波堤和鬱金香田，以及放在門外的傳統荷蘭木鞋。荷蘭人外出穿木鞋，回到家就會脫下來放在屋外。母親是一九三四年出生的，所以現在看到的應該就是她的上一世，也有可能是妳的上一世。這一定是在第一次世界大戰期間。她才二十出頭，已婚。她的丈夫是一名士兵，上了戰場後就沒回來。

妳原本是母親唯一的孩子。妳大約兩歲時，她與一名來自荷蘭的水手懷上了第二胎。當時正值放假期間，外婆過來照顧妳，而母親則與女性友人一起去酒吧跳舞、喝酒。她與那個陌生的水手在一起，懷孕了。她隨意找了一個願意幫她進行墮胎手術的人，但此人顯然沒有接受過正統的醫學訓練。很不幸，她被細菌感染，從此無法完全康復。她的免疫系統受損，身體變得非常虛弱。不得已，妳只好和年邁的外婆住在一起。外婆有時會一連好幾個小時都忘記妳的存在，忘了餵妳吃奶，替妳換尿布。她是個心地善良的女人，但她年事已高，心智逐漸衰退。妳的母親病情也日漸嚴重，最終不得不住院。她的身體因嚴重的細菌感染而迅速惡化。

前世的母親也只有二十三歲，因自己病重，無力照顧一個兩歲的嬰兒，不得不拋棄妳。她把妳留給她的母親。妳在地上爬來爬去，後來爬到街上，被一輛裝滿木頭的馬車撞昏。因為還有生命跡象，有人把妳送到醫院，但妳一直處於昏迷狀態。有段時間，妳脫離了身體，像個極為瘦小的孩子遊蕩在宇宙間，找不到任何認識的人。雖然有充滿愛心的天使想幫助妳，但因為天使也找不到與妳相關的人或事，不知道要把妳送到哪裡去。即使有機會康復，但天使覺得這樣子生存下去對妳太過困難，於是決定不把妳送回人間。

由於前世母親病得太重無法照顧妳，當妳再次投胎轉世時，妳們兩人有著未完成的約定。母親在妳被撞後幾個月就去世了，所以即使妳活下來，她也無法照顧妳。妳的外婆在清醒時會因為沒有保護好妳而感到內疚，但當時她的意識也很模糊，同樣無法照顧妳。

荷蘭的這一世，家庭成員間的動力很明確，不難看出妳要學習的課題是什麼。

以下是彌哲與溫蒂的對話紀錄：

彌：妳這一世的姊姊瑪麗，是妳前世年邁的外婆。當時她的健康狀況正在迅速惡化中，很少能保持清醒。

溫：我和瑪麗並不親近，想跟她建立友好關係很困難。儘管她有兩個孩子，她平常只帶狗出門，話題總是圍繞著她的狗。

彌：也許瑪麗姊姊仍然活在前世作為外婆的記憶裡。同樣地，前世的母親內心也充滿沒能好好照顧妳的內疚感。如今她對死亡充滿恐懼，也與這份內疚有關。這個想法在她走向人生最後一程時，更會浮上心頭。只因為懷上一個不知名水手的孩子而去墮胎，也常讓她感到不安。孩子的父親回船上工作後，就再也沒回來，他對此一無所知。

如今，母親感覺到死亡的逼近，她不知道死亡會發生什麼事情，讓她很害怕，夜裡醒來總是滿懷恐懼，即使有宗教信仰也無法平靜。她正面臨信仰危機，儘管試著去祈禱，卻發現內心從來沒有過真正的信仰。有些人會問：「我到底該相信什麼？」但妳的母親處於幻滅狀態，認為根本沒有值得她相信的。現在的她比以往任何時候都失落，因為她一直在欺騙自己，不認為死亡會發生。當死亡突然迫在眉睫，一切就變得如此真實。她回想許多對人們說過的卑鄙的話，知道自己傷害了無數的人，即使試圖阻止自己這樣做，卻總是辦不到。她的個性太衝動，缺乏自制力。

如果妳能一邊觀想母親，一邊誠心為她送上祝福，比如：「願妳找到安寧，願妳感受到自己是被愛的；孩子們都理解妳已盡了最大的努力，也都原諒了妳。」這樣說、這樣做，對妳們雙方都有好處，能幫助妳放下過往的苦澀感受，也能讓妳原諒自己總把她推開的行為。如果她死前得不到安寧，死後將更加艱難。透過祝福表達妳的慈悲。妳可以看著照片祝福她，也可以為她唱誦「Om Namah Shivaya」（聖歌讚頌印度教主神濕婆的咒語）。她可能無法從意識層面去理解與體會，但一定能從更深層次去感受這些祝福的能量。妳為她的身心安寧付出的同時，也安撫了妳自己的身心。

溫：外婆對母親也很嚴厲。

彌：是的，妳一旦感覺到外婆的存在，就表示她也來了，她也想得到寬恕。她已經給別人帶來太多傷害。

出生在這樣的家庭裡，有這樣的母親，正好用來學習獨立。因為她們沒有照顧好妳的生活，所以妳必須讓自己更堅強、更獨立，藉此建立自己的信心。投胎到這個家庭絕非偶然，這其實是妳自己的選擇。妳要做自己，原諒自己。她們愈是阻撓，妳就愈要堅定。為此而戰，妳必須放下很多東西，包括她們對妳的成見，與妳交談的方式，以及沒能全心全意愛妳。所有這些妳在意的點，都得放下。此刻，我感覺到妳身上的能量愈來愈強。內在的力量、對自己的信任、對自己能力的信心與滿足，都是妳最強的支柱。一旦妳變得強大，就再也沒人能牽制妳了。

這些年，妳漸漸變得更獨立。當妳充滿正能量、活在當下，就會清楚知道自己是誰。現在的情況是暫時的，因為妳還在猶豫。在生命早期，妳常感到內疚，妳問自己：「我有權利在這裡生活嗎？我能占據這個空間嗎？」妳來到這個家庭，是因為這裡符合了妳要學習、成長的所有條件。雖然在這裡有諸多困難讓妳不快樂，但這正是靈性成長所需要的土壤。

溫蒂的轉變

在後續訪談中，溫蒂描述這兩段前世故事如何改變了她的生活。如今她能放下指責，擺脫受害者的模式：

我總感覺自己很孤獨。前世的藝伎生涯讓我學到必須對自己負責，不能依賴別人。藝伎受限於工作和職責的規定，在社會上得不到自由。過去那個時代，這些藝伎無法與男人建立

「真正的」感情。無庸置疑，男人是有婚約的，他們有家庭有孩子，但他們與妻子的關係不比藝伎深，而藝伎卻無法要求這些男人給她們任何承諾。

我從來沒能體驗過怎樣才是一個充滿愛的家庭。對前世的認識，讓我更能理解這一切。在目前的工作中，透過治療與諮商去幫助和支持需要幫助的人，我擁有了更多的自由。

作為藝妓的那段前世，唯一剩下的就是在被謀殺那一剎那的感覺：突然脫離身體置身於另一個世界。我並不害怕，也不覺得受到什麼創傷。死亡就好像晚上去睡覺，第二天早上醒來到另一個維度，如此而已。有一位老師對此做了一個很好的描述：「每個人都知道自己終將一死，害怕死亡於是變得非常不現實，因為無論我們如何抗拒，它遲早還是會來報到。如果我們明知會死，卻還一直生活在無止盡的恐懼中，那就白白浪費了我們的生命能量。」

我的前世與今生還有其他相似之處。比如在我第一次打太極拳時，就強烈感覺到這一定是我以前一直在做的運動，因為太熟悉了。藝伎學習的舞蹈正是來自太極拳的一系列動作。

經由了解前世，我對母親也有了更多的理解。她成長在一個非常拘謹的家庭，對生命的看法有很大的限制。在生活中，她必須做飯、編織和除草，必須安靜和祈禱。有時，她甚至還會自我懲罰。她從小就被灌輸了這些教條。依我看，她並沒有想要改變或成長的意願。

有時會想，我來到這個世界，有這樣的母親，是不是也是為了治癒她？但她卻無法接受。我選擇再次來找她，但母女關係一直很奇怪，十分疏離。記憶所及，我從不曾真正想要跟她有過身體的接觸，情感上，我與她更是難以親近。她對待我的方式讓我無法信賴她，對我的指控永無止境。至今她仍然常批評我，對我說極為嚴苛的話。

當彌哲讀取阿卡西紀錄揭示我前世被馬車撞到後導致死亡的這件事故時，我並沒有太沉重的感覺。儘管如此，每當我情緒崩潰或快要昏倒時，童年的記憶就又會湧上心頭。沒有任何醫學研究能對此有所解釋。或許前一世死亡的記憶，或是試圖離開身體的經歷，僅僅是為了幫助我記起這一切。

母親的態度非常狹隘。關於個人的生活、人生的改變和新的領悟，這些想法都無法在原生家庭中與他們分享。我終於明白，滯留原地是母親自己的決定。透過看前世帶來的深刻理解，讓我清楚了解到原諒自己和治癒舊傷的重要性，並能以同情心來祝福母親。這樣的我，釋放了內心的重擔，得以自在無拘束。

如今我已不再有愧疚感，可以隨緣，讓事情依照它們原本的樣子去發展。了解前世後，對於自己是誰，有什麼優缺點，也都了然於心。

黑暗無法驅散黑暗，
唯有光可以。
仇恨無法驅散仇恨，
唯有愛可以。

——馬丁路德

〔工具〕半睡半醒

你的生命中是否有漸行漸遠的人，例如家人？是否因為彼此無法溝通而感到無奈？

你害怕其中一方可能在情況未解決前就先行離世嗎？

為時未晚！一切都還有可能。

在清醒和熟睡之間這種半睡半醒的狀態中，你可以給自己下達指示，讓你在睡夢中完成在清醒時看似不可能的任務。當你處於半睡半醒的西塔腦波狀態時，就是在潛意識的狀態，試著指示自己入睡後與這些人溝通。你可以邀請你的指導靈、治療師、其他家庭成員或精神導師來協助你。每晚都嘗試這個過程，將你的意圖設定在修復彼此之間的裂痕。

這種方法也可以用來與已故者交流，解決可能尚未解決的問題。它同樣適用於改善岌岌可危的關係，並有助於與遠方的人保持穩固聯繫。

這並不只是一個「應急解決方案」。隨著時間過去，可能需要幾天、幾週甚至幾個月，你就會看到成效，並且理解、感激這個方法。你將了解，即使在這樣的情況下，也不是無能為力的。最重要的是，你發現自己有能力採取行動來改善局勢，並自由地表達你的愛。

Chapter 15

迷失方向

〔工具〕活在當下

【卡拉，生於一九八九年】

卡拉為了考試努力學習，卻發現競爭非常激烈。在準備完大學入學課程後，有兩個月沒工作也沒錢。那段時期她整天無所事事，不知該何去何從，好像失去方向。因為不知道未來走向，她去上了一些高級班的課程。

考試結束後，她覺得有必要請專家為她指點迷津。她找到了彌哲，這是她第一次參與輪迴相關的諮詢，也不知道前世的論述是否屬實。卡拉希望自己有源源不絕的創造力，卻覺得好像哪裡被卡住了。她想知道：「人生怎麼會這樣？這一切是從哪裡來的？」

以下是彌哲看到的前世：

妳害怕的是創造力的本身。我看到一個強有力的前世，聚集了所有的動力朝妳的今生而來。但是，妳的靈魂意識到有業力正在阻礙妳，希望妳能擺脫它。

當時妳是在巴黎一所著名藝術學校的學生，因為正值戰爭期間，妳得排除萬難才能去上學。沒有人知道明天會怎樣：德國人會入侵法國嗎？法國人會反抗他們嗎？將來會怎樣呢？

在那一世妳是個直率熱情的男孩。雖然這一世妳一直忍著，但上一世的你，啊！真了不起！每個人都以你馬首是瞻。一九三三年，納粹黨剛上台，你質疑納粹的企圖。傳聞滿天飛，卻沒人知道在德國到底發生了什麼事，沒人知道他們會不會攻打法國。

處於動盪不安的時局，你下定決心要去學校學習，並選擇上藝術學校。那一世的父母對此深表懷疑。他們說：「我們付錢給學校，卻看不到你將如何謀生。以後誰來養活你？你成為藝術家以後打算做什麼？是什麼讓你覺得自己在這方面有天分？」你對他們說：「我也不知道為什麼要學藝術，但我就是必須這樣做。如果你們不希望我學藝術，那我就去找份工作。」然而，你很清楚父母寧願你去上學，也不希望你去做沒有出路的工作，因為他們看不出學藝術會有什麼前途。

於是你妥協了，同意去學些有可能賺錢的知識。你雖然順從父母的心意進入商學院，但內心卻跟自己說：「我對生意真不感興趣。」

隨著愈來愈多消息來自德國，你開始對政治產生了興趣，讓你很驚訝。為了掌握最新的局勢，你開始去咖啡館消磨時光。你專挑那些有很多人一起討論戰事的咖啡店，而不去藝術系學生喜歡去的。愈是有人聚集討論戰爭可能性的地方，就愈吸引你。

有關畢卡索的一些消息也傳來了，他是你最崇拜的藝術家之一，是你的英雄。畢卡索在德國有朋友，於是他接受了報社有關納粹的採訪。他談到納粹正在做的事，包括集中營、圍捕猶太人，以及如何奪走人們家園、錢財等惡行。

你對此深感不安與沮喪：「畢卡索說的一定是真的，否則他不敢這麼說，報紙也不敢這麼發行。」於是你回到美術教室開始日以繼夜地畫，有時甚至忘了吃飯和睡覺。其他學生來看你作畫，他們都無法相信眼睛所看到的。你畫出了對當時情況的理解，所有你聽到的，正在德國發生的事，都在畫裡表達出來。畫裡充滿了激情、強烈、血腥、暴力的畫面。你說：「人們不能不知道事情的真相。」

教室地上一個角落放著一張白天能折疊起來的床墊，晚上太累沒力氣回家的時候，你就睡在那上面。那間房間因為你在使用從來不上鎖，人們會在晚上來這裡看你作畫。不僅僅是學生，連教授也會來，有時他們還會帶朋友來看你畫畫。

接下來我看到了一些駐巴黎的德國軍官。這讓每個人都很緊張，心裡七上八下，事事懸而未決。沒人知道這些納粹軍官來這裡做什麼？也不知道明天會發生什麼事。

一個反納粹的知名人士來學校看到你的畫，他說：「我們必須將這些畫讓大眾都看到。我們必須讓人們知道如果納粹真的來了，會對法國有什麼影響。」你沒經考慮就答應了。當時的你，正全神貫注於繪畫，這股創作激情推動著你，讓你廢寢忘食。你完全處在創造力的巔峰。

讓你升起這股創作熱情的正是畢卡索。他有個很有名的事蹟，就是有時會不眠不休畫上一個星期。他是如此瘋狂，而你也是。

你的畫展在畫廊林立的街道上一個小畫廊裡舉行。大畫廊不願意展出你的畫，他們不想惹惱德國人。那個贊助你的人並不認為會有這樣的結果，他以為你的畫作會震驚世人，激發他們的思考，也許還會激勵人們阻止德國人入侵法國。

畫作一件件掛了起來，你當時也在場。才二十多歲的你，穿著一身黑。跟這個畫展的氣勢相比，你看起來實在過於年輕，撐不住這麼大的場子。那時候的你，大概和現在差不多年紀。你未必了解把這樣的畫作掛出來展出所代表的時代意義。你只想畫畫，覺得總得有人把恐怖的事實表達出來。當你用畫筆描繪它時，並沒有考慮到畫作展出會迎來什麼樣的後果。

畫展大約在下午四點左右開展，有很多人到那裡去看展，在第一個小時裡就賣出了五、六幅畫。人們對你的才華、膽識、勇氣以及你想表達的東西，都留下了非常深刻的印象。他們很興奮，並且認為你的作品值得收藏。而你對其他事一無所知，只是心裡想著：「哦！人們喜歡我的畫，不錯呢！」

畫廊老闆整個下午忙進忙出，到了晚上七點左右再次進來，神情緊張地說：「聽說當局要來逮捕我們，我、你、還有你的贊助人。」「誰會來逮捕我們？」「我不知道。」「快把那些畫從這裡拿走，我們有麻煩了。」

你們面面相覷：「該怎麼辦呢？」十五分鐘過去後還沒決定該怎麼做。突然，門口和窗外都出現了穿著制服的男人。他們進來後，快速地把畫拿下放到卡車後面。另一個沒穿制服卻看似行動領導的人進來問：「誰是這裡的負責人？」畫廊老闆走過去表明身分，並介紹你和你的贊助商。那人說：「你們都被捕了!你們可以自己走出去，上車!我也可以找人把你們都拖出去！」三個人你看著我，我看著你，然後一起走了出去，上了卡車。

他們在卡車啟動前就已經把你和其他人分開，讓你上了另一輛車。沒人給你任何解釋。你很快就發現自己坐在一片漆黑的黑卡車裡，除了有一丁點光線從司機上方的小窗子照進來，其他什麼也看不見。你心想：「這到底是怎麼一回事?接下來會怎樣?」卡車停下來時，他們把你拉下車，帶你去淋浴間，命令你脫掉衣服，拿走你所有的衣服。你嚇壞了!他們用消防水帶對準你猛沖，一邊沖水一邊命令你轉圈轉了好幾分鐘，最後給你一件連身工作服叫你穿上。

你被獨自關在一間牢房裡，四下無人，無法與人交談。牢房裡除了有個可以觀察你的小窗口外，其餘全部封閉。因為無法分辨時間，你不知道自己在裡面待了多久。沒鞋子穿，沒毯子蓋，你一直覺得冷颼颼的。幾天過後，守衛終於拿了一雙鞋給你，帶你去法庭。

一到法庭，你就看到畫廊老闆和贊助商都在場，但不讓你們互相交談。他們給你指定了一位律師，你意識到自己將被單獨審問。這位律師沒對你說一個字，他只是依照他們的吩咐辦事。很顯然，這個審判只是走一個形式，你根本不明白審判流程。最後他們把你送入德國監獄，這對法國公民來說是從來不曾發生過的。雖然後來同樣的事也發生在很多人的身上，但當它發生在你身上時，還是前所未聞。

這群人在監獄旁的空地上生起一把火，逼迫你親眼目睹自己的畫作全被燒毀。其實，你有好幾幅畫在被抓之前就已經賣出去了，所以很可能還有兩、三幅畫仍然在世界某個角落被珍藏著。很抱歉，我無法說出這些畫現在在何處。

在這之後，你被關進集中營，最終死於肺炎。生病後的你，因為缺乏醫療照護，無法康復。你死於食不果腹的飢餓，衣不蔽體的寒冷，最終一口氣喘不過來。

這段前世清楚解釋了為什麼卡拉會在今生壓抑熱情，避免表達內心的真實想法。她怕這樣做會再次付出巨大代價，有可能導致極端痛苦，甚至失去生命。這些無意識的記憶足以造成內心衝突。彌哲將卡拉的前世和今生連結起來，幫她找出回歸自由之路：

前世經歷解釋了今生妳會害怕傾聽內心渴望的原因。那一世，妳得到了最想要的機會：針對深切關懷的議題，以自己擅長的方式來表達自己的理念與想法。你對此異常熱情，近乎不理智，因為你被整個事件深深打動。

一開始妳坐下來，我就問妳：「什麼最能打動妳？什麼是妳最在乎的？」當下妳或許還能感受到內心的熱情。但若要觸及內心真正感動與在乎的，那種深度的感受與激情是會讓妳害怕的，因為妳曾為它付出了一切，包括妳的生命。

當時的事情以迅雷不及掩耳的速度脫離了你的掌控。你全身心投入繪畫，以此來宣洩內心的情感。買畫布、畫畫、畫好一幅放一邊、繼續畫下一幅畫，周而復始。很多朋友對你肅然起敬，因為你那麼年輕，那麼充滿激情。

現在，妳認為自己還太年輕，還沒準備好要做什麼。這個想法多半源自前世的記憶：「我還太年輕，不應該讓那些糟糕的事發生在自己身上；我還太年輕，不應該對自己做的事情充滿熱情；我還沒有機會發現自己是誰，我要慢慢長大。」這一生，妳感覺凡事得慢慢來，不容許被人催促，或縱容自己太過投入。妳不再讓人左右妳的決定，因為同樣的錯誤發生一次就夠了。以前，妳全身心投入作畫，沒想到事情會毫無預警地在一夕間失控。那時，妳從一個學畫的學生，到畫廊展出畫作，到被眾人欣賞並購買畫作，最後被關在監獄、集中營裡，飢寒交迫，早早離世。整段過程中，妳都沒有發言權。當時你的注意力都聚焦在如何表達自己。

妳的結論是：此生不要過得如此匆忙。壓抑內心的激情與創造力，或許可以給自己換來一些時間。很不幸，前世發生的事讓妳無法忘懷，記憶埋藏在內心深處的潛意識裡，它不斷對妳說：「慢慢來，不要急。我需要時間慢慢長大，需要先知道自己是誰。」

我不知道妳現在是不是畫家，但是，創造力與妳是一體兩面，無法分割。妳所追求的，就是不拘形式地自由表達自己。無論是繪畫、寫作，或是其他藝術形式。在回顧妳的前世之後，我建議妳用一些與之前不一樣的方式來表達自己，看看能不能幫助妳減輕內心的恐懼。

不要以為恐懼能主導妳的未來，妳的恐懼其實來自古老的記憶。當時妳以無拘無束的方式表達了真實的自己，是這個表達方式給妳帶來了極大的創傷。

雖然妳有足夠的理由阻止妳追求自己的夢想，但這不是妳的本質。妳得先明白自己到底想做什麼。也許去看一部有關第二次世界大戰的電影，看看是否能因此釋放內心深處的恐懼和悲傷。妳的挑戰是重新找回自我。其實妳並沒有迷失，只是深陷於痛苦記憶的情境；原本這些記憶是在無意識層面的，現在上升到意識層面，讓妳看到需要克服的問題具體長什麼模樣。一旦看到並且理解阻礙妳前進的因，就能釐清路障，看清妳想去的方向。

此刻，卡拉想了解前世如何影響今生的生活：

任何未完成的使命，任何仍然在意的感受，都有可能延續到下一世。前世沒有機會讓妳將生命的光與熱完全釋放，導致妳今日感受到強烈的挫敗感。妳說：「我還年輕，不想做一份無聊的全職工作，但這卻是我每天都在做的事。」這是不尋常的想法，大多數人不會這麼說。從前世的角度來看，如果妳說：「我不想讓這個情況再次發生，但我也無法完全掌控我所想要的。」這就說得過去。因為妳要的是妳的創造力，是妳自己。

依我看，妳其實懷著相互矛盾的渴望：希冀卻又害怕內心深處的熱情。因此，愈是關心的事，愈會因為前世發生過的不幸而將它推開。那一世，妳帶著所有的激情去追求理想，去表達自己，然而生命卻戛然而止，妳再也沒能看到太陽升起。

卡拉的轉變

幾年後，卡拉分享前世帶給她的改變。此時的她，熱情奔放的本性展露無遺：

看前世的確帶給我真實感，幫助我釋放很多內在壓力。它打開了一個新的維度，幫助我從不同的視角把事情了解得更深入。我可以理解我們是帶著尚未完全意識到的過去不斷地輪迴。現實生活裡，有許多事說不清道不明，卻其來有自。因此，事情不能總以自我為中心來主導。人們對於面臨的挑戰，自然會有更好的方式來處理。

現在看待事情的方式與以前很不相同，我容許一些事件走入歷史，而不再把它們看成是「我、自己」的問題；不再把重點放在是「我、此生」造成的過失，而是看成在靈性成長歷程中，有個面對挑戰需要克服的「小我」。我可以將這些事件串起來，視為靈魂成長史的一部分。儘管這段歷史看起來很複雜，但我有能力在此生將之治癒。

這次看前世，突顯出創造力對我的重要性。之前面臨的挑戰，一直都在於想把自己的創造力發揮得淋漓盡致，希望能不斷突破、創新。與此同時，我卻感受到一股壓抑的能量。透過前世的故事，我終於了解問題的癥結所在，也發現前世真的與今生息息相關。彌哲建議我去發展自己的創造力，從前世的痛苦中走出來。不幸的是，在那之後，我很快就找到了一份沒機會發揮創造力長才的工作。但這其實並不是難事，因為我已經感覺到很多障礙正在逐漸被化解、消失。

彌哲講述前世故事時，我數度掩面哭泣，感覺那就是在說自己，它抒發了我內心的情感。彌哲描述了我內心最渴望的生活方式。在那個生命的時間點，我心心念念想成為一名藝術家。作為巴黎的一名畫家，我的生活有重心，身心靈都投入自己的理想，用畫作充分表達自己的理念。然而現在的生活並不是這樣，我的能量過度分散，有時做做這個，有時做做那個。

前世處於動盪不安的戰時，由於納粹的出現以及我的盲目熱情，導致年紀輕輕的生命突然告終。我開始意識到自己最害怕的，都是意義最重大的。至今對喜歡做的事情依舊遲疑不決，但我想克服這種恐懼，提醒自己這一切都發生在過去，不是現在。這個認知與覺醒對我非常重要，這些訊息對我深具意義。我覺得現在更有能力去理解更多道理，這真是一種非常好的感覺。我終於放下原本想追求前世那種藝術家生活的想法，如今的我不再是那個人，也無法再像當年那樣只熱衷於一件事情。看前世，幫我釋放了許多積壓的能量，所以在那之後的幾天裡，都感覺自己好像走在雲端，全身輕飄飄的。

我曾去一所藝術學校報名預科課程，但現在學的是民族學。能針對自己有興趣的學科去學習，是一件非常幸運的事。之前，我認為創造力局限在以視覺為主的範圍，比如將作品用顏料和畫筆畫出來。現在，我在民族學科領域也能發揮創造力，因為有創意地發展知識層面也是我的長項。我有拍電影的構想，為此感到很興奮。把藝術和科學融合在民族學中，將是我的學士學位論文。我打算以科學想法作為切入點，將它與電影藝術結合起來，這個途徑更有助於理解民族學。這個想法帶給我高度的熱情，能在所學的學院從事這些計畫，實在是太好了。

那一世在生命結束時，我還只是個剛過二十歲的學生。第一次請彌哲看前世時，我也差不多在那個年紀，今生與前世在時間軸上有這層對等關係。當我被納粹趕出法國時，應該還不到二十一歲。今生，我一直有種自己不會變老的強烈感覺，也常覺得沒有好好在這個世上生活過。這些感覺在年輕時特別強烈，有時心中會有某種不滿，甚至是不信任。感覺自己置身於錯誤的電影裡，在錯誤的時間和錯誤的地點來到這個世界，有時甚至覺得好累，不想活下去。

等真正下定決心對生命說「要好好活下去」時，我已經二十四歲了。那一年我經歷了一個腦外傷的意外事件，讓我突然覺得自己的生命不應該就這樣結束，這不是我的完結篇。一旦發現自己終於走上了正確的人生道路，自然想繼續走下去。看前世之前，我對生命存疑，不知道意義何在。現在對此有了強烈的信任感，人生道路上的步伐愈發堅定。如果再聽一次前世的故事，會覺得自己已經處在很不一樣的人生階段。那段前世早已離我遠去，自己好像真的痊癒了。

放下昨日的酒杯，
方能暢飲今日的榮耀。

——魯米

【工具】活在當下

活在當下！保持身心平穩落實，這是生活在各個領域中能獲得幸福與成功的最佳祕訣之一。活在當下，被公認是能將一切變得更好的萬能工具。

試試這個冥想：把自己假想成一個充滿生命力的瓶子，頭頂開啟有如天窗。觀想並感受一道燦爛的金光從頭頂緩緩注入身體，先充滿頭部，然後流向脖子、肩膀，填滿胸腔，再沿著腹部向下流動。感受金光填滿每個毛孔，穿過骨盆、臀部、生殖器，最後流向雙腿和腳底。這是一道無窮盡的金光，是一切事物的真實本質。

現在，觀想從腳底長出既深且長的根系，延伸二十五英尺深、延展二十五英尺寬。讓金光沿著腳底的脈輪流入根系，並通過它們深植於大地母親。當宇宙療癒的光通過身體流向大地時，東方傳統稱此為「虛靈之竹」註1。

透過上述的冥想方式，你將正能量回饋給大地。每天練習數次，直到能瞬間進入狀態，融入日常生活，變得自然而然為止。這樣你就能時時刻刻保持對身體的覺知，身心合一，活在當下。唯有當這個狀態偶然消失時，你才會真正體會到它的珍貴。

冥想結束後，把頭頂的天窗關上，讓金光繼續在體內流轉。

你，就是帶給世界的禮物——慷慨地奉獻吧！

1 譯註：Hollow Bamboo，是東方傳統中的一個概念，指個人在冥想或靈性修行過程中達到的一種狀態。在這種狀態下，人如同一根中空的竹子，能夠完全打開自己，成為宇宙能量或靈性光芒的管道。這個比喻強調「無我」的概念，即放下自我和個人的意識，讓更高的能量自由流動。當你成為一根「虛靈之竹」，你不僅僅是接受這些能量，還能讓這些宇宙的療癒之光透過你傳遞給大地或他人。這是一種深層次的靈性修行，目標是達到與宇宙能量的和諧共振，並促進自我和他人的療癒。

Chapter 16
婚姻困局

〔工具〕1 創造平衡　2 持續學習

【金娜，生於一九六〇年】

金娜是社工，她帶著迫切需要解答的問題來找彌哲。她的婚姻一直有重重障礙，夫妻育有一子，但她從未真正愛過自己的丈夫唐。三十年後，他們終於分居了。她想了解她與即將成為前夫的唐，究竟有什麼業力牽絆與因果關係。

金娜一提出看前世的請求，彌哲就看到如下的畫面：

這是耶穌基督死後約一百年的某個時間點，前夫唐在那一世是妳唯一的孩子。妳是基督教教派在義大利一個祕密組織的成員。丈夫離開教派時，妳感到十分遺憾與無奈，但妳還是決定和兒子留下來。妳住在類似公社的大屋裡，與許多同教派的人住在一起。因為妳的生活圈與工作都在教派外的社區裡，外面無人知道妳屬於這個教派，所以這裡對於妳而言更像是一個祕密基地。

此時妳的兒子大約十三、四歲。因為在教派團體裡沒有像他這個年紀的孩子，所以他結交的都是公社外的孩子。這群孩子感情非常好，到哪裡都會結伴同行。兒子很珍惜這份友誼。有一天，孩子們開始來妳家玩。公社大屋裡的居民都感到有些不自在，但他們不想拒絕孩子們。於是，他們把宗教團體的祕密圖標和圖片都藏了起來。男孩們進來時，四周散發著小心翼翼怕被披露的氛圍。妳的兒子對公社居民的防備心毫不察覺，他只顧著跟朋友玩，其他全沒多想。

某個下雨的午後，孩子們提前放學回家，臨時決定要來公社玩。沒有人去警告公社的居民，公社裡的大人也都不在家。男孩們一走進屋裡，就發現所有平常被妥當收藏的物件此刻全暴露了。妳的兒子依舊對此無感，但他的朋友卻震驚極了。他們只在那裡待了一會兒就找藉口離開。妳的兒子不明白他們為什麼要走，男孩們搪塞說：「啊，沒什麼，我們只是突然想起家裡還有一點事，得回去了。」兒子感到有點困惑和受傷，不明白發生了什麼事。

第二天他在學校就發現有三個朋友不跟他說話了。他們看到他迎面走來，就會立刻轉身換一條路，避免碰面。他實在想不透這是怎麼一回事，最後他終於忍不住問：「發生什麼事了？是我做錯了什麼嗎？」在這件事上，朋友們的看法顯然是一致的，因為沒有人願意理他。後來鄰里間對他們的態度也開始改變了，鄰居們不再把工具借給住在公社裡的居民使用，事情愈來愈明顯了。

突然間，周圍所有的管道都被切斷。妳不停地問兒子：「這到底是怎麼一回事？」他說：「我也不知道，我什麼都沒做。」最終，妳問清楚了男孩們最後一次見面的時間、地點，了解原來孩子們發現了這個祕密團體，看到不該看到的東西。現在每個人都知道你們的宗教信仰，居民開始討論是不是該搬走了。

在我看到的畫面裡，兒子的內心是扭曲的。朋友的背棄讓他對教派的人恨之入骨，認為是這個教派導致他失去了朋友。

朋友離開對他造成了很大的打擊，他的憤怒又給公社造成很多問題，現在公社裡的人也要求妳帶著他離開。突然間，他覺得自己變成所有問題的製造者。朋友一個個背棄他，現在還要面臨失去家人的處境。他不明白他們為什麼要把妳趕出去。雖然一開始公社裡的人對他還算寬容，但最終因為他變得很難應付，幾乎無法相處，於是一致決定不讓他繼續住在這裡。所有他認為應該會關心他的人都拒絕了他，最後，連妳也不得不離開他。妳把他帶到他的父親那裡，說：「他跟每個人都處不好，滿肚子的憤怒，我不知道該怎麼對待他，實在沒辦法跟他相處了。現在輪到你來照顧看看。」他的父親雖然很不情願，但還是接受了他。（彌哲旁白：我能感覺到男孩的心在滴血，我的心也好痛。）

幾個月後，妳看到兒子和幾個同齡的男孩在市場偷食物吃。妳正打算去問他，他就從妳身邊溜走了。妳立刻跑去質問他的父親：「這又是怎麼回事？」他說：「我也沒辦法跟他相處，只好讓他離開，他現在已經流落街頭了。」那時他只有十六歲。

聽到這些事的金娜十分沮喪，差點落淚。為了幫助她更深入了解，彌哲繼續說：

如果妳依舊認為那一世對兒子做的決定是錯誤的，那是因為妳還不明瞭整個情況。等妳能理解事情的前因後果，就會意識到這其實是一個對雙方都好的經歷，它幫助妳擺脫已經僵化、「非對即錯」的對立思維。

人類的意識正在超越以往陰陽的對立。不再以黑白象徵好壞、對錯。我們開始感知其中的變化：隨著意識提升，黑白之間的灰色地帶就愈來愈多，分界線也愈來愈模糊，這個改變已經被啟動了。

我建議妳不妨去練習冥想，也有人稱之為默觀。練習放下既有的思維模式，讓潛意識帶動原本的認知，賦予新的詮釋。

妳對自己是誰漸漸有了較深刻的體會與認可。妳一向很有勇氣，無論心裡多害怕，也不會輕易被它阻礙前進的腳步。先克服妳的優柔寡斷以及對困境的恐懼，這種恐懼不是來自大腦，而是從內心深處湧出。

我們對於情感也有既定的觀念與看法，認為它「應該」是這樣或是那樣，但這種想法很可能反而成為情感的阻礙。把當初認為失敗或錯誤的關係重新審視一次，即使是最糟糕的一段感情，也要設法從中找到對妳有幫助、值得學習的地方。看看妳學到了什麼？要記得：進步只屬於不怕犯錯的人。

從兒子（前世）的角度來看，所有他以為會關心他的人，最終卻都拒絕了他。他也永遠無法理解自己到底做錯了什麼才導致這樣的後果。今日他變成妳的丈夫，妳想幫助他是因為覺得前世辜負了他。

妳以為自己犯下大錯，沒達到想要的目標。妳的目標是幫助兒子看清他為何如此孤立。但他的孤立是自己在無意間造成的。他到現在都無法釋懷，還把自己看成是受害者，以為別人背叛了他。他不相信有人會愛他，也不相信自己有愛人的能力。他會這樣想，當然也有他卸責找藉口的成分，所以妳再怎麼做也不可能讓他理解，因為他拒絕去理解，他不讓你這樣做。他有嚴重的神經官能失調症，想法很不健康。

無私、仁慈、慷慨這些特質，在唐身上都看不到，但你的兒子卻都擁有。如果有人能讓唐看清楚自己問題之所在，這個人必定只能是你們的兒子。我不知道他會怎麼做。目前看來，他在等待妳的肯定，他需要聽到妳的讚美，知道妳以他為傲。現在的他，是他的父親應該有的樣子。妳在唐身上看到這些沒被開發的潛質，很希望能為他打開這扇門。

唐因為兩人分居而有挫折感。在他的認知裡，人們總是不斷背棄他，離開他。妳做了所有妳能做的事，最後還是離開了他。他只有學會為自己而活，愛自己，才有機會改變對自己的看法。

金娜的轉變

看過前世之後，金娜終於結束了與唐的婚姻關係：

我與彌哲約談的目的，就是想和先生結束這段長達三十年的痛苦婚姻。了解前世因果之後，更加肯定了這個決定。儘管這段婚姻極其艱難，但多年苦澀的歲月並沒有白白走過。若是在以前，我大概會陷入情緒低潮的惡性循環裡，埋怨自己浪費了生命中最美好的時光。但在了解前世後，我反倒鬆了一口氣，真心感覺這一切都是最好的安排。的確，從某個角度，婚姻步入完結篇也有它正面的意義。我早已接受這段宿命姻緣，並能主動且果斷地結束它。儘管我能理解與感受到這一點，並認同生命有它特有的意義，但每個人都有自己的故事。一旦對它有清晰的理解就會覺得更輕鬆自在，這樣的認知能賦予更深的意義。

以前，身邊的朋友總會問我為什麼還要跟這個男人在一起，他們會說：「妳根本不需要他，絕對可以離開他！」但事情沒那麼簡單。雖然我從來沒有真正愛過他，感情也從一開始就充滿挑戰，卻覺得自己和他有很深的因緣。唯一對我的婚姻持不同看法的，是我的佛學老師。她經常聽我抱怨，卻是少數沒有勸我離開他的人。她非常理解我，並以中立的立場來支持我。她讓我知道這是一條自我成長的道路。

這段前世讓我對長達半個人生的婚姻有了完整而且明確的結論：若能肯定地告訴自己，無論婚姻如何艱難，只要能得到內心的平靜以和解收場，那過去這三十年就活得有價值、有意義，就是送給自己的禮物。

但是，如果有人長期和如此難以相處的人生活在一起，一定會問自己：「為什麼要這樣做？」如果無法有一個合理的回答，心裡難免會有疙瘩。透過這次看前世的領悟，我明白這段婚姻的本質與價值，幫助我釐清思路，終止婚姻。

今生的兒子曾捲入一起凶案，被一名男子刺傷、差點喪命。兒子本質善良，樂於助人，想成為英雄人物，他的無私讓我感動。前世故事讓我了解到，他會被刺傷應該也是因果業力的運作。意外發生後，我希望兒子能接受心理諮商。幾年前看前世時，彌哲就告訴我，他不會去找治療師。也許以後有一天他會，但截至目前，他也還不認為這有什麼重要性。如今事情的發展也與當初彌哲預料的一致，他已經朝著很好的方向發展了，這讓我很高興。

我永遠忘不了聽到兒子名字的那一刻，彌哲臉上浮現的笑容。她告訴我，兒子是個非常好的年輕人，完全不必擔心他的未來。這讓我鬆了一口氣，煩惱也被拋諸腦後。我覺得我和兒子愈來愈親近。以前他的父親總認為我的態度很冷漠，觀點很「奇怪」。當時我常常擔心兒子會支持父親的觀點，現在能感覺到他開始接受我的一些想法，事實證明也是如此。

我發現這種療癒的方式非常有效。看前世的經驗告訴我，如果我的前夫能聽取任何人的建議，那個人將會是他的兒子，而我看到的結果正是這樣。當然，對前夫來說，事情都不完美。但他倆的關係很不錯，他也很聽兒子的話。前世作為神秘教派的一份子，從外人看來，我們過著非常封閉的生活，是非常奇怪的一群人。也因此，靈性追求成了他今日的痛。這點認知，在了解前世因果後變得非常清楚。

對於找人看前世或找神通算命這些事，我總是抱持懷疑的態度。常聽說某某人能提供這些指引，但我有判斷此人是否可信的能力，也知道是否會與他真心交流、暢所欲言。在過去，我沒有去了解任何有關前世話題的意願，但這次的經驗以及之後獲得的領悟，讓我對此有了新的看法。

幾個月後，金娜對前世的接受度更高了。她要求再看一次前世：

彌：在目前的生活中，我看到一個有趣的圖像：這裡有一個週期套著第二個週期，又套著第三個週期。看來，妳已完成了從出生開始的第一個週期。第二個週期大約是從二十八到三十歲開始的，是一個很大的變化，目前也完成了，妳是那個時期開始學佛的嗎？

金：是的，我就是在那時遇到了現在的佛學老師。過沒多久，我就當媽媽了。

彌：我看到妳完成第二個週期，進入了第三個，看起來是八到十年前開始的，到現在也快要結束了。幾年前，妳有一股前進的動力，像一艘自力推動向前的大船，下定決心要改變。現在，這艘大船停在一片靜止的海面上。妳以為妳知道下一個方向，但是妳知道這兒是哪兒嗎？

其實妳並不知道！因為一直以來，妳只顧著埋頭向前走過一個又一個周而復始的循環，注意力都集中在眼前，無視於周遭的改變。這股前進的動力一旦停止，反而讓妳有點不知所措。個性外向的妳，經歷了快速變化，進入相對穩定的階段。這時要妳突然靜下來往內心深處尋找答案，找出活在外向個性背後的人究竟是誰，並不容易。

我稱這個階段為停滯期，這裡沒有讓妳追逐的目標，也意味著又一個週期的結束。這段時期，妳只需要耐心等候來自內心將妳喚醒的契機。有時停滯期會持續幾個月，有時甚至可能是一、兩年。這段期間妳並沒有被困住，發展到這裡對妳也不成問題。妳可能會發現自己需要更多的睡眠，或更想獨處。現在是妳往深層次重新建立自我的時刻。

之前妳並沒有意識到停滯的可能性。即使一個週期結束了，妳也因為過於專注外在的一切，繼續忙忙碌碌接洽更多的案子，這次差點錯過了第三個週期的結束。

如今最需要做的就是投入更多時間來了解自己。之前，妳找到了一個方向，所以沿著那個方向走下去，熱衷於助人並重視友誼的培養。但是，如果妳一直忙著與他人交往，就很容易忽略了自己的需求。

妳需要改變一些固有的想法。試圖打穩根基，回歸內心。過去妳總以為人活著就是要制定計畫或達到某種成就，但這些都不是妳現在需要的。靜下來，觀察並了解內心釋出的訊息才是重點。有趣的是，當妳開始進入下一個週期時，很多一直在做的事情會再次出現，比如有可能重新開始教佛學或其他課程，這是因為妳不想捨棄那些對妳很有價值的東西。我建議妳不妨先傾聽內心深處的召喚，而不是一味向外求取。很可能明年春天，或是後年，妳會以某種方式來教學。當然，如果內心指引妳去搭遊輪、教舞蹈，就跟著感覺走吧！無論它想帶妳去哪裡，無論內心感受到什麼，臣服於它就對了。

金：當人們希望我把自己知道的、學會的，拿出來教他們的時候，我發現內心總是在抗拒。我不喜歡當老師，我更想做個學生，我喜歡學習。

彌：妳的內心導師還沒能從內心深處打動妳。我看不出妳會做什麼，那顆種子還沒有萌芽。因為妳一向是個積極主動的人，總是馬不停蹄地追求想要的。但現在的妳得靜下來耐心等候，等待純淨且清澈的妳，從內在破繭而出。只要妳願意，任何能幫助妳靜下心來內省的，都是好方法。行禪是個不錯的選擇。妳試過「整體自療呼吸法」（Holotropic Breathwork）嗎？

金：是的，我做過。

彌：那個呼吸法能幫妳走進內心。我一直看到一行禪師的影像，他是一位非常有名的禪師。放心嘗試任何能帶引妳走入內心的事吧！現在不是去花花世界招蜂引蝶的時候。如果妳想參加靜修活動，請不要帶著特定的目標去參與。在所有宗教中，我認為佛教應該是最有可能延續到下個世紀的宗教，其他宗教將會相繼消失。人們在精神層面會變得更有覺知、更能覺醒。佛教有很多能幫助人們在靈性上覺醒的實踐方法，某些形式的佛教可能會倖存下來。現任的教宗方濟各非常清楚這一點，他正試圖在天主教會內創建更能與人們連結的架構：例如為哈雷機車公司祈福，並認真看待耶穌告誡眾人要幫助窮人的那些教誨等等。教宗方濟各是位睿智的人，但我仍然認為天主教教義不會持續太久。

金：我想擺脫所有宗教的束縛。

彌：是的，那妳把它們放下就好了。

金：靜靜守候什麼都不做，對我來說並不容易。

彌：這正是妳現在的情況。妳感覺到自己缺乏耐心，因為妳的習性是忙忙碌碌、積極採取行動。長久以來妳已經習慣往前衝，所以會覺得有困難。不斷將內心世界一點一點地打開，才是妳目前的靈性之路。

金：是的，我同意妳的看法。

彌：穆克塔南達是我的老師。他在小屋裡整整靜坐了二十五年才感受到內心導師的指引，帶他走出來。這並不算長。這些年來，妳已多多少少做了一些，所以對於如何向內尋求並不陌生，停下來去認識內在的精神活動才是妳的挑戰。妳會很好的。我在妳身上看不到太大的阻礙。

金：有時，我需要的就是像妳這樣的肯定與確認。

彌：是的，我們都有這個需要。我們都需要彼此，不是嗎？

金：是的。

彌：如果我們都能從家庭開始，給予家人諒解與寬恕，這將是莫大的療癒。我們可以盡一己之力來拯救這個世界。如果每個人都學會無條件愛自己，再延伸到去愛別人，那麼每個人都能發揮他最大的影響力。

金：我明白了！這個世界舞台有很多默默無聞的人，還有在喜馬拉雅山和其他偏遠地區修行的聖人。他們遍布全球，為了讓世界變得更美好，做出自己的貢獻。

微觀

一旦意識擴展
日常生活就被照亮
微觀層被揭示
洗碗　與小貓玩耍
此時此刻
熠熠生輝
此時此刻
就是一切

我們在意識海中游泳
過去漸行漸遠
未來消失不見
我迎接永恆
在永恆裡
美麗　歡樂
無盡的愛
一直渴望的平靜
伴隨我呱呱墜地
卻被紛擾吞噬
回家吧
回歸自身
放手
放下所有
活在此時此刻
在珍貴的
微觀瞬間

——彌哲

〔工具〕1 創造平衡

在生活中創造平衡，是愛自己、對自己溫柔的方式。

檢視一下今天過得如何？生活是否保持平衡？

你能全身心投入地玩一整天而不感到內疚嗎？你有足夠的娛樂時間嗎？當你累了，你會給自己休息的機會嗎？回到家後，你能不能充分放鬆，以便第二天精力充沛地回到工作崗位？家務是如何分配的？是否由家人合理地分擔，還是所有責任都落在你的肩上？如果你獨居，能不能有效地將安排一切得當？還是因為事務繁多，忙不停，無法有效應對，總想完成所有的事情？

你或許已經意識到，平衡的生活不會自動發生，而需要有意識地處理和安排。平衡是愛自己的一種的表現，當你關心自己、善待自己，並樂意滿足自己的需求時，你就在實踐平衡。

以下是一些可能阻礙我們創造平衡的領域，是我們創造和諧生活、幸福家庭時，比較具有挑戰性的部分：

- 平衡工作和娛樂：需要持續去關注它
- 平衡內在和外在的生活：只有自己知道如何創造
- 平衡家庭成員的需求：需要坦誠的溝通
- 平衡陰與陽：在何時付出、採取行動（男性）於何時接受（女性）之間抉擇
- 平衡情緒：不否認、不情緒化。帶著覺察且不加評判去觀照，並允許它們存在

在我們努力實現生活平衡的過程中，這些僅僅是每天面臨的眾多挑戰的一小部分。

了解並關注我們對生活平衡的需求，可以提供改進的機會，將我們引向和平與和諧的方向，使我們的生活更自然順暢。

〔工具〕2 持續學習

金娜的故事顯示她的挑戰是學習有耐心，打破我們一生的行為模式是必須的，也是最艱難的；如果內心渴望自由，就必須克服困擾家族世代的固有模式。以下是思考這個問題的建議，或許能幫助你在不自責的情況下繼續向前。

我們用一個蹣跚學步的幼兒訓練如廁的過程，來比喻不同的學習階段：

1 **無意識的無能**：看到地板上有一灘水。我在水裡玩耍真有趣，水四處噴濺，完全沒有意識到這灘水是自己搞出來的。

2 **有意識的無能**：熱呼呼的液體從雙腿間流下。聽到媽媽說：「糟糕！」哦，是我嗎？有時我可以阻止它，有時不能。

3 **有意識的能手**：哎呀，要上廁所了。快步跑去。還好！

4 **無意識的能手**：完全不假思索前往廁所。

下次當你發現自己又做出你一直試圖改變的事情時，不妨對自己說：「糟糕，又尿褲子了！」希望以這種自我解嘲的方式，換來你的會心一笑！

如此這般，你將逐漸學會放鬆。沒有人可以從無意識的無能立刻成為無意識的能手。每個過程都需要經歷和認可。而且，我們可以用輕鬆的態度來面對各個學習階段。

不知不覺中，你會發現自己是一個終身學習者，充分享受學習的每個過程。你知道得愈多，愈會意識到還有更多需要學習的地方。學習永無止盡！

Chapter 17
精神分裂

〔工具〕處境＝處境

【莉莉，一九五四年生；莉莉的兒子派崔克，一九八二年生】

莉莉是幼稚園老師、療癒師，也是四個孩子的母親。她有一個迫切的問題要請教彌哲，「為什麼我的孩子病得這麼嚴重？」派崔克自二〇〇一年起就有精神分裂症。莉莉顯然因此飽受折磨，對兒子的擔憂在言行舉止中表露無遺。彌哲立刻從阿卡西紀錄中取得莉莉與派崔克的前世紀錄，並充滿慈悲地陳述她所看到的景象：

在第二次世界大戰中，派崔克是一名英國飛行員。他的飛機在戰鬥中被擊落墜毀。他設法逃脫，藉由降落傘安全地落在法國某個果園裡。那是個美麗的春季，園裡種滿了李子和蘋果，果樹都開了花。他不敢相信自己會降落在這麼美的地方。因為他是穿過果樹摔下來的，全身上下和四周都布滿鮮花，聞起來就像在天堂。他想了一會兒說：「哦！也許我真的是在天堂？也許我死了，來天堂報到？」就在此時，一個男人穿過果樹林，從大約半英里外的房子跑過來。他說著很流利的語言，但飛行員完全聽不懂。

飛行員落地時扭傷了腳踝，好在沒摔斷，手肘和手臂也都刮破了皮，但都傷得不重。傷口包紮綁帶就行，不致殘疾。當他從樹上掉下來時，是頭部先撞到樹枝，所以頭上腫了一個大包。但他的狀態算是相當不錯，這些撞擊並沒讓他暈過去。

那個男人把他從降落傘堆裡攙扶起來，帶到屋裡去。他心想：「看來，我降落到一個頗為友善的地方，這裡的人大概會善待我。」這個想法，在開始幾天也確實是如此。屋子後面是個有玻璃窗的門廊，門廊裡有張床，他們帶食物給他吃，讓他睡在那裡。因為窗戶沒裝窗簾，屋頂也是玻璃，所以他一大早就被太陽叫醒了。

這個家庭成員包括營救他的男子、他的妻子和一男一女兩個十幾歲的孩子。他們問了很多問題，包括他從哪裡來。雖然他們不懂他的語言，但都設法與他溝通。

第三天，他正坐在早餐桌旁喝著咖啡，突然發現全家人都必須出門，一個個離開，只剩下他獨自一人坐在屋裡。他心想：「這又是怎麼回事？」從飛機被擊落到現在，那家人都一直善待他。

突然，砰的一聲，廚房的門被踢開了，三個持槍的德國士兵湧進狹小的房間。他沒有武器，也沒有任何方法保護自己，然而士兵們也表現得好像很怕他似的。他們對他很粗暴，先是把他推倒在地上，再將他的雙手反綁在背後。當然，他們說的依舊不是同一種語言，所以他問：「你們是誰？怎麼知道我在這裡？」沒人理他，也沒有任何人嘗試以任何方式與他溝通。他們把他帶到村警察局，先把他鎖在牢房裡。這樣過了好幾天，期間那個法國人依舊帶食物給他吃，對他不錯。於是他漸漸卸下心防，心想：「也許一切會好起來。」又過了四天，進來一個穿著黑色制服、納粹黨親衛隊的人。

他身邊跟進來的幾個士兵用袋子套住他的頭，再把他放進卡車，開走了。感覺上他們好像開了很長很遠的路，但他也無法確定是否真的如此，因為他感覺車子一直在繞圈子，有可能只是開著車兜兜轉轉來欺騙他。頭上頂著這個黑袋子，讓他完全無法辨識。車停妥後，他們把他從卡車上拖了下來。那是一片樹林，他們命令他跪下，三個士兵都用槍口對準他，他非常確定自己當下就會被他們擊斃。

這位身穿黑色制服的納粹黨親衛隊軍官從卡車上下來，坐在凳子上，盤起雙腿，點燃香菸，用英語說：「你準備好今天赴死了嗎？」派崔克說：「當然沒有！」

軍官說：「那麼，你得告訴我你所知道的一切。你來這裡做什麼？你怎麼到這裡來的？從哪裡來的？一切都要從實招來！」

派崔克說：「我願意告訴你我所知道的一切，但我真的什麼都不知道。我只是一名飛行員。」他告訴軍官他來自哪裡，他的父親做什麼，為什麼會和這個家庭在一起。他不停地說著。他鉅細靡遺說了一堆，希望能讓軍官滿意，但這顯然都無關緊要，因為軍官大吼一聲：「閉嘴！」派崔克說：「我只是把我知道的一切都說給你聽。」

軍官說：「這不是我要的！我想知道你是誰？誰命令你來這裡？你的飛機是從哪裡飛來的？你的戰爭計畫是什麼？」

派崔克回答：「沒人有告訴我任何計畫，他們只告訴我要把飛機開到哪裡去。」

軍官不經意地起身，走到卡車旁，拿起槍，朝派屈克的腳開了一槍。他驚呆了，因為他當時跪在地上，軍官繞到他身後才能朝他的腳開槍。派崔克說：「你為什麼這樣做？你要我告訴你我所知道的一切（他已經開始尖叫），我照你的意思做了。」

軍官說：「你有事瞞著我。士兵之間流言蜚語，謠言不斷。我都知道。」

派崔克沒看出有什麼危險，他說：「我們在非洲打贏了，德軍正在撤退。」

軍官感到很洩氣，把他推倒在地上後走回卡車。其他士兵再把袋子套回他頭上，把他拉起來放回卡車後面。（彌哲對母親說：我說這些，是為了讓妳知道他們是如何折磨他的。）他們一直對他做各種殘忍的事。他不知自己會被折磨整夜，還是能有一夜好眠。他不知道自己說的話何時會惹火軍官，以至於挨子彈。軍官朝他的右肩又開了一槍，顯然他並不打算讓派崔克一槍斃命，他要的是讓派崔克說出他所知道的一切。

當然，派崔克已經說出他所知道的一切，甚至編造了一些故事，只為了滿足這位軍官的要求。軍官顯然把從飛行員口中獲取情報的這件事，當成個人的特殊任務。就這樣，事情持續了將近兩個月。起先，他們把他關在一間有窗戶的牢房裡，陽光可以照進來。他能聽到一些聲音和其他牢房的說話聲。有時，他們甚至還可以互相交談。他感覺到有什麼活動在進行，似乎有點察覺到自己被關在何處。

當軍官對他放棄希望時，他們把他關進了一間地下牢房。那裡沒有光線，沒有窗戶，空氣不流通。牢房有三面牆，第四面是鐵欄杆和牢門。整個地下室漆黑一片，感覺不到有其他人。牢房裡沒有廁所，也沒有墊子可以睡覺。角落裡有個水桶，每天有人會送來水和一些無法提供營養所需的糊狀食物。在那裡，他又被關了兩、三個月。

在他們把他關進暗無天日的地下牢房之前，他還能設法讓自己保持冷靜。一旦換到地下，什麼都聽不到、看不見、聞不出，他漸漸進入奇幻世界。那時他處於永遠飢餓的狀態，人愈來愈瘦。而且牢房在地下，即使氣候變暖、外面回溫，牢房裡依舊冰冷得讓人手腳麻木，體寒刺骨。最後，飢寒交迫，他開始產生了幻覺。

戰爭結束後，德國人收拾殘局準備離開。有十二個當時仍被關著的犯人被拉出牢房，丟到卡車後面，帶到庭院。在那裡他們依照指令挖了一條大溝，不問理由，所有的人被槍斃後都倒臥在大溝裡。

派崔克前世受到明顯未被癒合的創傷，彌哲進一步解釋在今生要以何種方式康復。以下是彌哲與莉莉的對話：

彌：我們認為的業力是：以前種下錯誤的因，導致以後承受苦難的果。但派崔克的苦難不是我們所了解的業力。他之所以今生有精神疾病，不是因為前世做錯了什麼，而是因為在那一世，他沒有機會從一次次的重創中康復過來。

他的現實世界被摧毀了，他們把他徹底擊垮了。但是康復對他來說並非那麼困難。他需要知道再也不會有人無預警地隨時會傷害他，需要身邊有一個待他非常友善的人，一個能夠讓他走到室外看到陽光的環境，最重要的是建立一個規律、可預期的日常生活，包括在固定的時間吃飯、散步。常規性可以幫助他感受到自己處境的穩定性，周遭事物的可預期性，並逐漸讓自己開始適應這個世界。

有些人在某些情況下同樣被摧毀，但這些人比較幸運的地方在於：能在死亡前有機會得到某種程度的康復。但派崔克沒有這樣的機會，發生在他身上的事完全不合邏輯。他只是一名飛行員，樂於服從命令做好自己的工作。至於命令背後的細節，他一無所知。他沒有任何敵對方想要的資訊。

在那一世，他來自英格蘭北部一個工業小鎮。人們對他最大的期望就是長大後跟隨父親的腳步在工廠工作。當他還只是個青少年時，數學老師就發現他的頭腦特別好，有數學天分。於是他得到特殊的機會進入一所訓練飛行員的學校。

在數學老師發現他之前，他只是個貧困環境中長大的普通孩子，對自己的未來沒有任何期待。原本只是一個清貧家庭中勉強有足夠食物果腹的平凡孩子，如今因為老師的慧眼，變成閃亮的星星，成為村子裡最有成就的人。當航班休息期間回到家時，每個人都想請他喝啤酒、吃晚飯，或到村民家做客。他能在某些領域大放異彩，不免感到自己特別幸運。

從普通孩子一躍成為明日之星，到後來在德國淪為階下囚，他一直處在無法預測下一秒會是何等瘋狂的處境，也毫無能力改變任何事實。

其實他現在正一步步重新拾回安全感。所在的環境裡，每個人都對他十分友善，事情的發展也都可預期。我不認為他能痊癒，但可以看到小小的改善慢慢在發生。

以上是針對「為什麼兒子會得精神分裂」的回答。看來，他受到極為嚴重的傷害。在那一世，他經歷了一次又一次非人道的對待，不斷被打倒，讓他毫無機會找到平衡點安穩地站起來。

莉：當他內心經歷折磨時，最常做的事，就是在沙發上一躺幾個小時、幾天，一遍又一遍聽著「我在天堂……」[註1]這首歌曲。當我聽到妳提及他前世從飛機上摔下來，躺在一片鮮花盛開的果園裡，自以為可能是在天堂時，我既激動又感動。

彌：是的，那正是那個年代的歌。

莉莉的轉變

第一次談話結束後，莉莉臉上的線條就已逐漸柔和，整個人開始放鬆了。在幾個月後的訪談中，她看起來跟一般關心孩子情況的母親沒什麼兩樣，她說：

> 回首往事，身為母親的我總會不斷自問：「我是不是做錯了什麼？」每當感受到兒子的困境，就心如刀割，百感交集。前世揭露了他在戰爭期間的生活，使我了解到為什麼今生的他會過得那麼艱難，我也因此對整件事有了完全不同的看法與認知。
>
> 那之後，我開始從不同的角度、不同的方式與他溝通。這就好比起床後把滿頭打結的亂髮梳順了，又好像突然間發現：噢！原來這一切並不是我的錯。透過對彼此的愛，我可以分享喜悅，進入另一個現實。我深刻體會到，透過美好的回憶與痛苦的經歷，我和他在靈性上是緊緊相連的。另一個現實觀點是學著接受事實，並說「我能承擔」。從那以後，事情變得容易很多。雖然痛苦並沒有減輕，但是我改變了看待事物的角度，也讓兒子在某些方面產生了變化。

他上一次來看我的時候頭腦很清晰，跟我們一起吃飯、閒話家常。那次見面是派崔克的主意。離開時，他還問以後是否還能回家看我們。這就是看前世以後所帶給我的實質好處。當時，彌哲引導我深入問題核心，提供了各種不同的解決方法。我反複聆聽派崔克前世的經歷，在二戰期間他所受到的那些非人對待的可怕回憶，仍然會讓我陷入極度悲傷的情緒裡。前世與今生有許多相似之處，回想過去，由於不了解他，自己是如何看待他在學校、家裡的

1 譯註：一九三五年電影《禮帽》（*Top Hat*）的歌曲〈*Cheek to Cheek*〉。

表現，以及他這個人的存在。那麼多舊日的悲傷再次湧現心頭，常令我不知如何面對和處理。我覺得彌哲真的能「看到」我、理解我。會發生這一切，想必也無法避免。現在我能坦然地談論自己對整個事情的感受，並且很高興知道兒子在生活中需要明確的規範，以及充滿愛和理解的環境。他需要有可信任的人在他身邊，能夠在人際關係中維持穩定和持久，這樣才能給他帶來極大的安全感。他渴望的是一種保證：只要有需要，就能得到支持。在這樣沒有威脅的情況下，他可以自由地生活。

很高興又一次聽了彌哲的錄音。派崔克對我的兩個德國朋友產生過強烈的反感，我原本完全無法理解這件事，現在知道那是來自他前世的記憶。他感覺自己置身危險，受到威脅。當時他正處於青春期，對我的德國男友也有很強烈的反應。

了解前世之後，生活有了全新的視角，也帶來探索人生的新途徑。我不再用批判的眼光看待自己的人生，而是積極思考新處境裡可能有的發展，認為會有更多機會扮演好該扮演的角色。很高興，我和兒子的人生軌道再次有了交集。信任是核心問題所在，不斷出現在生命的各個層面，常常直指核心，擊中要害。對這些問題有新的認知之後，可以去除內心的愧疚感。回溯自己的成長軌跡，儘管走過不少痛苦的路，但我非常感恩。這些交織如網的領悟，帶出許多過往的畫面。現在能把童年時期和父母在一起的生活，看成是督促自己成長的絕佳體驗。如果以摸索前進的方式尋找自己，這正是最好的途徑。派崔克就是讓我打破固有框架的最大動力，讓我能擺脫世代相傳的舊信念帶來的枷鎖。

我在整個過程中看到了自己的誤區。四年前，我以為必須先確定派崔克沒事，再來安排自己的人生。我學到了凡是我關心的也會是他關心的，反之亦然。因此，我可以先把自己照顧好。

前世同時揭示兒子過早投入另一個生命的事實。他經歷了太多太大的創傷，以至於沒有足夠的時間找回定位。他好不容易在某個地方摸索出一點頭緒，另一個恐怖事件又接踵而至，讓他根本沒有時間去理解發生在自己身上的任何事情。我之所以說他過早投胎轉世，是指他還沒有足夠的能力去處理那一世的事情。然而我的孩子還是出生了，對我來說，他就是一份禮物。

有時我和派崔克也會有甜美的溝通。大約一年半前他來我這裡，我給他泡了杯茶。他當時看著我，我們有種「我了解你，你了解我」的感覺，我於是伸手過去，告訴他，我愛他。當時他可能也感受到了我對他的愛。這段記憶留下很深的印記，每次想起，就有源源不絕的能量滋養、陪伴著我。那是一次非常貼心的會面。如果你和另一個人有過這種情感的交流，無論以後發生什麼事，那種深刻的感受都會銘記在心。對他來說，在那一刻，沒有任何事讓他內心感到羞恥，腦海中聽不到各種奇怪的聲音，也感覺不到身體有什麼病徵。他就是活在當下。

看前世的過程，我們不僅討論了人生遇到的各種難題，也提到他的背景，他出生的地方，他曾是個數學天才，他的老師曾指導過他，安排他進入飛行員的培訓學校，取得了特殊成就，村子裡每個人都欽佩他。這些紀錄，讓我對他的各方面有了更深的了解。

儘管此刻的你有如籠中鳥，
有朝一日終將被光芒穿透。
你會一點一點變為星辰
一點一點
化為甜蜜多情的全宇宙。

——哈菲茲（Hafiz，十四世紀波斯詩人）

〔工具〕處境＝處境

要理解這個工具，首先讓我們用前面敘述的故事為例。一開始就是「兒子是精神分裂症患者」。如果這是我們的等式，我們可以很客觀、很清楚並以慈悲心來處理眼前的問題：兒子是精神分裂症患者＝兒子是精神分裂症患者。

但不幸的是，我們常常將這個等式變成：

兒子是精神分裂症患者＝哦，天哪，我做錯了什麼？我一定是個壞媽媽。

兒子是精神分裂症患者＝也許這是他爸爸的錯。

兒子是精神分裂症患者＝________。

按照你的想法去填，不斷地填。最後等式變成了：

兒子是精神分裂症患者＝我的天我做錯什麼我是壞媽媽都是他爸爸的錯。

在這個過程中，我們對整件事提出了無窮盡的解釋，而這些解釋可能與原來的情況完全無關。周圍多多少少有這樣的朋友，多年來陷入自責與指責，在兩者之間永無休止地循環。但事實上，沒有誰該被責備。這個情況其實是兒子這一世要學的課題：如何能面對自己有精神分裂症的事實，仍盡己所能，活出最好的自己。同時針對現況能清楚了解：這不是自己的錯，不能、也不該被指責。

你是否漸漸看出我們如何給自己製造痛苦，並削弱自己處理原始問題的能力？我們很可能迷失在對事情所產生的情緒反應中，以致無法有效地處理問題的本身。

那麼，解決方案是什麼呢？很簡單，就是抵制自己無休止的指責，專注於兒子生病的事實。兒子是精神分裂症患者＝兒子是精神分裂症患者。如此一來，最適當、有效的處理方法自會呈現。無論兒子或母親，雙方都不需要擔負對方的壓力。接受「現狀」可以帶來內心的安寧。

最大的挑戰在於如何掌握自己的想法，一旦做到了，就能一步步朝著享受生活而邁進。

在此要歸功於肯恩・凱耶斯（Ken Keyes）的《高等意識手冊》（中文暫譯，*Handbook to Higher Consciousness*），你可以在這本手冊中找到其他與此相關且有用的資訊。

Chapter 18

與父和解

〔工具〕放棄期望

【藍迪，生於一九七〇年】

藍迪原本在政府單位工作，一直與年輕人共事，是一位社工，現在自己當老闆。他有四個孩子。他認為自己是個不走常規的另類思考者，也是個熱愛大自然的生活行者，把生活過得像是在旅行。他參加過彌哲講座。為了進一步了解自己與金錢的關係，在簡短地討論了相關議題後，他總結自己的問題集中在與父親的關係上。彌哲於是開始描述阿卡西紀錄裡的內容：

你是一位羅馬將軍的兒子，是個模範士兵。但你對自己缺乏信心，總想得到父親的認可，讓他知道你值得被他愛，所以一直活在他的價值觀裡，想得到他的賞識。

父親認為表揚你會被視為偏袒自己的兒子，所以別人做了跟你同樣的事，他不會稱讚你半句，卻會表揚別人。拖了又拖，等了再等，他終於給了你一個晉升的機會，那是早就該給你的獎賞。

晉升之後，你立刻被賦予重任。將軍派遣你帶著一個七人小組到敵軍大後方執行任務，這是一個終於能讓他認可你的大好機會。為了給他留下深刻的印象，你不僅做到他交代的任務，還決定要進一步把任務做得更好、更圓滿。

我看不出你究竟做了什麼，但團隊有半數人的生命因為你那個決定而犧牲了。你受不了得回去對父親解釋：「有一半的人因我喪命。」於是繼續加碼，做了更多自以為是的事情，再次讓每個人陷於危難之中，這次團隊僅存的人員又少了一半。

至此，你對自己已經完全失去信心。你的腿受了重傷，剩下的兩個人想盡辦法讓你穿過敵人防線回到自己人身邊。雖然你已經完成了當初父親交給你的任務，甚至還取得更多進展，但父親只想知道你是怎麼失去那麼多夥伴的。他說：「我把最優秀的人託付給你，你卻讓他們失去了生命！回家找你媽去，我再也不想見到你了。」

因為你根本無法走路，只好接受父親的命令。他後來回到家，看到你卻好像根本沒有你這個兒子似的。你徹底被摧毀了，傷心極了。如今，你不僅對這些人的死感到內疚，還帶著父親對你的漠視。內心深處，你也認為自己沒有存在價值。這一世，你不再向他證明什麼，而更想證明你完全不需要他的肯定。但這兩者是同一件事：你還是需要父親接納你、愛你。更重要的，你還是希望得到他對你的認可，希望他能以平等心待你。

有了父子間的互動模式，兩人因果關係也更清晰。另一段與父親的前世接著浮現：

這個前世得追溯到很久很久以前，回到雅典時期。那一世，你倆是彼此互別苗頭的兄弟，常常參加競爭激烈的體育競賽。有一次賽跑，哥哥跑在你前面。當他轉過身想看看你在哪裡的時候，卻不小心摔倒了。看到他跌倒，你不但沒有超前，反而停下來，扶他起來讓他重新返回賽道繼續比賽。

快到終點時，兄弟倆幾乎並排著跑。這時，有條狗突然衝入跑道，你試著繞開牠卻不小心摔倒了。哥哥停頓了一秒，看你一眼，就繼續往前跑，贏得了勝利。你心裡不太舒服，因為他從來沒有當面感謝過你，也沒跟任何人提到比賽過程中曾被你扶起來的事。

這件事對你造成很深的傷害，以至於到現在都還沒能克服內心的不平衡：比賽的不公平，以及哥哥即使後來有機會糾正，卻始終沒這麼做的事實。而且，更諷刺的是，驕傲的你不容許自己對任何人提及此事。你認為這件事應該從哥哥的口中說出來，當初如果不是你扶了他一把，贏得比賽的人很可能就是你。他從來沒告訴過任何人，你也沒有。

哥哥的背叛使得你無法信任他，這種感覺一直伴隨著你來到此生。你不肯原諒他的決心依舊。兩人之間有這麼一個不為人知的共識：他清楚，你也知道，在那個情況下，你才是更出色的男人。但他不願意告訴別人事實的真相。

所以你卡在自我優越感以及無法與他發展兄弟情的兩難之間。這是他很久以前虧欠你的，但想要撫平內心的不公不義，又會傷害到你的自尊心。今生，你認為他給你的錢是被玷污的。其實，金錢只是一種能量，沒有好壞之分。只因這些錢是來自你心懷怨懟的哥哥，所以在你心中成了髒錢，不屑接受它。

很不幸，因為這件事，你不肯原諒他，因此治癒這段關係的大門被鎖死了。如果你願意原諒，內心就不會陷入這樣的掙扎。

藍迪看出了自己如何惡化與父親間相互的信任，並認真考慮改善兩人的關係。他和彌哲的討論如下：

藍：很高興這裡有幾扇門開始被打開了。

彌：你把金錢與愛劃上了等號，推開了錢，就連帶把愛也推開了。有很多事需要你去原諒父親。如果你想得到內心的平靜，就必須原諒他。否則，生生世世都將與他糾纏不清。你是愛他的，所以清楚知道自己有能力突破彼此的競爭和各種挑戰。

藍：我已經沒有競爭的想法了。

彌：我覺得好像還有那麼一點點！當你真正擺脫這個心態時，你們會有兄弟般的情分，不像現在還存在著問題。至於金錢，你需要象徵性地接受一些，對父親來說，這意味著那個拒絕接受他幫助的你，那扇緊緊被你關上的大門，要打開來迎接他了。

你以為自己是孤獨的，沒有人能夠幫助你，但事實不然。很高興你能來這裡，面對問題、解決問題。

藍迪的轉變

經過幾個月的思考並將彌哲的建議付諸實行以後，藍迪與父親的關係開始有所改善，以下是他的觀察與感想：

看前世得到的訊息和領悟讓我很感動，也改變了我的想法。參與者扮演一個角色，觀察者扮演另一個角色，兩者我都很熟悉。因為母親對這方面一向抱持敏銳、開放且包容的看法，所以我帶著這些故事回家跟母親長談。本來也想和父親討論，但在和母親談過之後，發現已經不需要再跟父親談了。如何處理自己接收到的訊息，才是最重要的一環。雖然我有些許懷疑：既然知道了前世，我還應該保持沉默嗎？如果什麼都不說，那不就是跟前世那個自己一樣嗎？但我畢竟了解孰輕孰重，先審視自己才是首要之務。

以前只要有人需要幫助，我總說不出「不」這個字。了解前世之後，對金錢的態度有了改變。現在有人需要我的服務，我能夠輕鬆地為我的工作設定合理的報酬。

現在才明白，多年前因為與老闆爭吵導致丟掉工作的那件事，的確是我的責任。原本有著固定收入的生活方式，突然因失去工作而結束。我被逼到極限，決定不再只為錢而工作，而是去做自己喜歡做的事。這個原則性的問題，幫助我找回自信。在這個階段，我還學會了如何編制預算，權衡自己能負擔得起什麼樣的生活。在幫助別人的同時，如何降低自己的期望值。

透過看前世，我了解自己為什麼總是積極好動，手邊總是有許多案子同時進行。這其實是我想要「被人看到」的渴望。現在內心已經發生了微妙的變化，我知道父親做事的方式非我所願。我無意從軍，也不想從政，所以刻意選擇了一條跟他不同的道路。雖然原本可以學醫，但我還是堅決地說「不」。因為我善於表達，父母希望我能成為一位律師，我再次說「不」。

哥哥移民到北美，父母也成為孩子們的祖父母之後，很多事情都發生了變化。如今，父母會說，他們從我們養育孩子的方法中學到很多。他們也重視我們積極參與社區活動的態度以及我們的生活方式。我和父親正學著如何和睦共處。在經過多年的叛逆之後，我開始學習如何堅持自己的立場。

彌哲提到前世在雅典的比賽時，我腦海裡立刻浮現當時的景象，至今依舊記得非常清楚，甚至可以把它畫出來。我看得到所有的細節，包括背景的建築物和賽道等等。我能意會她所描述的那些畫面，它們捕捉並傳達了我和父親間尚未表達，卻依然存在的微妙情感，幫助我理解兩人的關係，讓我感動莫名。父親當時沒有像我幫助他那樣來幫助我，我們也從未談過這件事。他是事業有成的人，我不確定自己是否也變成一個更好的人。直到今天，我還一直渴望他能看到我、接受我。

藉由這個體驗，我學到如何從童年的創傷中走出來，無條件地接受他和其他人，打開心胸與父親和解。即使我們的關係偶爾會受到考驗，我也不再費力去想自己到底哪裡跟別人不同。現在，我基本上接受了自己，了解自己作品的意義，並對自己的見解有信心。

我還叛逆嗎？對我來說，現在已不是搞革命的時候，而是學著如何不抗爭也能堅定捍衛自己信仰的時候。有一次，我在印度旅行遇到一位老人，他問我去那裡做什麼。我說我正在寫一本關於世界與希望的書。他微笑地看著我，用一句古老的諺語回答我：「希望是人生最不可捉摸的事。」起初我有點惱怒，因為這句話顛覆了我的想法。但當我更深入去思考這個問題時，我被帶到一個像魔法般神奇而美好的現實中。當下，我能用純粹、無偏見的心態感受生活中的美好。由於願意如實地接受當下的一切，內心的叛逆逐漸淡出我的生命。

你的任務不是去尋找愛，
而是找到心中對愛築起的所有障礙。
——魯米

〔工具〕放棄期望

這個方法來自派翠西亞・孫（Patricia Sun），她是加州一位靈性導師，也是廣播節目主持人。以下是彌哲的版本。當一個人總以為什麼事情都針對自己而來時，用這個方法可以降低針對性：

想像你在客廳裡透過窗戶看月亮。你對它說：「月亮，很高興見到你！剛才你跑到哪兒去了？」月亮沒有回應。你於是忙著做自己的事，幾分鐘後發現月亮已經到窗戶的另一邊了。

「月亮！」你說：「你在做什麼？怎麼一句話也沒跟我說就又要走了！」月亮還是什麼也沒說。你只離開房間幾分鐘，回來時月亮已經不見了。你立刻撲倒在地，抽泣著不斷用拳頭敲打地板。你不停地哭泣，大聲說：「你從來沒有關心過我。你只顧自己的陰晴圓缺，從來不考慮別人的心情！為什麼不告訴我你不愛我了？」（類似這樣的哀嘆，可以持續幾個月甚至好幾年。）

月亮到底做了什麼？

月亮只是月亮，遵循自己的軌道前進，它的任何行為都與你無關。如果你能開始將每個人都看成是月亮，並且明白他們的行為其實與你完全無關（即使對方或是你都認為有關），那麼你在人際關係中所感受到的痛苦和折磨就會漸漸消失。

你真的認為月亮在繞著我們轉之前會先考慮我們的感受嗎？我們一直在想：「如果那個人真的愛我，他們就應該……」這樣的期望，是你對生活抱持的特定要求，正是這些要求讓你無法獲得渴望已久的幸福。你必須放棄某些（甚或全部）從小就被植入的期望。

自由和幸福是可以實現的，但只有放棄你的期望才能得到。

Chapter 19
母女關係

〔工具〕主權在握

【蘿拉，生於一九五五年】

蘿拉是藝術家、美術老師和幼稚園老師，也是四個孩子的母親。在聽了彌哲的演講後，她提出了這個問題：「我與母親的關係很緊張，我的乳癌跟這件事有關嗎？」面對癌症，她的心態良好，見到彌哲時，乳癌進入緩解期。蘿拉了解業力，她懷疑自己的病可能與這方面有點關係，想要進一步了解。

從蘿拉與她母親的角度切入，彌哲立刻看到她倆的前世並敘述如下：

我看到一片赭色沙土的景觀，遠處是山脈。我在一個都是女性的社區中看到了妳。那裡氣候溫暖，女人們穿的衣服不多，住房比較簡單。我看到妳的母親，她地位崇高，威風凜凜，擁有強大的權力，是這個社區的獨裁領袖。就像今天一樣，妳還是她的女兒，妳們處在相同的角色裡。

這個社區的婦女都有孩子。因為每個人的職責隨時異動沒有固定，所以大家共同照顧這些孩子。有些人已經是母親，有些人還不是。妳和母親之間存在階級差異，兩人的關係有點緊張。

會有這種緊張的關係，是因為妳們對事情有不同的看法。母親的領導方式非常專制，每個人都必須遵守社區內嚴格的規章制度，婦女們都被壓抑著。作為統治者的女兒，妳將是她的繼任者，承繼她的領導風格。人們都認為事情將以同樣的方式延續下去，因為根據傳統，領導者會將規章制度傳給繼任者。

妳在成長的過程中就對事情漸漸有了自己的看法。妳贊成婦女之間應該更加團結、平等。對共同生活在社區中的人來說，妳的想法和觀念更具包容性。比如說，妳認為應該減少威權與階級的劃分，每個人都有責任把社區建立起來。換句話說，應該有更多的慈悲和寬容。你的母親原本對妳寄予厚望，但妳的想法與既定的概念不同，這些不同的觀點導致妳們的衝突。

妳對母親的統治方式愈來愈質疑，於是開始用自己的方式與母親切割。妳與母親的看法和想法都不一樣，所以妳不想按照她的規則行事。母親為了保住自己的地位，會把其他女人看成是低等人，甚至去羞辱她們。這些都違背妳的行事原則，違背妳對生命直觀的認知。

分裂自然而然地產生了。妳擺脫她的權威，在社區裡建立起妳要的生活方式。這對她來說並不容易，因為她完全無法了解妳，對妳極度失望，不得不要求妳離開。妳走的時候還帶走了認同妳的領導和生活方式的人。

今天，我們稱居住在這些社區的女性為「亞馬遜族」[註1]。她們是堅強獨立的女性，創造了自己的生活方式，每年春季與男性舉行一次生育儀式。

蘿拉的轉變

幾個月後，蘿拉非常期待跟彌哲分享她的領悟：

我是透過視覺感官來感知事物的，所以當彌哲敘述前世時，我能以看電影的方式同時看到並體驗到她所敘述的故事場景。我看到了許多內心呈現出的畫面，沒有太多鮮豔的顏色。色彩濃重的丘陵，與淺棕、赭色的風景，伴著風，給人強而有力的感覺，不是那種讓妳愣在那裡動彈不得的震懾力，而是一種把妳吸過去的力量。是一種女性特質，女性力量，但沒有母性的形象。動態的畫面感覺很強烈，我能清楚看到並感受到圖像呈現在我面前，也能記住它們。

我喜歡跟他人分享自己的願景和想法，這些畫面讓我明瞭社區對我的重要性。我一直都很清楚母親的態度：「我是女王，我是統治者，事情必須依我的意思發展。」我對她的感受一直都是如此，而且直到現在仍無法同意她的看法。

看前世為我帶來大量圖像，化解了眾多疑惑，一次次幫助我理解我與母親的關係，以及為什麼總與她保持距離以維持彼此的友好關係。如今，我的角色變了，從女兒升格為四個孩子的母親，當孩子們還小的時候，我也有一定的威權。但我對權力絲毫不感興趣，我更關注正義、社群，以及權力關係中的社會行為。

母親要我們對自己的人格發展有信心，這點對她來說非常重要。但是我認為讓孩子成為

1 譯註：The Amazons，是古希臘神話中的傳說，是由女戰士組成的母系社會。儘管存在於神話中，她們仍是古代文化中一個強大的象徵。

快樂的人，跟別人在一起玩時也能快樂，這點比什麼都重要。

我認同亞馬遜族人的戰鬥力，自己這股好勇鬥狠的能量，顯然與前世有關。這份認知讓我理解為何內心的烙印這麼深刻，也有助於控制自己的情緒與過度反應。雖然對此的看法是積極正向的，然而，這種極度渴望戰鬥的心態有個大缺點，就是過激時會想要報復。每當有衝突發生，我那與生俱來的保護欲，常驅使我有拿出刀劍來保護自己的念頭，顯然這個反應在另一種文化背景下更有意義。

在驚訝地發現丈夫完全沒有這種行為傾向之後，我才注意到自身的與眾不同。我常面臨必須保護他人的情況。萬一有需要來保護自己或他人時，我會毫不猶豫地拿起刀刺入侵犯者的肋骨。對於自己有這種衝動，我很少跟別人提及。

可能是因為乳癌的診斷，我心中愈來愈常浮現這個問題：「該怎樣劃定界線才能保護自己？」尤其是與母親的界線，特別讓我充滿矛盾，畢竟我是喜歡她的。「要怎樣才能愛她卻不被她利用？為什麼我總覺得自己要對她的問題和怨恨情緒負責？該如何改變這些想法？」對於這些困惑，隨著時間，我慢慢找到了一些解答。由於我對別人的處境很敏感，經常會過度關注他們，而忽略了自己的需求。然而，母親從不認為我需要邊界，使得我在成長過程中沒能學會如何自我保護，這或許與她前世身為掌權的獨裁者有關。

如今我終於明白先保護好自己的重要性，在這之前，我從未意識到有此需要，也不曾對母親有憤怒的感受。直到最近才意識到為了不再被她傷害，我必須設立清晰的界線。回顧童年，那時的我除了夢想世界以外，幾乎沒有任何安全感。現在，我逐漸學會如何設定邊界，在心中築起一道保護屏障，與母親保持安全距離。有了前世的認知，我能自在地處理母女的關係。畢竟她習慣掌控他人，要求周圍每個人都服從她。她的業力讓我更清晰地意識到，我們的天性非常不同。

得了乳癌後，我才猛然發現母親帶給我的傷害有多大。我在醫院接受乳房手術時，發生了很多難以置信的事。即便是醫生，也領教到她對我和對其他人所施加的壓力。他們也注意到她如何抬高自己來貶低別人，很明顯，她還想當回女王和統治者。

前世的故事為我釐清了很多疑惑。雖然沒能解決所有的問題，但至少學到如何處理得更好。我漸漸把原本屬於自己的權力拿了回來，雖然有時也會有過度防禦和保護的不當心態。隨著想要審視自己內心衝突的意識不斷地提升，就愈能整合得更好。我強烈感覺到自己的動機和目標跟母親的截然不同。

了解前世不表示一切能在瞬間被療癒，但在短短幾個月內，的確就對我產生明顯的影響。我已經做出改變，並摸索著其他進步空間的可能性。母親被困在僵化的模式中，而我可以繼續成長，可以過我想過的生活，成為我想成為的人。

對我來說，了解前世就像透過翻譯來解讀一本簡易的指導手冊，對我很有幫助。我感覺自己在人際關係中帶有攻擊性，於是去探討它的目的與作用，自問如何才能更有意義地善用這些能量。我希望能疏導強烈的情緒，達到積極正向的目標。就好比瞄準一支箭，讓它射向正確的目標，同時也推動自己向前。我希望能以這種方式來聚焦，也期許自己成為促進和諧與團結的人。

和諧對我來說太重要了，所以我很難理解為何有人不在意。我的保護本能很強，在需要解決衝突的時候，會激發內心堅韌的戰鬥精神，以個人的經驗來面對和克服困難。

儘管驚訝自己帶有強烈而原始的衝動，我也感覺到整個防禦機制被啟動了。無論是扮演保衛者或是攻擊者的角色，都非常自如。有事情需要處理，那就把它處理好。即使在化療期間，我也不覺得自己是個受害者。在做化療時，為自己做好任何必要的事，然後日子繼續過。只要對自己的生命能擁有一些掌控權，就能感覺到尊嚴。

人們說在水上行走是奇蹟，
但我說，平靜地行走在地球上，
才是真正的奇蹟。
——一行禪師

〔工具〕主權在握

蘿拉母親的控制慾太強，她的行為一旦越界，就成了不折不扣的虐待。蘿拉藉著反抗母親來保護自己，試圖取回主權，避免讓自己變得像母親一樣失控。

透過這兩位女性在權力掌控上的困境，我們可以清楚地認知：如何恰當地掌握並行使自己的權力，而不去虐待或控制他人。

讓我們來看看兩位公眾人物如何「正確使用」他們的權力。思考這些德高望重的人物時，不妨仔細想想：他們在行使自己的權力時，帶有什麼樣的意圖？然後，以他們為典範，對比另一些因濫用權力而使眾人痛苦的人。

達賴喇嘛就是正確使用權力的一個傑出典範。儘管如今身處印度流亡政府，他仍是西藏行政中央的最高領導人，也是受到全世界尊重的精神導師。他的權力不比任何其他人高；恰恰相反，他的意圖或是權力的運用，都在教化和啟迪他人。他是慈悲的化身。他說：「愛與慈悲是必需品，不是奢侈品。沒有它們，人類無法生存。」

另一個例子是納爾遜・曼德拉（Nelson Mandela）。入獄二十七年後出獄的他，竟成為南非政府的領袖。你或許要問，這怎麼可能？出獄後，隨著時間的推移，他所獲得的影響力和道德權威，終於得到白人政府的承認和信任。那些白人，正是當初壓迫他的人。而他拒絕憎恨任何壓迫過他的人，他的終極目標是去治癒種族隔離的創傷。誠如他所說：「你手中握有為生活中的每個人創造更美好世界的力量。」

希妲・巴斯托（Cedar Barstow）在《權力的正確運用：倫理的核心》（中文暫譯，*Right Use of Power: the Heart of Ethics*）中談到如何慈悲地運用權力，她將權力定義為可以帶來變革的能力或潛力。那麼，正確地使用權力，就是為所有人的最大利益帶來變革的能力或潛力。當你考慮如何行使權力時，問問自己：「我的目的是什麼？是為了所有人的最大利益嗎？」

如果你的意圖明確且正當，就不必害怕使用權力。

Chapter 20
釋放憤怒

〔工具〕治癒內在小孩

【約翰，生於一九五三年】

約翰倡導人權，是非營利組織的辦公室經理。他心不甘情不願地陪朋友參加了彌哲的講座，卻意外發現他聽到的前世故事太真實了。他更驚訝自己會接著與彌哲安排私下會談。以下是他們首次會談的紀錄：

約：彌哲，妳的演說太讓我感動了。我覺得自己正如妳在演講中所描述的一樣，被囚禁在牢籠裡。我在同一個地方工作了十一年之久。只要一想到我有可能在那裡退休，就覺得全身不對勁。我想要突破、想要改變，有太多好的想法想去實踐。

我有讓家庭和周遭環境達到和諧共處的想法，但對於放手去追求卻缺乏信心。家裡堆放了兩千份宣傳手冊都還沒有發出去。不知道為什麼，我心裡總有顧慮讓我裹足不前，好像總有一堵高牆，一種恐懼感，把我鎖在裡面走不出來。有時福至心靈，內心會有各種各樣的奇思妙想，但到第二天卻又會跟自己說：「不行，不行，那樣行不通，我不能那麼做。」朋友也注意到我的矛盾心態，而這種態度直接影響了我的感情生活。太太雖然早已接受了這個事實，不再跟我計較，但是這幾年我們之間也有矛盾。這其實是因為我和父親曾有過很大的衝突。

彌：你的父親還在世嗎？

約：不在，雙親都過世了。父親是個很專制的人，他酗酒，常常打我們。我拒絕承認他是我的父親，或許這正是衝突的根源。

彌：當年拒絕父親的時候，你幾歲？

約：就我記憶所及，整個童年都是如此。

彌：三、四歲的時候，他對你也很嚴厲、粗暴嗎？

約：我五、六歲的時候跟母親很親密。父親對我太嚴厲了。

彌：你是否願意為了釐清你和父親之間的關係而做一些嘗試？

約：當然願意。

彌：現在，觀想他坐在你的床尾，你在他身後坐下，把手放在他的肩膀上感受一下。在他身上，你感受到什麼了嗎？

約：我感覺他想要盡他所能為我們做點事。

彌：你對他有什麼感覺嗎？

約：我跟他有距離感。但此刻，我不覺得他是一個專制的獨裁者，反倒更像一個矮小、害羞的人。

彌：很好，很好。你覺得你愛他嗎？

約：是的。我能感覺到自己對他的愛。

彌：你想去了解他嗎？

約：想。

彌：想像你走入他的身體，走到頭部。透過他的雙眼望出去，你看到的是他的小兒子，你自己。看著約翰的時候，你看到了什麼？

約：眼前，我看到一個小約翰。

彌：很好。你的父親叫什麼名字？

彌：洛夫，你看著小約翰時，看到什麼？感受到什麼？你愛這個小男孩嗎？

彌：你覺得小約翰怎麼樣？

約：沒感覺耶！不知道為什麼，此刻我無法體會父親的感受。

彌：他看著你的時候，我聽到他跟你說話了。你想知道他說了什麼嗎？

約：什麼？

彌：（替洛夫說）我看到自己的心。

約：是這樣嗎？

彌：從你的父親那裡，我感受到他為你擔心、害怕，為你將來的發展擔憂。他認為你的個性太軟弱，他有責任幫助你堅強茁壯地成長。他看到了你的以太體，以為你一定無法存活於世。他對你態度嚴厲，只是為了讓你堅強起來。你能感受到他有多麼愛你嗎？

約：能。

彌：他是那種不知如何表達自己的男人，在這個世界上極度缺乏安全感，總感覺局促與不適。他看到你的純真、敏感之後，認為這樣是行不通的，所以想保護你。你之所以會在自身四周築起一道高牆，既是為了取悅他，也是因為你愛他，希望能藉此維繫彼此的感情。你接受他施加給你的種種限制。由於受到父親內心恐懼的影響，你被他的恐懼定義了自己。當你帶著寬宏的心與敏感度來參與時，你說服了自己，深信自己無法適應這個複雜的世界。然而，事實上，父親的觀點摧毀了他自己的人生。他嚴峻的態度將自己與別人隔離，他非常孤單，但他永遠無法看清楚問題所在。

你已經打破了孩童時期別人加諸於你的思想與行為模式，不是嗎？

約：是的，應該是如此。

彌：當你有一天掙脫束縛，意識到真實的自己是誰之後，就能成為父親的老師。不管他是否仍在人世，你的父親（的靈魂）現在就跟我們在一起，他希望你能得到解脫，活出自己的人生。請告訴我你的全名和生日。

約：我不喜歡我的名字，我一直都覺得約翰不是我真正的名字。

彌：這個名字有什麼問題嗎？

約：我就是不喜歡約翰這個名字的發音，我覺得它跟我沒什麼關係。

彌：是嗎？好吧！或許另外一個名字會更適合你。但你得先找一個你喜歡的名字。的確，約翰這個名字讓你顯得格外渺小。但是首先，你需要接受這個叫做約翰的小男孩，你的內在小孩就是這個名字。

我有一個關於拉姆．達斯（Ram Dass）的故事，他是世界有名的靈性導師，你認識他嗎？

約：不認識。

彌：出生時，他的名字是理查．奧伯特（Richard Alpert）。有一晚，他坐在講台上面對一大群聽眾演講。他覺得眼角餘光好像瞥見了什麼，一轉頭就看到小理查坐在角落一張高腳凳上，吸吮著大拇指。多年前他改名為拉姆．達斯，當時他刻意放下了這個叫做理查的敏感小男孩，跟這部分的自己告別。演講那天，當他再看到這個小男孩時，才意識到小理查被他遺棄了。他需要去愛他、去擁抱他。那一刻，他童年的創傷才被癒合，內在小孩才因此得到療癒。

這正是關鍵所在：你必須解決你對自己身分不認同的問題。你的挑戰，就是去接受、去疼愛這個小約翰。當小約翰被你接受並與你融合為一以後，你才能真正發揮潛能。

到那時，你的名字將會是什麼呢？

約：不知道！我要是知道，早就給自己取個不一樣的名字了。直到現在都還找不到一個適當的名字。

彌：（正讀取阿卡西紀錄，驚呼）天啊！導師給我的訊息是「獅心王理查」註1。我問祂：「約翰就是獅心王理查嗎？」祂點頭說「是」。

我對獅心王理查所知有限，只知他是一名英國戰士，後來成為國王。我不知道這對你意味著什麼，但你可以多方去了解。或許還有別的名字更適合你，但理查這個名字代表勇氣是毫無疑問的。

你自設的牢籠其實並不怎麼堅固，若沒有你的許可，它根本無法限制住你。一旦下定決心不再需要它，它就會崩塌，消失於無形。新名字能幫助你達到這個目標。

我感覺你已經被綁手綁腳很久了，如今做好要做自己的準備。你有很多好主意，也有很多極富創意的想法。執行手冊在握，你已做好重新開始的準備。

彌哲建議約翰經由前世來了解他與父親的因果關係。這是她看到的景象：

你的父親曾在羅馬軍隊服役。他是軍官，是父親也是上司。你是他不可或缺的得力助手，事事依賴你。我看到一場戰爭，看得出是在停火期。敵我雙方正往相反方向各自撤退。傷者都被抬走了。此刻，一切都被摧毀了。你找不到你的上司。如果他被殺害，戰場上應該能找到他的屍體，所以你判斷他一定被敵人擄走了。戰前，雙方並沒有訂下允許拘留戰俘的協議，規定是：停火、撤退、雙方重新談判。所以，這讓你和其他人極為震怒。

你的軍階不允許你參與談判。夜裡，你決定去尋找他被俘的地方並安全地把他帶回來。你帶著五、六個人進入敵人營地，殺死守衛，小心翼翼地走到一個認為是他所在的帳篷裡。

你打開了帳篷準備迎接一場廝殺，但你的上司並不在那裡，這讓你備感意外。還有其他幾名囚犯，目前還沒有人發現他們失蹤了。可惜他們都不知道你爸爸在哪裡，所以你沒有釋放這些人。

第二天談判破裂了，敵軍把他拖出來作為威脅，如果你們不主動投降就將他直接處決。他雖是戰場上的將軍，但在他之上還有軍階更高的人。你們對這件事感到極度憤怒，卻不願意投降。更重要的是，你們不願意被威脅勒索，所以齊聲說「不」拒絕了敵軍。你只能眼睜睜看著你的將軍父親被斬首示眾。於是，戰爭再度重啟。

帶著這種痛苦和憤怒的能量，你經歷了多生多世，因此變成一個極度憤怒和執著的人。維持公平與遵守協議對你來說特別重要。因為你沒能把父親救出來，他被斬首的記憶讓你痛苦不堪。那場戰爭結束前，因為敵方不遵守協議，你出於憤怒殺死了許多人。你憎恨敵人，卻也因此憎恨自己。

1 譯註：中世紀英格蘭國王理查一世（一一五七～一一九九年），因驍勇善戰而被譽為「獅心王」。

約翰對這個訊息相當震驚。他從不認為自己是個充滿憤怒的人，反而更像是個受害者。彌哲與他的討論，幫他釐清了這個想法：

彌：經歷過多生多世身心俱疲的內在衝突之後，你的內心開始產生變化，靈性終於覺醒。你發誓不再殺任何人。

如今，憤怒一旦升起，前世模糊的記憶依舊能有效地提醒你：別忘了當年的憤怒導致了多麼可怕的後果！因為擔心占上風會開殺戒，你立下不殺的誓言。這不僅能防止你行為失控，更能有效地阻止各種暴怒的心情。這段成長的時間跨度很長，大約從兩千年前的羅馬帝國到現在。而今的你，已不再有失控和殺人的衝動。不管有沒有誓言，你都非常了解自己不會再這樣做了。內心縱然起了嗔念，也有適當的管道去釋放。但因為內心深處仍害怕自己的壞脾氣會失控，所以我不確定你是否準備好將當時的誓言或承諾放在一邊，或許你還不夠信任自己？

做一些釋放憤怒的練習能幫助你。你可以拿一個紙箱，四周都用膠帶封住。一旦意識到憤怒升起並有失控的顧慮時，就把紙箱踢成碎片。如果不清楚自己的憤怒會發洩到何種程度，就多少會有風險。但當你是在一個可控而且安全的環境下，它就能提供一個宣洩情緒的方式，幫你平息內心的痛苦和憤怒。剛開始你說你把自己關在籠子裡，這是因為你在約束自己，不想傷害任何人。

要是你一直把自己鎖在這個籠子裡，你的創作潛能和思維領域就都沒有伸展的空間。獅心王理查象徵勇敢的心智，他也是一名戰士，在戰鬥中證明了自己。如果你接受自己並將這位內在的戰士整合起來，這種戰鬥精神將足以治癒你。

你讀過丹・米爾曼（Dan Millman）寫的《深夜加油站遇見蘇格拉底》（*Way of the Peaceful*

Warrior）嗎？這是挑戰的另一個層面。依我看，書中所說的正是你。你需要認真去感受這位內在勇士，並重視其存在的價值，否則就無法發揮你的潛能。

你還好吧！現在感覺如何？

約：是啊！這聽起來很有道理。我的妻子也跟我說過她怕我的壞脾氣。

彌：是的，她感覺得到。你也能感覺到，不是嗎？現在正是去面對它、處理它的時候。找個安全的管道疏導它，解決它。還有一種發洩憤怒的方法是用網球拍拍打床墊，這樣可以確保沒有任何東西會被搗毀。因為你害怕自己有破壞性的行為，所以這個方法對你也許有用。

我認識一個想替慈善機構募款的人，他買了一輛破舊的汽車，並向人們收取十美元的費用，讓人們用長柄錘去砸毀那輛破車。透過這個方式，他為慈善機構募到很多錢。無論你選擇哪種方法，它都能幫助你擺脫憤怒，重獲自由。內心得到解脫之後，如果還想分發家裡的兩千份宣傳手冊，就去做吧！

回頭談談你的工作。你明白自己工作的重要性嗎？或許你多少有些了解，但我認為你並不清楚你對別人的影響力遠比你以為的要大得多。人們需要你的支持時，你總是盡心盡力去幫助他們。但是，做了這麼多，你卻總是用一種自認為做得不夠的態度來看待自己。你已經幫了太多人了，我希望你能認可自己的價值。重要的在於你所付出的能量，以及你真心關懷他人的事實。請對自己的工作心懷滿足。

終有一日你會明白，受限於自身的業障，
靈性探索的道路也有自己的節奏。
你開始意識到，靈性修行的時機急不來也假不了，
否則它會回頭賞你一記當頭棒喝。
——拉姆．達斯

〔工具〕治癒內在小孩

每個人內心都有一個帶著兒時創傷的「內在小孩」，因為種種原因產生的恐懼、憤怒和悲傷，長久以來被深埋在我們的潛意識。他們會一直伴隨著我們，影響著我們，直到我們將他治癒。靈性覺醒的人能意識到所有生命都是相互連結的，當一個人對眼前發生的事產生過激反應時，靈性覺醒的人能很快地覺察到這有可能與內在小孩有關。

儘管你還沒意識到這一點，但你可以開啟治癒內在小孩的旅程。每天在睡覺前和睡醒後，給自己大約五分鐘的時間，用這段時間來觀想（想像）那個四歲左右的你，試著跟這個小孩聊天。把重點放在跟孩子建立信任感，這麼多年來，這個小孩早已經是你的一部分。找出這個小傢伙需要什麼，並提供給他。當我剛開始跟內在小孩溝通時，那個小寶貝說她想去坐旋轉木馬，轉了十二圈以後她才跟我說「夠了」。你能想像三十五歲的我，獨自一人跟一堆小孩騎旋轉木馬的搞笑畫面嗎？孩子們的父母站在一旁看著我（和我那個淘氣的小傢伙），那是多麼好笑的場景啊！

如果你的童年很艱難，你可能需要專家來協助，讓內在小孩有被治癒的機會。我建議你先自我教育一番，對內在小孩做些初步的了解。有許多書籍和練習手冊可以幫助你理解這個概念。這裡有兩本我特別喜歡的書。對於初學者，我建議你看約翰・布雷蕭（John Bradshaw）的《回歸內在：與你的內在小孩對話》（*Homecoming: Reclaiming and Championing Your Inner Child*）。若想獲得更全面的靈性觀點，請閱讀一行禪師的《和好：療癒你的內在小孩》（*Reconciliation: Healing the Inner Child*）。當然你還可以參加一些工作坊，跟學員一起參與治癒過程。

就像看前世一樣，這個「讓自己重新當一回父母」的過程，是經由改變既有的程式設計去改寫自己的過去。它會幫助你更「自在」地做自己，做一個不刻意、自發、充滿愛與真誠的你，那個在成長過程中，曾不小心迷失了方向的你。

Chapter 21
皮膚痼疾

〔工具〕擺脫業力輪迴

【蘇珊妮，生於一九六三年；蘇珊妮的兒子吉姆，生於一九八九年】

蘇珊妮是位藝術家也是療癒師。她來找彌哲時，正被一連串跟兒子吉姆有關的夢境所困擾。她的兒子在當時是一個認真又嚴肅的醫學預科生。任何人都能感受到這些夢境在一位母親身上會產生的恐懼。以下是蘇珊妮敘述的夢境：

在夢中，我看到一座聖山，小山丘上矗立著帕德嫩神廟，應該是在雅典衛城。還有一張即將顯現圖形的大照片。在一間寬敞的房間裡，我正與周遭的人談得很投緣，房間裡有很多學生。在某個時間點，我被叫出房間，看到兒子吉姆在離帕德嫩神廟很近的地方。在夢中，我們很熟，他告訴我他想離開，想去追隨馬爾杜克[註1]。對於他的計畫和決心，我非常驚訝。我一方面認同他想要體驗和發掘世界的渴望，覺得這樣很好。但另一方面，心裡又很害怕，因為痛苦的離別就在眼前。他將遠行，沒人知道什麼時候會回來，或者能不能回來。在夢中，我不覺得自己是母親，反而更像是一個同齡的女朋友或姊妹。我對他很了解，感覺很親近。我們都是學生。

過了一會兒我又夢到吉姆，這次他是我的兒子，患有神經性皮膚炎。在夢中，他回到家，右眼的上方長了疹子。他傷心地跟我說：「妳看，我又出疹子了，又長出來了。」我也很困惑，因為我知道一旦這邊的疹子好了，又會在身體其他的地方長出來。我知道他內心很痛苦，所以試著去安慰、平復他的心情。在夢中，我深切感受到他與那沒完沒了的皮膚病抗爭的那種絕望心情。

同樣是那晚，天快亮時我又做了一個夢。我和吉姆在一間空蕩蕩、很奇怪的房裡。他側身躺在地板上，好像生病了。房間裡還有其他深色皮膚的人，可能是北非或亞洲人。他們都還年輕，不太關心躺在地板上的病人。

我俯身看著他痛苦地躺在那裡。束手無策地看著兒子這樣受苦，對母親而言，是最可怕的折磨。他痛苦地扭動著身子，已經虛弱得站不起來了。我看到他在嘔吐，嘴角流出膿液般的淺色濃稠液體。這景象實在太可怕了，我能為他做些什麼呢？很快，我就看到他嘴的周邊開始溶解、消失，牙齦迅速崩壞，半邊臉變成了骷髏頭骨。牙齒向前移動，一切都被溶解。他發出痛苦絕望的尖叫聲，聲音中充滿了所有情緒。既深且長的哀嚎無休止。就是這綿長、令人痛苦的尖叫，把我嚇醒了。醒來，他的尖叫聲仍不絕於耳。

---

1 譯註：Marduk，是古代美索不達米亞的神祇，也是巴比倫城的守護神。

夢境裡的畫面讓我不知所措，他的尖叫聲至今仍在耳際迴盪。夢境太逼真了，感覺上就像是在臥室裡聽到的一樣。我問自己：「是什麼讓我做了這麼令人不安的夢？」我不知道這是不是死亡的預兆，恐懼在心中升起。與此同時，我還有另一種感覺，覺得這可能發生在另一個維度，或在不同的生命裡。我整日以淚洗面，極度情緒化。只要一個人獨處，就會被夢中那些可怕的畫面和自己的無助嚇哭，太可怕了。

就在那個時期，我得知彌哲能讀取阿卡西紀錄。因為無法解讀夢境以及它所代表的意義，於是決定請她幫忙。之前我已經把自己做的惡夢告訴了吉姆，所以他也同意跟我一起去來。我們兩人在同一天先後看了各自的前世，先是吉姆的，然後是我的。

當我開始講述我那嚇死人的夢境時，彌哲聽得非常仔細。聽我說完後，她說，我夢中所見的確就是前世的一部分，因為她在看吉姆前世時也看到同樣情境。吉姆看完前世後就先行離開。她認為我既然理解了夢中讓我害怕的部分，又看到他生命如何痛苦地走向終結，於是建議我去徵詢吉姆的同意，這樣她才能與我談論他的前世。透過電話聯繫，吉姆也同意了。

當蘇珊妮和吉姆交換前世心得時，母親很顯然感應到兒子的情況，並意識到他正在面對艱難的業力。儘管細節很不一樣，但在能量上卻有很多相似之處。這個現象是一個完美的例子，它讓我們清楚意識到，我們與親朋好友之間存在著深層連結。

吉姆來看前世，主要想了解醫學是否是他該走的路。有時他會對此存疑，認為醫學院採取強勢而理性的教學方式是片面的。他對事情有很敏銳的直覺，這方面，在醫學院多半不會被權威所接受。為此，他必須隱藏直覺的那一面。

由於他患有多年的神經性皮膚炎，他想知道這個毛病是否有因果業力的牽連，同時想聽聽彌哲能給他什麼建議。吉姆有一個特別具有挑戰性的前世：

彌：請告訴我你的全名，你現在使用的名字。

吉：吉姆……

彌：你的名字透露了一個訊息，那就是有很多很好的機會在等著你。

聽到他的名字之後，彌哲很快就看到這一段前世：

你是個希臘人，因為捲入一場海戰被俘虜成為奴隸。你原本是船員，是船長的助手，正在訓練自己成為一位船長。但當你變成奴隸以後，就不再有任何意義。那時的你只是一個被販賣的俘虜，是個奴工。在這段時期，地中海上發生多起海戰，還有無數海盜劫掠事件。船隻被掠奪，人們被俘虜，被販賣都是家常便飯。

我清楚看到了埃及金字塔。你和許多人都被帶來這裡當奴隸。你每天的工作是背負與搬動大石頭。你雖是奴工，卻有與動物溝通的天賦。搬動這麼多巨大的石頭需要很多人力和很多動物。工頭看你擅長和動物打交道，就把你從之前繁重的體力活中調度出來。

此刻的吉姆十分興奮，忍不住說道：「去年夏天我迷上了金字塔和埃及文化，讀了很多相關的書，還研究了與奴隸制相關的議題，很想深入了解它。」彌哲點頭繼續陳述：

是的，這跟你前世的遭遇十分相應。原本你做的是用粗繩子把重物扛在肩上的苦力活，但因為你知道如何讓動物認真工作，所以工頭派你去跟動物打交道，指揮牠們。這讓你憂喜參半，一方面，你不再需要再做那麼消耗體力的重活，但與此同時，你也不喜歡被工頭強迫去做讓動物活活累死的工作。在如此惡劣的條件下，動物一般活不了多久，人也是如此。

沒有人真正關心奴隸的生活條件。無論是人或是動物，一旦淪為奴隸，就不可能有足夠的時間休息，足夠的食物果腹。因為有太多奴隸供主人予取予求，他們是可替代，可被消耗的。把無足輕重的奴隸活活累死，根本不是主人會關心的事。

過了一段時間，有一頭騾子出事了，牠咬了旁邊另一頭騾子，導致整條勞動生產線停了下來。有人受傷了，時間也被浪費掉了。當時你剛好站在發動攻擊的那頭騾子旁邊，因為是你的疏忽而被判有罪，你被遣回以前搬運大石頭的工作隊伍中。

遣送你的那個工頭把那兩頭騾子都殺死了。你回去當搬運工以後，他仍全程注意你的一舉一動。他十分殘暴，會對你大吼大叫，甚至無緣無故地打你。你被他激怒到幾近無法忍受的程度。你非常了解那頭騾子，知道牠為什麼變得那麼好鬥，而去咬牠的同伴。

工作隊伍中，排在你身旁的是一個大約十七歲的年輕小夥子。他神情面帶焦慮，體型比實際年齡要小很多。因為他的個子太小了，所以工頭和其他奴隸都會欺負他。他好像什麼事情都做不好，但你覺得他其實非常勇敢，而且已經盡全力了。你試圖讓自己更加努力地工作來保護他，希望這樣人們就不會注意到他因為精疲力竭而影響了工作效率。

吃飯時間，每個人都停工休息幾分鐘吃點麵包、喝點水。這時，工頭走到你們兩人身邊。你坐在一塊大石頭上，年輕小夥子坐在那塊大石頭旁的地上，你們兩人壓低了聲音說話，避免被別人聽到。他對你說：「過了今天，我就無法再做同樣的工作了。」你說：「不要失去勇氣，就假裝你仍然在工作，我會盡可能地增加我的工作量來掩護你。需要休息就喘口氣休息一下，但要記得假裝自己在拖石頭。」他憋著不哭，但淚水順著他的臉頰流下來，他不停地重複說著：「我不能再這樣做下去了，我撐不下去了。」

突然，拿著鞭子的工頭站到你兩人面前。他走到年輕人身邊狠狠踢了他一腳，說：「如果你認為不工作可以逃脫懲罰，那你就大錯特錯了，我一直在盯著你。」然後他轉向你，也踢了你的腿，說：「你以為你這樣做，就可以瞞天過海嗎？」

然後他開始抽打這個男孩的頭和肩膀。他把男孩打倒在地，不停地用腳踢他，用鞭子抽他。事情演變到這個地步，你失控了，你再也受不了了。於是猛地站起身來，從他手裡搶過鞭子開始猛抽他的頭。這時，一排排的男人也開始了一場小規模的反抗行動。

因為這個工頭太殘忍了，每個人都對他厭惡至極，其他奴隸也開始打他。他們推開你，開始用石頭打工頭。當他們停下來時，工頭已經渾身是血躺在地上，死了。

其他監工過來問你：「這場混戰是誰開始的？」他們意識到，如果要處決所有參與鬥毆的人，就會失去太多人。這樣做，對眼前必須完成的工作是不智之舉。但他們還是想知道這場群架是誰挑起的。此時，在場每個工人都指著死去的工頭說：「是他。」

監工接著問：「但是，最初反抗工頭的那個人，又是誰？」工人們默不吭聲，沒人說半句話。於是監工說：「好吧！這樣你們每個人都會接受懲罰。」

所謂的懲罰就是挨鞭子，一鞭又一鞭地抽打。第一個被他們抓去抽打的就是那個年輕小夥子，一開始就被工頭打到讓你出面保護的男孩，也許是因為他看起來最害怕、最內疚。他是真的不想活了，被他們用鞭子抽幾下就當場死亡。於是你站出來說：「別打其他人了，我就是那個挑釁的人。」

這正是他們等待的結果，於是他們決定賞你一百鞭。那是足以打死你的懲罰，但也正是他們的意圖。打死你剛好能殺雞儆猴，讓所有人看到你慘死的結局，以後所有人都會乖乖地服從。奴隸主從來就不需要會反抗的奴隸。

你跟自己說：「他們太強悍，我太無助。也只能如此了。」你知道他們的目的是要殺了你，而你唯一能做的，就是拒絕保持沉默。儘管你很清楚最後還是徒勞無功，仍要繼續說你想說的，讓他們知道你是個男子漢。於是你下定決心要反抗到底。

處罰在第二天進行。他們召集所有的奴隸和工人前來圍觀。這段期間，工人不必工作，為的是讓他們親眼目睹任何斗膽敢反抗監工的人，後果將不堪設想。

鞭子一落在你身上，你就說些挑釁的話來激怒他們：「你可以傷害我的身體，但不能傷害我的靈魂。」你詛咒他們，並發毒誓：「願你全家都死於同樣的懲罰。願你們失去一切。」因為只讓一個人來鞭打你會很累，所以他們安排了三個人輪流鞭打。只要你還能說話，就能保持自尊心，不讓自己感覺是受害者。你詛咒他們：「願你雙目失明。」當你的皮膚受傷疼痛，被玷污，流血不止時，你說：「惡有惡報！今日你施惡於我，有朝一日，你必也將受此果報。」

你傷得很重，流血過多致死。鞭打在身體致命的部位傷得太深，撕裂了你的身體。你正在學醫，所以不難理解這一點。你因為流血過多沒能滿足他們想對你長期折磨的願望。在凌遲的過程中，你失去了太多能量，以致無法說出所有心中想說的話，但你仍然用盡餘力，把憤怒全部嘶吼出來。

你每說一句話，就能感受到奴隸心中湧現出一股希望，你能感受到他們認同你的行為和言語。直到最後一刻，他們都為你感到驕傲，因為他們看到你有這樣的勇氣去反抗，即便失去生命也在所不惜。

最終，因為能脫離痛苦的折磨，你無憾地離世。離開異常痛苦的肉體也是一個極大的解脫。你遇到了兩位指導靈，他們向你傳達一個重要的訊息，希望你能明白這個道理：「你讓自己進入奴隸主的現實中，導致被他們所左右。可悲的是，你同樣做了他們對你做的事。你的內心比他們更成熟。淪為奴隸前，你是一個領導者，肩負重任，備受尊重，是一個即將成為船長的人。如果你不是那麼聰明和成熟，就不會以這種方式被考驗。」

指導靈跟你解釋為什麼這次的考驗，讓你墮落到一個較低的層次。但你回覆說：「這些奴隸親眼目睹事情的發生，我給他們帶來了希望，這是以前不曾有過的。」

指導靈說：「你是對的，這件事給了他們希望，但同時也帶給他們想要消滅敵人的想法。這些想法造成了彼此對立、爭強奪勝的負能量，充滿了挑釁和報復的企圖心。」

指導靈繼續說：「因此，你必須把這件事徹底搞清楚。你可知道耶穌說了什麼嗎？祂說：你必須把另一邊臉頰也轉過去讓敵人打。祂這樣說，並不表示你不應該為自己挺身而出。祂的意思是你不該任由自己與敵人一起沉淪，不應該心懷報復，將對方傷害你的方式，同樣拿來傷害對方。你應該做個有想法、有覺悟的人，不要去報復那些傷害過你的人。換句話就是：不要重蹈覆轍，犯他們犯過的錯誤。當耶穌在十字架上痛苦不堪時，祂並沒有去詛咒那些把祂放到十字架上的人。相反地，祂說：父啊，原諒他們吧，因為他們不知道自己在做什麼。」

讓我們牢記「己所不欲，勿施於人」這條黃金律。當你承認自己是始作俑者時，你遵循了這條黃金律。能那樣坦承不諱，就足夠使其他人免於懲罰，免於痛苦。

彌哲知道，讓吉姆了解業力的含義至關重要，於是她進一步舉了兩個例子：

當今世界，達賴喇嘛就是黃金律的實踐者，納爾遜・曼德拉是另一位。他在獄中受苦，出獄後原諒了所有傷害他、關押他，以及把他關在獄中那麼久的那些人。曼德拉提醒我們：「當我走向通往自由的道路時，如果我不把苦澀和仇恨留在身後，我的心就會停留在監獄裡。」後來他被公認為將和平帶給南非各個種族的使者。這兩個例子說明了他們完成了靈魂交給他們的使命。

你經過了多世的考驗，證明你既不是個嗜殺的武士，也沒有刻意尋求報復的心態。至今，至少有三世試圖去解決類似情況的衝突。今生尚待解決的問題，其實是存在你體內的感受，是你在暴怒下對宇宙發出惡毒詛咒所殘留在體內的能量。即使你今生從不曾對任何人說過類似的話，這個能量還是會回到你身上。如果你了解宇宙如何運作，就會知道送出去的一定會回來。無論送出什麼樣的訊息，是好、是壞，都會像迴力鏢那樣回到自己身上。我們說「善有善報、惡有惡報」就是這個道理，這是因果報應的普世法則。

那些回到你身上的負能量，是來自前世你想報復他人的情緒，以及施加給他人的詛咒，所以體內多少會與這些負能量有衝突。今日你如何處理憤怒的情緒？有沒有發現自己偶爾會暴躁、易怒，卻不至於去傷害別人，更不會到要殺人的地步？（彌哲停頓片刻）是的，我看出來了。透過武術，你找到了把這些負能量引導出去的方法，這樣你就不會真正傷害到別人了。

你對待別人常懷慈悲與同情，接下來必須做到的，就是對自己慈悲與同情。

當我看著那一世的你，我無法因他的所作所為而譴責他，即使他詛咒了那些人，我也無法說他做了什麼可怕的事。那時的他很無助，失去了一切，所以到最後只能用他能想到的方式去反擊。可惜，他在不了解業力的情況下詛咒了那些人。對業力一無所知的他，自然無法知道那樣做，只會讓惡果回到自己身上來。

你今日的任務，就是去原諒當時充滿仇恨並渴望報復的那個你，雖然當時的行為是可以理解的，但從靈性的角度來看，你必須停止懲罰自己。今日所承受的壓力，多少也反映了你的靈魂對前世這個事件的看法。

如今，你期望自己能成為最好、最完美無瑕的人，但是昔日的態度導致現在身體承受壓力，而壓力影響著你的身心。這一切是你自己造成的。為了原諒自己，對自己慈悲，就要從內心深處升起結束這些痛苦的渴望，這樣才能把詛咒轉換成祝福。當時你施加在別人身上的詛咒回到自己身上，導致身體和皮膚產生讓你極度不適的症狀。這些詛咒需要被轉化為祝福。或許今天的討論，就足以讓你明白被影響的原因。當其他機會來臨時，你自然能意識到自己已經從那個模式中解放出來了。這樣說，希望你能明白。

你可以立即彌補並改正，但如果沒能如你所願得到改善，這裡有一個方法你可以試試。想像自己回到過去，並想起你對施暴者說的那些詛咒。要知道，你當時不僅詛咒了那些殺了你的人，那些命令他們殺你的人，你還詛咒了他們的家人。為了懲罰那些施暴者對你所做的一切，你甚至想讓無辜的家人們連帶受苦。

觀想你對他們說過的一切，把它寫在紙上。再拿另一張紙，把這些詛咒變成祝福。比如，假設你說過「我希望你的家族滅亡，孩子死去，孫子孫女死去，你的名字也將從地表消失。」那麼你就應該在另一張紙上寫下「我希望你的家人能了解發生了什麼事，並從這件事中汲取教訓。願你的家人茁壯成長，願你有個幸福健康的家庭，這個家庭因為學會了不去虐待他人，而名垂青史。」

你不應該忽視這段經歷，以及他們對你做過的事。但你仍可以不帶懲罰和仇恨的心態指出這段經歷有什麼是你必須學會的。你現在可以透過改變、刪除和重寫那些詛咒，將它轉化成祝福，祈願他們能獲得新的意識而且快樂幸福。當你完成這件事之後，把帶有詛咒的紙燒掉，這樣這些負能量就會結束，你也能從中解脫，將它拋諸腦後。

你將不會是唯一因此而痊癒的人，所有被詛咒影響的靈魂也都會感受到你的祝福。你將更能了解自己想學醫的根本原因。你的直覺告訴你，你和所有受到這些詛咒的人都需要療癒，所以你選擇了這門學科作為你的職業。雖然我不能告訴你是否應該繼續學醫，但我認為你已經走在正確的道路上，能意識到什麼才是最適合你的。

你若能做到這些，事情就會明朗起來，你也會清楚是否該繼續醫學課程。我要你知道，你的直覺是敏銳的，你的內在指引是強而有力的。你應該已經接收到，也被這個能量影響到，覺得有必要治癒自己和他人。儘管內心深處得到召喚，但之前對前世的詛咒並不十分了解，直到現在這一切才變得清楚明白。

如果你繼續學醫，就可以同時治癒這段前世。如果你不打算繼續往這個方向發展，那就是覺得自己在這方面已經做了足夠的努力，想做些其他的事情。我不知道你會如何發展，但我認為你之所以害怕做錯事或害怕失控，都源自前世的那段經歷。你一定很清楚為什麼會以那種方式死亡，我希望你能原諒自己。一部分的你希望永遠不要身負重責大任，以免重蹈覆轍。但在目前，你得先對自己曾釋放到宇宙中的負能量負責。我不認為它還像以前那樣強大，那樣難以抑制，因為你已經做了很多治癒自己的嘗試。既然你對因果關係有更深的認知，那就不妨再回過頭捕捉一些痛苦的過往將自己完全治癒。

談話進行到此，彌哲很關心吉姆了解前世後的反應：「我說這個故事時，你也能看到那些畫面嗎？」

吉：是的，我可以。

彌：有了這些認知，你或許知道自己能做什麼了。你很關切與奴隸制度相關的議題，曾想過這方面的事嗎？你知道當今還有奴隸存在嗎？

吉：是的，當我讀到相關資料時，都會感到恥辱，讓我心痛。

彌：你的羞愧感也許來自這段記憶，它一直停留在你的潛意識層，直到浮上來才被你察覺。我們必須改變意識，我相信這個認知足以讓你做一些改變，但你可能還需要找其他方法來幫你治癒自己。這個問題必須自己解決，沒有人能替你做決定。你心中很清楚，等準備好了就會有答案。當你釋放了自己，一切就會迎刃而解。

我想起一位叫傑克．施瓦茨註2的人。雖然你們兩人的歷程略有不同，但都是以愛心和包容代替仇恨的故事。他的故事相當精彩，因為他也受盡了折磨。仇恨畢竟抵不住一顆真誠的心，他的故事可能對你有所啟發。

傑克是來自荷蘭的猶太作家和老師，他在二戰期間被關進了集中營。德國人以為他掌握了一些訊息，每天都對他施以酷刑。他嘗試跟德國人講道理，又嘗試跟他們抗爭，但都無濟於事。他試過大喊大叫，也試過不發一語。所有能想到的他都試過了，但酷刑依舊持續。最後他對自己說：「我唯一還沒有試過的方法就是去愛。」所以後來當他們要割他的時候，他讓自己內心充滿了愛，於是他的傷口就在他們眼前癒合了。這樣的事情發生了好幾次，那些施刑者都被這個無法理解的現象嚇壞了。在那之後，他再也沒有受到酷刑。傑克在戰爭中倖存下來，並在世界各地將他的遭遇與方法介紹給在場的人。我看過一段影片，他在舊金山演講時用一根鐵道釘刺穿手臂，然後把釘子拔出來，手臂上流出大量的血，然後傷口在觀眾眼前癒合。我的一個好友就在現場，他親眼見證傑克手臂上沒有任何傷痕。

吉姆的轉變

以下是在看過前世多年後吉姆的描述：

看前世的全程我都十分激動，也有極為強烈的情緒反應。我全身起雞皮疙瘩，內心與故

2 譯註：Jack Schwarz，一九二四～二〇〇〇年，是健康教育領域的先驅，致力於健康教育和自我認知，並整合健康和人體能量的研究，一九五八年創立阿勒西亞基金會（Aletheia Foundation）。該基金會在美國和國外重要的生物醫學和生命科學研究中心進行合作。他擔任過研究對象、研究員和顧問。對傑克進行測試的結果，證實他有自我調節許多心理、生理過程的能力。

事有強烈的共鳴。透過了解前世極其悲慘的生活，我得到了全新的領悟。痛苦的皮膚病也有些緩解，但並未就此消失。

導致前世悲慘結局主要的原因，是我在反抗工頭暴行的過程中情緒失控，引發了一連串的後果，使得我和男孩都被鞭打致死。至今，在內心深處，或多或少，我仍會害怕自己失去自制力。這種恐懼的背後，是一種極度的不安全感，害怕事情的結局可能很糟糕，會受到懲罰，甚至會失去生命。多年來，我透過學習武術，已經成功地將這種焦慮不安的能量大大減低。

日後回想，我這輩子常跟脾氣暴躁的人打交道，而且他們會在各種狀況下反覆出現，好像很容易吸引他們。我曾自問這到底跟我有什麼關係？如今終於明白這其實都與前世經歷有關，導致內在的東西被反映出來。如果周圍的人比較暴躁或情緒容易激動，我反而有退縮的傾向。由於不斷被這些情況所影響，我自問能否容許自己去感受強烈的憤怒與讓人不舒服的情緒，是否能放棄對它的控制慾，甚或容許自己也犯點錯。我希望自己不再是一個完美主義者。

我和三個室友在同一棟公寓住了一年。有一天，我和他們在花園裡維護花草，因為天氣很熱，我脫下了襯衫。當我正要把手推車裡整車的雜草運走時，其中一個個性反覆無常，特別容易衝動的室友，拿起一根樹枝朝我走來，開玩笑地橫抽了我的背一下，還把我往前推倒。此時，前世所有的畫面和感受就像一道閃電自腦海閃過，我完全被這個逼真的記憶震驚了。

有如此鮮明的記憶著實不可思議。那時，距離看前世已經過了好多年了。有段時期，我覺得自己處在一種非現實生活的狀態中。這段突如其來的記憶找上了我，讓前世變得真實起來。所謂的「啊哈體驗」想必正是這種深刻、頓悟的靈性體驗，千絲萬縷開始在心中理出了頭緒。

這三個室友似乎對我有意見，有時會因為一些微不足道的事攻擊我，好像我做錯了什麼，為此來報復我。他們經常要求我照他們的意願做出特定的回應，但是他們的要求常常很過分。當然，這其中也有不無道理的要求，但我多半都會覺得他們的要求實在太苛刻、太過分了。當那個室友只是「為了好玩」鞭打我的那一刻，這些古老的記憶再次閃現。我把這些細節串起來，感覺到那時的三個室友，就像是前世用鞭打來執行死刑判決的三個監工。儘管我沒跟他們分享過我的回憶或觀點，卻意識到他們仍在潛意識層面處理這件事。但對我來說，一切變得很清楚了。

一旦了解這點，就覺得自己原諒了他們所做的一切。那一刻，我在花園裡無聲地表達了和解的心意，讓他們以某種方式接收到我的訊息。他們無須了解事情始末。我感覺自己一直在等待適當時機來傳達原諒的心意，我需要去原諒，與此同時，由於詛咒了他們，我一直背負著沉重的壓力，所以也默默希望他們能原諒我。我可以感覺到內心深處某些事情一併被化解了，和這些室友一起生活的日子也告一段落。

神經性皮膚炎在過去幾年裡逐漸減輕，我感覺全身都好了很多。

蘇珊妮的轉變

幾年後，蘇珊妮對那些夢境的領悟更深，她清晰地表達了她的看法：

雅典衛城開始一連串有關兒子的夢境，實在給我太深刻的印象。看前世那天，了解了自己和兒子前世的一切，更了解了夢境中的景象和訊息。我如釋重負，也深受感動。我發現夢境以及來自電影或書籍的外部訊息，都足以喚起前世的記憶，儘管當下我無法理解它們的深意。

我開始意識到，作為有靈魂的生物，我們其實都走在同一條道路上，彼此之間的連結遠比眼前賦予的角色（如母子關係）更加複雜與深遠。透過前世的經歷，我對世間萬物的連結有了更深的領悟，並能從全新的角度審視自己和周圍的環境。這次的體驗彷彿揭開了神祕的面紗，帶我進入一個嶄新的現實，極大地拓展了我的意識，我為此深感感激。

在夢中，我與朋友告別，當他表示想追隨馬爾杜克時，我感到十分驚訝。但當我了解到馬爾杜克是美索不達米亞的神祇後，我認為這位年輕人即將踏上一段靈性的旅程，他的覺醒也是無法被阻擋的。如今，靈性追求對我和我的兒子都顯得格外重要，我們在這方面進行了多次深刻的交流，多生多世的靈性同步也讓我們之間的連結愈發緊密。

然而，在夢中，我們在雅典衛城告別的場景讓我感到傷心欲絕。我有一種再也見不到他的預感，覺得他不會再回來了。這種感覺讓我想起吉姆還是個孩子時，每當他要出遠門、我不得不和他說再見時，那股過度的擔憂總是湧上心頭。如果他要離開很長一段時間，我就會感到極度難過，害怕他再也回不來。這種焦慮，特別是當與他別離時，格外強烈，伴隨著深刻的分離恐懼。這是所有父母，尤其是母親，都會經歷的分離焦慮。

隨著我了解到兒子前世的故事，這種分離的恐懼漸漸消失了。如今，面對他的離開變得比以往容易、自然得多。我深刻體會到，我們這兩個靈魂在多個世紀裡已彼此相識，這份愛和關懷將持續延續下去。這是一份珍貴的禮物，我能夠自由地去感受並表達對他的愛與信任。同時，看到吉姆願意接受幫助，也讓我感到無比欣慰。這次難以置信的療癒邂逅，讓我心懷無限感激。

我們的每個舉動都將波及整體的脈絡，
這是個不爭的事實。
人類若要生存，必須孕育嶄新的思維。
——愛因斯坦

〔工具〕擺脫業力輪迴

大多數人會把業報看作因果報應，帶有負面的色彩，或許從表面上看似如此，但事實並非如此。業力其實是一種自然法則，目的是為我們提供學習和成長所需的教導，最終讓我們明白自己與眾生本是一體。可以把業力想像成一面鏡子，精確反映出我們真正的樣貌，而不是我們自以為的模樣，它透過我們的行為、思想和動機，揭示出我們的真實自我。

在通往最終覺悟、一體性的道路上，我們可能會逐漸意識到彼此之間連結的深度（儘管連結不等同於一體性），也可能明白我們同屬一個大家庭，甚至領悟到傷害他人必然會反噬自己。這正是業力法則賜予我們的寶貴教導，它讓我們睜開雙眼，引領我們理解這個真理：我們除了作為一體之外，別無其他。我們與這個充滿慈愛與仁心的宇宙是一體的，而這個宇宙可以被理解為愛、光明、神性或空性。

要脫離「輪迴」，首先需要找到直接面對痛苦的勇氣，並在需要幫助時主動尋求援助。同時，要放棄將一切歸咎於他人的習慣，為自己在生活中創造的一切現實負起全責，無論是好的、壞的，還是無關緊要的。學會無條件地愛自己，誠實地表達內心，並在情感關係中勇敢冒險，付出真心。善待自己，對他人也懷有慈悲心，找到富有創造性的方式來表達自己的情感。如果能做到這些，奇異的恩典就會降臨，輪迴也將隨之消失。

聖者拉瑪納・馬哈希曾被問到：「巴巴[註3]，我們該做些什麼來幫助他人？」他的回答是：「沒有別人可幫助。」當你真正理解並意識到這一點時，你就算是脫離了「因果輪迴」，這就是解脫。而因果的法則始終在引導我們朝向解脫的道路前進。

3 譯註：巴巴（Baba）是一個常用的親暱稱呼，常用來指印度的精神領袖或受尊敬的人。

Chapter 22
信任危機

〔工具〕接受未知

【安德魯，生於一九六六年】

安德魯是圖書館管理員。他陷入深度憂鬱以致身心都無法放鬆，曾多方尋求解決方案，但都以失望告終。這次是一位正在跟彌哲學習的朋友介紹他來的，是他首次看前世，期待能得到有效的建議。以下是他的描述：

安：我感到很痛苦，有太多關於人生的問題想問，但因不相信這些問題會有解答，所以都壓抑著不去問。我有過動症，經常處於緊張狀態，注意力難以集中。過動症為我這一生帶來太多挑戰，我的身體從來沒有自在感。長久以來，我的性取向也給自己帶來莫大的痛苦。我確信自己經過多生多世的輪迴，前世不是男就是女，如此換個不停，所以對自己的性別有困惑也挺合乎邏輯。

現在，要我去愛自己、接受自己，是件很困難的事。為了符合社會規範和性別認同，我給了自己很多壓力，常覺得自己受到歧視。至於感情生活，無論跟男人或跟女人相處都困難重重。如果能接受自己不尋常的天性，或許就能真實地將自己活成一個藝術家。不知為何，我就是缺乏勇氣。

彌：我收到相互矛盾的訊息。如果告訴你一件讓人非常不舒服的事情，你可以接受嗎？

安：沒問題，我已經準備好了。

彌哲敘述了一段安德魯過去生命中極其痛苦的經歷：

你是越戰戰俘，隸屬駐南越大使館。被俘虜那天，你出於好奇，跟著一群士兵出門，想有個新體驗。很不幸，就在那天北越發動襲擊，很多人被殺。你的腿部中彈無法逃脫，被關進監獄。他們認為你在大使館工作，一定掌握很多對他們有利的情報，所以不停地折磨你。你雖然願意配合，卻被關進一個很小的籠子裡，這對你造成了毀滅性的影響。

這個籠子被放在很深的地洞裡。一下雨，水就會流入洞內，你無法不讓自己泡在水裡。每當他們有問題問你的時候，就用鐵鍊把籠子拉上來。在地底的你只穿了一條短褲，四周透風的竹籠無法保暖，天熱時也沒有半點風能進來降溫。籠子窄小，你無法站起來，也無法躺下去，只能一直保持蹲著的姿勢。

為了保護自己、擺脫身心的痛苦，你失去了理智。你不明白他們為什麼要這樣對待你。所以當他們一次次質問你，企圖從你這裡獲取情報時，你一直跟他們說你不是軍人，對他們沒有威脅，也沒有對他們做任何不好的事。

他們給你的食物少得可憐，瘦到皮包骨的你看起來就像一具骷髏。你失去了對一切的渴望，生無可戀，最後就放棄了。兩年後，你在那個籠子裡平靜地死去。

你腿上的槍傷從沒被清理或治療過，那條腿因發炎而疼痛不已。他們常常好幾天「忘記」

給你食物或水，直到你死去。因為身體無法直立，與其活受罪忍受無盡的痛苦，還不如離開身體求得解脫。你死前歷經無休止的痛苦，死後有很長一段時間，你漫無目的地四處漂泊，尋求幫助。但每當有生靈或導師接近你，想要提供援助的時候，你總是因為太害怕而拒絕。最後，有位長得很像你父親的導師走向你，他以非常嚴厲的方式對你說：「你必須讓別人來幫助你，他們不是你的敵人，也不會傷害你。你需要幫助，否則只會繼續迷失、孤獨，那不會是你希望的。」

你開始哭喊：「爸爸……」卻發現他並不是你的爸爸，而是一位天使。他對著你微笑，把手放在你頭上，說：「我們實在沒別的辦法了。你誰的話都不聽，為了幫助你，只好現出你父親的形象，希望你會願意聽，願意接受幫助。祝福你！」你終於明白他們不是敵人，於是願意接受協助。

這一世，你仍然帶著迷失感，在這個身體裡很不自在，從小就害怕，不知該相信誰。無論跟任何人在一起，都要花很長一段時間才能信任對方，直到今天仍然是個問題。

在聆聽自己前世的整個過程中，安德魯都很沉默。這段故事讓他對自己有更深刻的認知，好像內心打開了一扇門。他和彌哲的對話如下：

安：我從小就膽小內向，任何身體的接觸都是無法想像的。

彌：你在練瑜伽嗎？

安：四十多年前，父親給了我一本瑜伽方面的書。因為對瑜伽的姿勢有熟悉感，所以看了以後就斷斷續續練習。然而，儘管知道練瑜伽對我有好處，我還是缺乏動力持之以恆。我缺乏常性，無法規律地練習，我太不穩定了。

彌：你對瑜伽的熟悉源於多世前的記憶。多練習能伸展肢體的瑜伽，對前世在越南受到的痛苦記憶或許是一劑解方。你刻意在做瑜伽時避免去感受身體的感受，是因為當年被限制在狹小籠子裡的痛苦記憶依舊讓你無法忍受。其實被你拒絕的感受，正是能治癒你的良藥。瑜伽動作能將你慢慢帶回體內，一點點增加到能感受自己的力量為止。出於某種機緣，你的父親能看到你的需要。他是一個敏感的人嗎？

安：我覺得他只是剛好從別人那裡拿到這本書，順手轉給我。

彌：他必定感覺到你需要回到身體裡去感受它的輪廓與界限，這樣能幫助你感知它的存在。你被禁錮在小籠子裡時，唯一自我解脫的方式就是脫離那個被禁錮的身體。在籠子裡待上好幾年，身體每一寸肌膚與筋骨都痛徹心扉，那種痛苦是不可思議的。有過那樣的經歷，自然不願意再去感受。

安：過去三十多年來他一直在幫我，但我對自己太沒信心，很難接受他的好意。

彌：這都是前世的業力。業力，不是惡有惡報，而是因為受到那麼多苦，至今還得努力讓自己從中解脫。要治癒自己，首先需要原諒施害的對方，以及受害的自己。

我想知道你為什麼不願意讓父親幫助你，有什麼原因嗎？

安：我對基督教或天主教都沒興趣，只喜歡東印度的宗教和哲學，父母因此批判我，姊妹和家人也都有所指責。為此，我決定不接受他們任何的善意。現在，父母和我試著成為朋友。我試著讓他們了解我的信仰以及我對事情的看法。前世對我而言是千真萬確的，但他們不願意聽，他們認為失敗者的想法不值得聽。

彌：你的父母的確無法理解前世的事情，就像盲人無法看見一樣。然而，你需要接受他們就是這樣的人。為了你，他們已經竭盡所能。你的父親可能感到自己做錯了什麼，認為有責任去幫助你。如果你也希望幫助他，就接受他給予你的幫助，讓他知道他的努力是值得的，不需要其他的改變。這同樣能讓你朝著自我肯定的方向邁出重要的一步。要明白：你父親對你的批評，是因為你的想法與他不同，而你對他的批評也是因為他和你的想法有所不同。那麼，誰能打破這個僵局呢？只有你自己，他是做不到的。

安德魯的轉變

安德魯接受了前世痛苦經歷的故事，也慢慢理解這種痛苦對他現在生活的影響。一年半後的訪談中，他描述了自己的心路歷程：

三十多年來，我對於業力和輪迴法則的存在從未懷疑，並且一直在深入探討。業力是一條普世的宇宙法則，涉及行為與後果的循環。然而，當我實際經歷業力的運作時，卻發現這並不容易理解。我常常自問：「為什麼有人會經歷如此可怕的事情？」或許我需要換個角度思考，某些能量是否有可能在多生多世之前被卡住，透過回憶那段經歷，才啟動了因果業力。儘管如此，當我聽到前世的故事時，仍然感到震驚。我仔細地聽，然後又重新播放再聽一遍。即使是第二次聽，心情依然沉重。之後的兩、三個星期，我都有些沮喪。

被困在小籠子裡的前世經歷太痛苦了。我清楚地意識到，自己將與前世相關的情感帶入了這一世。現在，我仍然有信任危機，甚至有時連自己都不相信。起初，我覺得陷入如此絕望的境地真的糟糕透了。幸運的是，我決定從業力的角度，採取積極且持久的方式，善用這些訊息，重新創造自己的生活。

前世的故事還描繪了死亡的過程，包括天使以父親的形象出現，才讓我願意接受並與其溝通，這個訊息也深深打動了我。隨後，我對越戰的歷史進行了一些研究，像拼圖一樣將事情的全貌拼湊出來。美國大約是在一九六五年介入這場慘烈的戰爭，但在美國參戰之前，越南的戰火早已燃起。

現在，距離我上次探究前世已經有一段時間了。我感覺自己比以前更平靜，並且覺得這份理解改變了我內心的一些觀點，現在我更能自在地保持這種心態。基本上，我該做的是原諒自己和他人，這已成為我人生課題的一部分。我在人際交往中經常會遇到困難，因為我非常敏感，總是留意到他人行為中的缺點，這讓我感到困惑，也難以接受。為什麼人們要以這種方式相處？這對我來說是很大的挑戰。如果我對宇宙有更多信任，就能轉念想：「哦，事情還不算太糟，一切都會好起來的。」漸漸地，我的心態變得更加平和，同時也繼續學習如何去接納更多人，我將堅持這樣的努力。

ADHD這個詞被用來形容某些人的性格特徵。經過多年的心理治療和測試，治療師告訴我，我的心理症狀可能源自於注意力不足過動症。那一年我四十四歲，這個診斷已成為我生活的一部分。根據我所展現的個性特徵，有些人認為我存在某種認知障礙，但我不會從病理的角度來看待這一點。過動症既是一種詛咒，也是一種祝福，對我而言，它是一份特殊的禮物。與我認識的大多數男性相比，我更能理解女性。然而，我也無法將傳統男性的角色扮演得很好，這並非簡單的好壞問題，而是取決於我如何運用這些特質。與年輕時相比，如今的社會對這個議題的看法已經有了很大的改變，男女之間的行為模式不再那麼僵化，反而有了更多表達個性的空間。

由於我的身心狀況和過動症，我經常成為父母的負擔。因為無法完全表達內心的想法，我或許有時把他們當作教育家或心理學家。在遇到困難時，我總會自問：「為什麼這種事情會發生在我身上？為什麼我不能更好地應對？為什麼我不能保持冷靜？」作為一個過動的人，由於經常感到不穩定，我對這些關於自己狀況的問題已有所理解。有時我感覺一切都很好，過了幾天舒心的日子。然而，一旦有人說了些什麼或做了些什麼，我的好心情就可能瞬間消失。如今，我正在學習如何放下與他人相處時遇到的困境，並且不斷進步中，多年的治療也對我幫助良多。

在前世，我不得不接受必須忍耐所有痛苦的殘酷現實。我意識到，只有脫離自己的身體、不去感受，才能熬過那樣的痛苦。或許我給人的印象是古怪或瘋狂，但這並不能準確描述我的本質。相反地，這種經歷讓我覺得自己與眾不同。它幫助我確認了一點：我可以做自己，也對自己有了更深入的理解。過去很長一段時間，我根本沒有勇氣做自己。現在依然會害怕被困住，比如在狹小的空間裡，我會立刻感到不適。在情感上，我也總是難以對人完全敞開心胸，因為我害怕被束縛，這些都是前世創傷的殘留。我不想被限制住，行動自由對我極其重要。

幾個月後，安德魯跟彌哲談起他深愛的女友雪莉，想要解決他們在相處時所面對的各種難題。曾經有一段時間，安德魯與雪莉，以及雪莉的兩個兒子像一家人一樣住在一起。當時她的兒子分別是五歲和八歲，安德魯非常疼愛他們，孩子們也都把他當作家人一樣親近。儘管安德魯和雪莉彼此深愛，但他們之間的誤會卻接二連三地發生。他想知道，他們的前世是否也存在著某些無法釋懷的糾葛。雖然他們遇到很多問題，但兩人之間的親密關係依然美好，充滿了愛與靈性的連結，兩人都覺得自己能夠滿足對方的需求。

彌：我一進入雪莉的能量體就感到呼吸困難，胸口像壓著千斤重擔。我無法確定這是不是恐懼，有時，恐懼和焦慮都會讓人感覺如此壓抑。雖然有這些情感的因素，但似乎還有其他原因存在。她認為自己應該對一切事情負責，生活對她而言更像是一種沉重的負擔。這種負擔有許多面貌：孩子的面貌、父母的面貌。這可能同時來自雙親，也可能來自仍然在世的一方，甚至來自你或與她相關的任何人，她對此感到非常矛盾。

她認為自己需要對你的快樂和幸福負責。她和你之間有一種拉鋸：「靠近一點，我是愛你的；離遠一些，我感到窒息。」從她的角度看，當你們在一起，變得過於親密時，她便不得不把你推開。然而，你渴望達到彼此敞開心胸、信任對方的親密程度，卻又發現一旦這種信任逐漸建立，她會再度將你推開。你們兩個都在各自的界線中拉扯抗衡，也都對親密關係恐懼，而且以不同的方式表現出來。

你要我看看你們之間的因果關係嗎？

安德魯同意請彌哲幫他了解和雪莉的關係：

這段前世發生在兩、三世以前。那時你在英國一家工廠的生產線上工作。十八世紀末的工廠機器很龐大。你因為曾在生產線上工作，所以升為主管。

那個時期你獨居，妻子因長期患病而去世了。她長年病痛纏身，最終死於肺癆，也就是現在所稱的肺結核。你經常做著同樣的惡夢，夢見回到家後發現妻子已不在世。因為無時無刻不在擔心著她的健康，你的生活幾乎圍繞著她打轉。然而，當時養家餬口的唯一方式就是不斷工作，所以你不得不天天外出工作。你在家時，她總會努力讓自己看起來好一些。但即使她對你微笑，你也能察覺到她的身體一天比一天虛弱，她也清楚自己時日無多。很不幸地，有一天你的惡夢成真，回到家發現她真的去世了。她把一張寫著「我愛你」的字條放在胸前，這樣你一回家就能立刻看到。

你的工作單位只給了你一天假。雖然深陷悲痛，你仍然不得不回到工作崗位上。之後，工廠來了一位叫安娜的新員工（也就是這一世的雪莉），她在生產線工作。你密切關注這個新人，確保她的工作沒有出錯。當時，你的情緒依然低落，沒有意識到其實自己被她吸引了。

有一天，一台機器倒下來，剛好壓住了她的手。儘管只壓到一根手指，但整根手指都變黑了，大家擔心她會失去那根手指。幸運的是，事故發生時，你在第一時間趕到現場，在她疼痛昏厥之前抱住了她，把她帶到辦公室安置好，立刻做了妥善的處理。這次意外讓你開始有機會進一步了解她。

她恢復意識後，常常哼著曲子，你問她為什麼這樣做，她說：「這樣能幫我止痛。傷口實在太疼了，如果不哼唱，我就只能尖叫。哼著曲調能讓我把注意力放在音樂上，而不是痛苦。」這個年輕女子以哼唱來緩解疼痛的方式非常特別，引起了你的注意。你心想：「嗯，看來這個方法對她的確有效。」

回家通常是你一天中最難過的時刻，因為家裡變得空蕩蕩了。以前不論妻子病得多麼嚴重，只要一回家見到她，你就會感到安慰和快樂。然而那天，你回到家，竟然發現自己也開始哼唱起來。很快地，你唱起了自己與妻子一起唱過的童年歌曲。

那個年輕女子因為受傷請了好幾天假。等到她終於回去工作的那天，你特地在她休息時告訴她：你學會了她的哼唱方法，讓你從失去妻子的痛苦中逐漸走了出來，這個方法對你幫助很大。

她也告訴你，她來工廠工作是為了要照顧寡居且無法自立的母親，而母親因為覺得自己是女兒的負擔，內心充滿愧疚。隨著你們愈來愈熟識，最終你決定搬去與她和她的母親住在一起，這對每個人來說都是好事。你不再獨自一人，她也因為你的幫助減輕了照顧母親的壓力，她母親的負罪感也因此緩解了不少。儘管生活依然有挑戰，但你們都感覺到在一起改善了彼此的生活。你重新找回了愛的能力，並且發現自己擁有的愛遠比自己想像的還要多。

這段與雪莉的前世經歷，點燃了你們今生的吸引力，也讓問題的根源更明確。彌哲進一步解釋：

> 你們之間最主要的問題在於對親密關係的限制，這是一種互相挑戰的模式。當她靠近你時，你覺得需要更敞開心扉以增強信任，但她卻因為感覺容易受到傷害而將你推開。你們需要找到一些方法來確認並尊重彼此的需求，才能促進關係的發展。當她需要保持距離時，應該盡量滿足她的需求，不要把她對距離的渴望看成是對你個人的攻擊。

一年後，安德魯對前世如何影響他的感情生活有以下的回應：

> 得知我與現任女友在前世也曾相處美好愉快，讓我感到非常安慰。我會告訴她這段前世故事，我相信她會接受的。因為她與我正好相反，所以我們相處起來偶爾還是會有困難。她對一段新感情總是充滿積極的能量，而我卻因為還未完全接受自己，害怕被接受，從而害怕受傷。如今，隨著生活中的責任與挑戰增加，我開始把這些看成是成長的機會，而不再是困難。我會繼續不斷地成長，對於前世經歷所帶來的洞見與學習，心存感激。

知足

天地我獨行

大膽堅信

完整圓滿的自己

所有問題
在提出的瞬間
就有了答案

反抗
如遠古的舊識
縱使走遠也不會被遺忘
她隨時可能
再度登門拜訪

我的杯子滿盈
我的心胸開放
我的根基深扎

過去都已過去
已被妥當歸檔

未來
在眼前積極展開
吾唯知足

感謝上帝
空洞平凡的我
滿載歡欣

——彌哲

〔工具〕接受未知

快樂過生活的訣竅之一，就是學會接受「未知」。

這是一個在我們進化與智慧增長過程中必須面對的重要考驗。是否能夠在不了解全貌的情況下，依然信任宇宙或上帝，並勇敢地繼續前行？是否能平靜地接受自己，接受我們永遠無法理解某些事？

我們對理解的渴望，有時會到強迫的程度，使得我們過於專注於外在世界。這往往會導致指責的行為，試圖尋找責任歸屬。與其如此，我們不如學會活在當下。當我們專注於當下，找到自己內心的平靜與無限的力量時，事情就會自然發生。透過練習和意念，我們可以在當下完成該做的事，走我們要走的路，並傳遞我們的真理。這種更深層次的信任，讓我們能夠做到「身處世間，卻不屬於世間」；這正是通往自我實現的必要步驟。

我對此深信不疑。因此，每次在讀取阿卡西紀錄前，都會先清空內心的思緒，放下對那個人原有的認知，全然專注於當下，打開心胸，接受來自宇宙的指引。這個過程經常帶給我遠超過個人感知或理解的洞見。

當你發現自己在嘗試理清某件事卻始終在原地打轉時，可以嘗試這個方法：在不給自己增加壓力的情況下，留意這場困擾你的衝突，感受它是如何讓你日夜思索、徒勞無功，並提醒自己要學會適時放手（參見第十七章的工具，第一九八頁）。

接著，請想像這個畫面：將困擾你的問題交給「永恆的懷抱」[註1]，或佛陀、聖母瑪利亞，或任何你所認同的無限存在或象徵，感受自己被這個無窮無盡的力量包圍和安撫。

接納「未知」的存在，將為你打開通往內在智慧的大門。

1 譯註：lap of the Infinite，意指被一種廣大、包容一切的力量所擁抱，這裡的「永恆」象徵著宇宙或神聖存在的無限性，是與終極實相的深刻連結。

Chapter 23
療癒創傷

〔工具〕能量大掃除

【麗莎，生於一九五九年】

麗莎在一所按摩學校教課，也是一位雕塑家。見彌哲時，她已與丈夫離婚。她訴說之前丈夫如何疏遠她，顯示夫妻關係的改變。那段期間，她經常夢到丈夫非常關注自己妹妹的一舉一動，對她有濃濃的愛意。這雖是她的直覺，卻仍讓她心神不寧，無法理解這是怎麼回事。當她向他問起時，他總含糊其詞：「別擔心，什麼事都沒有。妳只是有點嫉妒，冷靜點就沒事了。」她告訴丈夫，如果這種情況沒有改變，她就會離開。

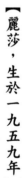

麗莎一開口，故事就如潮水般宣洩。她說：

事情就這樣突然浮出檯面。原來，他早就喜歡上我妹妹了，想和她談場戀愛。我實在受夠了。他卻抱怨說：「現在一切都毀了。」他說為了家人考量，他們不會有更進一步的發展。我當時就意識到是時候結束這場婚姻，而我也這麼做了。

我想了解為什麼自己對此事會有這麼強烈的反應，為什麼會發生這樣的事？我也想審視並釐清我和妹妹之間的關係。

在後來的幾次諮詢中，麗莎透過前世經歷，對因果循環、業障和果報有了深入的理解。以下是相關的前世：

這段前世的經歷發生在英格蘭北部或愛爾蘭，那裡的人民崇拜自然，屬於凱爾特人後裔的文化背景。妳與伊莉莎白（今生的妹妹）在這個女性部落中競爭下一任女性大祭司的領導地位。當時，部落中的長老女大祭司臥床已久，身體日漸衰弱，但她仍然掌握實權，在會議中扮演重要角色。她是妳們的老師，給妳們指導和建議。近一年來，她已經無法參加會議，但她依舊在部落會議中發揮重要影響力。有時妳或伊莉莎白會代表出席會議，並向她報告會議的進程。隨著她生命的逐漸消逝，新的領導者即將由她來決定。

然而，儘管長老有權挑選新任女性大祭司，最終的批准權卻掌握在男性大祭司手中，而這位男大祭司正是你今生的丈夫。每年春分前後的月圓之夜，部落會舉行一場生育儀式，男女齊聚，透過神聖的性愛儀式祈求豐收與生育。孩子雖然也可以從婚姻中誕生，但這些儀式孕育的孩子被認為擁有特別的天命，未來將成為祭司與女祭司。

在老師的心目中，妳是最適合擔任下一任女性大祭司的人選。她私下將這個消息告訴了妳，並希望妳能為這個角色做好準備。然而，她並未告知伊莉莎白，這讓妳在這段前世中背負著與今生妹妹之間的某種微妙張力。

這個春分集會吸引了來自四方的人，場面盛大且莊嚴。作為部落的核心儀式，所有人都期待著新任女祭司的揭曉。大祭司了解妳和伊莉莎白的能力，並且知道長老早已選中妳作為接班人。然而，典禮開始時，大祭司的決定讓所有人都震驚不已，他選擇了伊莉莎白成為新的女祭司。

這個決定讓妳心如刀割，妳的情緒難以平復。伊莉莎白也同樣感到錯愕，她深知這個職位需要大量準備，卻從未得到任何指引，所以早已認為這個位置屬於妳。兩姊妹都被這突如其來的局面打亂了節奏。儀式進行了整晚，妳的心忽冷忽熱，內心充滿了疑惑與痛苦，身體和精神都處在極大的壓力下。

大祭司似乎感覺到了妳的困境，儘管他選擇了伊莉莎白，但在妳徘徊於崩潰邊緣時，他伸出手時不時以微妙的方式傳遞能量，幫助妳穩定情緒。妳幾次幾乎要昏厥，但他的支持讓妳得以堅持下來。由於妳對新職位的準備已經如此周全，強大的意志力最終幫助妳克服了內心的煎熬。儘管如此，這次經歷仍然讓妳感到迷茫失落，妳不知道如何面對成為新任女祭司的伊莉莎白，也不知該如何繼續生活。

一、兩個月後，妳開始看到伊莉莎白作為新任女祭司的掙扎。她雖獲選，但未曾做好充分準備，讓她肩負重任時顯得吃力。在這段時間裡，妳大多數時候都陪伴在老師身邊，她的生命力在快速消逝。慢慢地，妳意識到，若當初妳真的接任女祭司，便無法在她最後的日子裡陪伴在她左右，這份陪伴帶給妳莫大的慰藉與感激之情。

在老師生命的最後階段，她依然保持著清醒的意識，並且為妳留下了最後的教導。這段經歷讓妳明白，有時命運的安排雖然讓人痛苦，但總有其深層的意義，帶領我們走向更高的智慧與理解。

一旦克服了最初未被選中的震撼，妳開始接受大祭司的決定。儘管內心深處依然感到不解和痛楚，每次見到大祭司或聽到他的消息時，妳都會有強烈的衝動想要問他：「為什麼？

為什麼？為什麼？我的老師認為我是最佳人選，為什麼你不這麼認為？」然而，這個傷口太深，妳從未鼓起勇氣親自向他提出這個問題。

大祭司臨終時，把妳和妹妹伊莉莎白都叫到了身邊。他先對伊莉莎白說，她已經證明自己有能力承擔女祭司的責任，並且做得非常好。但他也明白，妳們姊妹都好奇為什麼選的是伊莉莎白，而不是妳。他說：「我無法給出一個能讓妳們滿意的解釋，我是依照內心的指示去做的。」大祭司堅信他的決定是正確的，因為妳在這段時間裡肩負了其他責任，並成為伊莉莎白以及整個部落最強而有力的後盾。

妳不得不極力壓抑內心的震驚和失望，但妳寬宏大度地處理了這件事，克服了內心的掙扎，留在妹妹身邊幫助她走過困難時期。妳時常思索：「如果我是女大祭司，妹妹是否能像我這樣支持我呢？」在大祭司（如今是妳的丈夫）臨終前，他深情地對妳說：「妳在處理這個情況時，展現了無比的堅強與韌性。有一天，當妳承擔重任時，妳將成為一位真正偉大的老師。妳不必擔心再一次被犧牲或忽略，那一天很快就會到來，因為那個位置本來就是屬於妳的，這是妳的命運。」

十年後，妳的妹妹看起來像是中風或患了腦瘤，她的思維已經無法清晰地處理事務。在她錯誤連連、處理事情混亂不堪的情況下，部落中的多數女性最終投票將妳提拔為女祭司。然而，妹妹依然有一群忠誠的追隨者，即便她明顯無法勝任職位，她們仍堅信只要耐心等待，她就會恢復健康，重新領導。因此，這群追隨者開始算計妳，最終策劃對妳下毒，試圖除掉妳。

妳的食物裡被偷偷加入了某種草藥，毒素慢慢侵蝕妳的身體。大約兩、三個月後，妳愈來愈虛弱，病情逐漸加重，無法再履行妳的責任。對部落中的女性來說，這段時間是一個動盪的時代。與此同時，羅馬人也入侵了這片土地，試圖瓦解這些古老的團體。妳擔任女祭司的時間非常短暫，因為她的追隨者不願讓妳繼續掌權。

有趣的是，這場毒害的陰謀並非妳妹妹的主意，她也並未參與其中。其實，如果她的追隨者曾經詢問過她的意見，她會立刻阻止這個計畫，因為她非常清楚，自己已經無法勝任領導的職位，也無力掌控所有事務。

回顧前世與今生之間的三角關係，大祭司在那一世選擇了妳的妹妹而非妳，卻不明白自己為何那樣做。他完全是憑直覺行事，並無具體的理由。然而，這讓妳感到被背叛，內心反應激烈。即便如此，妳最終還是證明了自己的能力，展現了強大的韌性。無論面對多大的失望，妳都能堅強承受，並且在危機中恢復，完成了大家對妳的期待。

接下來發生的事情讓妳措手不及。當妳首次感到身體不適時，便懷疑自己可能中了毒，因此吃東西時格外謹慎。然而，她們的計謀相當巧妙。伊莉莎白在春天正式就任，等到秋天妳接替她的時候，正好是收穫季節。她們忙著採摘蘋果，製作大量的蘋果汁和蘋果酒，餐桌上新鮮的蘋果汁成了每天的日常飲品。

部落中有一個古老的露天帳篷，帳篷內放著一台公用的蘋果榨汁機，大家都能親眼看到果汁的製作過程。由於這是公共設施，每個人都可以隨時查看它的使用情況，這讓妳從未懷疑過果汁的安全性，也沒有想過要檢查自己用的杯子。她們的計畫正是利用了這一點。她們在妳專用的杯子內壁，塗上了一種無色無味但毒性極強的草藥混合物。這個混合物完全透明，當它混入果汁後，果汁就成了致命的毒蘋果汁。

妳喝下這種毒蘋果汁後，會感到異常口渴，會不由自主地喝下更多的毒果汁。最終，大家發現下毒的凶手竟是負責清洗餐具的人。這個精心策劃的陰謀讓人無從察覺，即便有人懷疑，也很難發現任何異樣，實在防不勝防。

彌哲繼續詳細地解釋了過去生命的含義以及對當下的重要性：

當今生發生類似的情況時，妳難免會感到無奈和憤怒，心裡可能會想：「拜託，這太過分了！鬧夠了沒有！」然而，在這些情緒的背後，其實隱藏著深層的恐懼。前世中，妳無法查明自己生病的真正原因，而今生，雖然不曾真切感受到有人會威脅妳的生命，但內心深處依然有種揮之不去的恐懼：「接下來會發生什麼事？會是危險嗎？我會有危險嗎？」這種恐懼其實遠比表面上的情緒更嚴重。妳感到丈夫輕蔑，是因為妳曾經直接向他表達他的行為對妳的影響，但他依然故我，毫不在意妳的感受。權力掌握在他手中，妳無法改變這種局面。

這樣的局面讓妳感到被玩弄和無力，因為他一再選擇妹妹而非妳，即便他並沒有真的與她在一起，妳的情感仍在這樣的情境中被拉扯。在前世，他可能沒有這樣對待過妳，但今生他選擇與妳疏離，對妳造成了毀滅性的打擊。他或許認為妳打算離開他，因此試圖用嫉妒來把妳拉回婚姻初期那段甜蜜的時光。然而，透過分居，妳對這段關係的理解變得更加清晰。儘管他傷害了妳，失去了妳的信任，但他仍然告訴自己，也告訴妳，自己並未做錯任何事。他未能認識到自己對妳的依賴程度，也未能理解妳的成長和變化。

關係中的一方發生了重大變化，舊有的情感模式自然會被打破。妳的獨立讓他感到不再受重視，讓他覺得妳已經不需要他。但事實上，妳希望他能夠與妳在一個更成熟、更獨立的層面上相遇，建立新的情感連結。不過，他無法在這個層面上與妳共鳴，於是，他嘗試把妳拉回過去的情感模式裡。這種錯位的情感需求，最終加深了妳們之間的隔閡。

妳與丈夫相伴多年，然而他的行為已多次動搖了妳對他的信任，尤其是他與妹妹之間的事情，更深刻地傷害了妳的自信和自我價值。這讓妳開始懷疑自己是否依然可愛，是否仍然值得愛。但經過這些艱難的經歷，妳已經學到了許多重要的課題。如今，妳能夠更清楚地看見那些自我懷疑的部分，並逐步開始療癒。

此外，妳作為母親的角色也已經逐漸結束。妳的孩子們正各自走上自己的道路，雖然妳對他們的成長感到欣慰，但同時也懷念他們曾經需要妳的那段時光。母親這個角色曾經是妳人生中的一部分，而現在，妳不得不面對這個角色逐漸退場，這讓妳不禁開始問自己：「現在的我究竟是誰？我是否還能繼續扮演母親的角色？我的下一步是什麼？」

這樣的情感變化正是「空巢症候群」的一部分。隨著孩子們逐漸獨立，妳開始重新審視自己，並感受到複雜的情緒。雖然妳有時仍能在某些方面幫助他們，但情況已經不同，他們已經不再依賴妳，這也是妳該學會放手的時候。

這段前世的經歷曾經動搖了妳的信心，但妳每次都能夠更快地恢復過來。不到一年，妳已經比以前更加堅定和自信。妳曾經賦予他太多權力來影響妳的情感和生活，而現在，妳正學著與自己和解，學會如何在不依賴他人認可的情況下找到內心的平靜。

麗莎的轉變

麗莎描述了看前世對她的影響，以及自己生活上的改變：

面對丈夫和妹妹之間的情感背叛，我內心極度震驚與絕望，也意識到某些深層的東西破碎了。這樣的痛苦驅使我下定決心，從此一切都必須不同。一股來自靈魂深處的強烈抗議聲提醒我「再也不要這樣了！」這是我忍耐的極限。

那段時間，我處於生存模式，在家裡，我毫無安全感。我和他幾乎無話可說，而且那段時間我的工作量很大，該做的事還是得做。為了避開那仍然住在家裡的丈夫，我搬去跟朋友住在一起。夜裡，我常常從不安穩的睡眠中驚醒。醒來，常感到口渴異常，好像快要脫水而死。這些感覺讓我意識到，過去那段被蘋果汁毒害的前世記憶正在重現，過去的創傷隨著現實中的巨大壓力再次被喚醒。雖然這次不是身體被殺死的感覺，但我同樣感到無力保護自己，這成為我不信任他人的根源。

我曾經渴望與丈夫忘記過去，一同展望未來，尤其是在孩子們都已獨立的時候，我希望能與他建立更深的親密關係。然而，這段希望因丈夫與妹妹的背叛徹底破滅，我所有未來的計畫被毀掉。這場危機讓我經歷了深刻的覺醒，使我有力量擺脫舊有的行為模式，並重新審視自己的人生，從一個更清晰的視角中看待這一切。

這段經歷賦予我更多的決策能力與行動力，並幫助我發展出更真實、更加獨立的生活方式。我的健康狀況逐漸穩定，重新找回了工作的動力和創作的熱情。我對這些因果業力的記憶感到感激，它們帶來智慧，使我的靈性連結更加緊密。

最重要的是，這段經歷促使我內心的舊傷口開始癒合，讓我有了深刻的領悟，並準備好迎接人生的下一階段。我已經從這些挑戰中重生，以更加堅韌和覺知的姿態，走向屬於自己的未來。

有了全新領悟的麗莎，敘述了她與妹妹今生的故事：

在認識未來丈夫前，我和妹妹同在一家公司上班。她後來和家人租了一間公寓，而那間公寓是我與丈夫共同擁有的。我們在同一個社區裡生活了十年，回顧這段時光，我漸漸意識到，我和妹妹之間如此親密的關係其實非常不尋常。在這麼長的共同生活裡，我們從未有過嚴重的矛盾或意見分歧，彷彿我們之間有一種不言而喻的默契。我們總是一起分擔家務，互相幫助照顧孩子。

多年前，我曾諮詢過一位治療師，她曾問我：「妳有妹妹嗎？在妳和妹妹的關係中，妳是否有機會真正照顧到自己的需求？」她告訴我，她看到我和妹妹在前世曾經是連體嬰，而這種關係延續到了今生，深深影響了我們。為了讓我們能各自獨立自主地生活，擺脫彼此過度依賴的模式，在治療師的幫助下，我透過一場儀式釋放了這些能量。

儀式結束後，我開始體會到這個過程對我的影響。直到那時，我才逐漸從那種曾經成為自我形象一部分的能量中分離出來，讓我能夠更清晰地感受自己的需求。這股長期存在的能量，讓我無法真正認識自己。隨後，我開始研究有關連體雙胞胎的資料，也觀看了相關電影。每次觀賞這些內容時，我都被深深觸動，並愈發好奇。直到有一天，我回顧了自己的前世經歷，才終於明白其中的原因。

那一刻，腦海中彷彿有一道閃電劃過。我想起一九八七年時，我和妹妹參加了一個藝術工作坊。我們在那裡創作了一幅大約六英尺長、三十英尺寬的畫作。我們在一個大型藝術工作室的地板上畫了整整兩個星期，畫作中出現了各式各樣的形象，而最詭異的是，最後居然出現了一個雙重生物的形象。我們從畫作的左邊畫到右邊，而這個連體雙胞胎的形象自然而然地出現了。

當我將這幅畫作拿出來，在家門前鋪展開來時，我簡直不敢相信自己的眼睛！我和妹妹共同創作，並不知道對方在畫什麼。然而，這幅完全憑直覺創作的畫，竟然如此清晰地展現了我們潛意識裡的圖像，這種神祕的感覺令人震撼。我的治療師對這幅畫的內容一無所知，但畫作卻揭示了我們內心深處的連結。

當時，妹妹已經搬出去住了。然而，就在發現那幅畫後沒過幾天，她居然一大早來到我家。這種情況在她搬走後從未發生過。她告訴我，她有一種強烈的衝動想來看看我。

我能感覺到，她的到來並不是偶然，而是給了我一個機會，讓我向她解釋那幅畫背後的意義。於是，我向她說明了我們前世是連體雙胞胎的因果關係，並解釋了為什麼我們會在今生共同生活這麼久。我告訴她，我們之間曾經有過牢不可破的連結，這種連結現在終於解開了，因此我們都可以開始過獨立的生活。我認為她在這段輪迴轉世中並沒有完全參與，但她靜靜地聽著，沒有多說什麼，似乎接受了我所說的話。

在她和丈夫產生感情之後，我與丈夫分開了。走過那段經歷，我感到有必要再次向彌哲請求進一步的解讀，針對我和妹妹作為連體雙胞胎的前世深入探索。我希望透過這次解讀，能夠更加清楚地理解我們之間的關係，並對那段前世有更深入的領悟。這種渴望，不僅是為了回應過去的創傷，也是為了更充分掌握今生的情感和成長。

聽到麗莎的要求，鮮明的畫面立刻展現在彌哲眼前。她開始描述：

我看到妹妹的一條腿似乎被隱藏起來，呈現出瑜伽雙盤坐的姿勢，但實際上那條腿是被拉進她的身體裡。妳們兩個人只有三條腿，她的那條腿在體內失去了功能。沒有妳的存在，她感到殘缺，因為失去的第四條腿是她的，是長在她體內的。妳們的身體在軀幹的部分是相連的，如果將妳們分開，妳將會是完整的，但她就會變得殘缺。

如今妳能獨立自主，但她卻覺得自己無法做到，即使現在也是如此。如果她能和丈夫在一起，他就能支撐她、幫助她，讓她感覺自己仍然是一個完整的人。仔細觀察可以發現，她無法展開那條腿，只能依靠另一條腿跳來跳去。自從她離開妳之後，她從未真正感受到平衡。是妳給了她平衡的感覺，但妳並不依賴她，妳可以走自己的路。

即使妳喜歡她在妳的生活中，但這並不是妳的必需品。對她來說，妳卻是不可或缺的，這正是她對妳感到憤怒的原因。因為妳帶走了讓她感到完整的東西，所以她試圖用妳的丈夫來填補那個空缺。這種情感的糾葛，不僅反映了她的依賴，也揭示了妳們之間深刻而複雜的關係。

一旦麗莎對前世鮮明的圖像有更深刻的體會後，她開始理解此事的意義和重要性。彌哲繼續說：

妳的丈夫喜歡有被人依賴的感覺。隨著妳逐漸獨立，他愈來愈覺得自己無所作為。儘管他能把房屋內外整理得井井有條，但妳卻已經不再需要他的幫助。事實上，他和妹妹在生活中都比較依賴妳，妳卻沒有意識到這一點。因為妳專注於自己的生活，只顧哼著歌，享受著一帆風順的日子。

這正是當女性開始掌握自己的力量時，常常會面對的困境。妳其實不那麼需要他們，反而是他們更需要妳。妳愈是關心他們的快樂，妳自己也會愈快樂。因為妳愛他們，願意與關心的人分享妳的生活，但妳並不真正依賴他們，這之間的區別值得深思。

在那一世，妹妹的腿彎折在身體裡。她很瘦小，這種感覺至今仍然存在，彷彿永遠缺少了一隻能夠穩定站立的腳。她找不到平衡點，需要有人依靠，才能感到完整。如果讓我來幫助她，我會努力讓她把那條腿拉出來，讓它健康成長，提供她所需的平衡。這或許也是她練習瑜伽的原因，因為這是一種試圖尋找平衡的方式。

妳的丈夫內心有著兩種衝突的情緒。一方面，他努力控制自己的衝動；另一方面，他也感受到強烈的破壞慾望。他甚至會有毀掉整個房子的衝動，以此來報復妳。幸好，妳現在有朋友陪伴，這讓妳感到相對安全。如果他行為失控，至少妳的室友會出面幫妳，幫助妳處理情況。她無所畏懼，妳也激發了她身上的「守護者」能量。

當妳的丈夫神智清醒時，他還算理性；但現在，他大半時間的精神狀態都不穩定。他不放棄做瑜伽，這是他試圖控制自己過激行為的一種方式，避免對妳造成傷害，因為他其實並不想傷害妳。

當妳的丈夫跨出下一步，搬到另一棟公寓去住時，妳就會知道危機已經過去了。他隨時可能會這樣做，但目前仍然在危機之中。對他來說，最好的情況就是不再去妳那裡。這也解釋了為什麼他總是去酒吧喝酒，或者拜訪朋友。到目前為止，他還能控制住自己，並且更積極地考慮開瑜伽課授徒。一旦他找到另一個女人，他的注意力就會集中在新的目標上，屆時妳會感到更加安全。因此，現在妳需要確保周圍有良好的防衛機制。

如果妹妹與他建立真正的情侶關係，她的生活將會被全盤打亂，這並不是她真正想要的。她想回頭依賴妳，但妳不應該允許她這樣做。她只能把妳的丈夫當成妳來依賴，因為她覺得自己無法獨立。

妳可以幫助她，但必須尊重她的意願。如果她願意接受妳的幫助，妳就能讓那條彎曲在體內的腿放鬆、拉直並進行治療。如果情況不允許妳在清醒時跟她交流，還有一種有效的治療方法，可以在妳入睡時進行（參見第十四章的工具，第一六二頁）。

睡覺前，給自己一些指示，告訴自己在睡眠狀態下該做什麼。對自己說：「我要我的指導靈和她的指導靈溝通，一起幫助妹妹伸展那條腿。如果那是她想要的，就讓那條腿在地上站起來，這樣她就能平衡，能夠獨立。」讓這份心意成為妳送給她的禮物。

別讓他人的所作所為
粉碎你內在的安寧

——達賴喇嘛

與靈性融合愈深，愈遠離輪迴戲碼。
隨靈魂覺醒之光淡出角色扮演。
靈性即覺知。
只有擁抱愛才能告別小我，
讓靈性飛躍昇華。

——拉姆．達斯

〔工具〕能量大掃除

我們都希望自己的居住環境能成為一個寧靜的庇護所，這可以透過確保住宅能量的乾淨和明朗來實現。良好的能量應該像海風一般清新純淨，讓人備感舒適。

由於婚姻即將結束，麗莎曾經在高壓的環境中度過了一段漫長的時間。當家裡發生重大情感事件時，無論是家庭成員的死亡，伴侶之間的爭吵，甚至只是幾天的緊張日子，都有必要清理居住空間的能量。這樣可以幫助你重新建立一個清新、祥和的空間，讓過去不好的經歷留在過去。

這裡介紹一些清理能量的方法：

1 **室內大掃除**：包括清潔地毯和沙發面料，吸塵或清洗地板和牆壁，可以清除黏附在這些物質表面上的所有負能量。

2 **燃燒鼠尾草或祕魯聖木條**：點燃之後把火焰吹滅，帶著煙走遍屋內每個角落，這樣可以消除所有仍在屋內四處流竄的負能量。在某些健康食品商店裡可以買到這些木條，並附有使用說明。

3 **燃燒酒精和瀉鹽**：這是我最愛的方法。在二手商店買一個輕便的長柄煎鍋。煎鍋裡放兩把瀉鹽（Epsom salts，天然的礦物鹽），倒入適量消毒酒精，將瀉鹽完全覆蓋，酒精比瀉鹽略高一點。點燃酒精和鹽，高高舉起，遠離自己，小心地走在房子四周，讓它燒掉所有負能量。最後把煎鍋放在地上的一條毛巾上，讓它完全燒盡。家裡的空氣將會感覺像在森林或湖畔一樣新鮮純淨。

4 **海邊或森林散步**：去海邊或在森林裡散步時，會感覺神清氣爽，因為流動的海水和生長的植物會釋放對人體有益的負離子，而負離子能中和損壞細胞的自由基，活化細胞的新陳代謝，增強免疫功能，淨化血液，平衡自主神經系統，促進深度睡眠和健康的消化系統。然而，正離子來自各種機器，比如汽車和電腦，具有相反的效果。家中的植物、小型噴泉或空氣負離子淨化器，將為你的庇護所提供新鮮健康的氛圍。

5 **用蠟燭或鮮花創造寧靜的氛圍**：在屋內清潔完畢後，為了創造一種寧靜、令人振奮的能量或更高頻的振動，不妨點上喜歡的蠟燭或香，再擺些鮮花，播放你最喜歡的冥想音樂或輕柔的古典音樂，盡情享受吧！

Chapter 24
家庭衝突

〔工具〕新典範

【卡洛，生於一九六三年】

卡洛是從事職業訓練工作的社工，兩個孩子都已成年。她在進行前世回溯時突然淚流滿面，卻無法理解為什麼，因為她當下並不感到悲傷。她覺得自己被家族的牽絆深深困住，極力想擺脫這種束縛，內心始終將自己視為「沒有人要的醜小鴨」。

彌哲溫柔提醒她：「別忘了，變成天鵝的正是那隻醜小鴨！」

卡：我不能再這樣下去了，我必須放下心中的痛苦，必須治癒自己。現在，我正與家族成員鬧糾紛。爸爸去世後，媽媽病了，我和姊姊們共同繼承了一片環境優美的度假區，裡面有幾棟公寓。我是唯一希望買下其中一間用來度假的人，將來也想搬進去住。但不知為什麼，我總是擔心這個願望無法實現。我的兩個姊姊對此毫無興趣，這讓我感到無能為力。我只想從這種痛苦中解脫，找到內心的平靜。

彌：姊姊們有打算出售這些房產嗎？

卡：她們只想保持現狀，不願意把公寓賣給我，總是和我對立。

彌：妳真的認為自己是家裡最醜的那個嗎？還是這其實是妳姊姊們的看法？

卡：小時候一直就是這樣的感覺。

彌：她們不覺得妳很漂亮嗎？

卡：我覺得我不只有一個媽媽，兩個姊姊的作風讓我覺得自己好像有三個媽媽。我其實跟家裡的其他人都不一樣。對於這件事，妳是怎麼看的呢？

彌：我看到一個承受了許多苦難的人，妳在這個家庭中找不到自己的位置。妳們姊妹之間經常吵架嗎？

卡：她們彼此不會吵架，卻會聯合起來欺負我，我不想再忍受這種對待。

彌：妳們之間有什麼樣的爭吵呢？這樣的行為模式似乎現在也反映在妳們的財產糾紛中。

卡：我真的很想在度假區買一間公寓，但她們毫不考慮我的想法就直接拒絕了。她們總說我是家裡最吹毛求疵的人，關於這點，她們可能是對的。

彌：這是她們出於嫉妒的看法！事實上，妳的認知與她們的說法恰恰相反。因為妳是家裡年紀最小的孩子，從小就受到更多關注，她們覺得妳是最可愛的那個，但也認為妳被寵壞了，總是有求必應，最後她們不得不接受妳不想要的東西。她們故意貶低妳，這是為了讓自己感覺更好。其實妳的媽媽應該保護妳，她本應阻止她們這樣對待妳。不過，我不知道妳媽媽當時去哪兒了。

卡：媽媽心裡也有很多痛苦。我放學回家時，經常看到她一個人坐著哭。我比姊姊們年紀小得多，經常不是自己一個人在家，就是和痛苦不已的媽媽待在一起。

彌：妳有一位憂鬱的母親，這種情況在某些方面比沒有母親更糟。更糟的是，妳還有嫉妒妳的姊姊們，她們總是指使妳做事，告訴妳該怎麼做，這讓妳感到非常困惑。因為妳總是孤身一人，沒有力量對抗她們。房子是在妳媽媽的名下嗎？

卡：房子屬於我們三個姊妹。我想透過繼承來和平解決這個問題。

彌：請記住，因為妳在小時候感受到過虐待，所以一直覺得自己像是一隻醜小鴨。現在這些痛苦浮現出來，目的是讓它們得以治癒。當時的痛苦持續干擾妳，讓妳無法獲得所需的能量，無法按照自己的方式去創造理想的生活。我有一個奇怪的問題要問妳：「妳愛妳的姊姊嗎？」

卡：我想去愛她們。

彌：當妳還是孩子的時候候，妳愛過她們嗎？

卡：那時我很喜歡大我十二歲的大姊，她像媽媽。我討厭二姊，有時真的受不了她。

彌：所以，妳很清楚自己對大姊有某種感情和愛。如今還是這樣嗎？

卡：現在很難了。她們倆現在走得很近，我跟她們已經很久不聯絡了。自從我問她們是否可以買下那個度假區的一間公寓後，我給她們打過電話，態度很有禮貌，也寫了非常友善的信，但她們的回覆卻很冷漠無情。

彌：房子的問題讓妳回想起了童年的痛苦，讓妳再次感受到自己像個受害者，遭到姊姊的欺凌。妳可能也知道，當初妳母親並不打算再要一個孩子，她不想要妳。

卡：是的，我知道這件事。

彌：妳母親可能把這個想法告訴了妳的姊姊們，所以妳一出生就面臨著許多冷漠的對待。現在我們做一個大膽的假設。如果最後出生的嬰兒不是妳，而是妳的大姊，妳母親還會同樣不想要這個孩子嗎？

卡：是的，沒錯。

彌：每個人都覺得母親不愛自己，但妳卻成了代罪羔羊，承受了所有的負面情緒。這些情感被強加於妳，沒有人因此而快樂。我們再來做一個假設：如果妳在出生之前就已經知道妳會出生在這樣的家庭，妳覺得這個環境對妳有什麼好處？為什麼會選擇這麼困難的家庭呢？

卡：如果不是因為前世的因果，那就是我能在這裡學到我需要知道的道理，從中成長，日後能幫助處於類似情況的人。

彌：妳能在這樣的認知中找到一些平安與喜樂嗎？

卡：是的，但這依然讓我很心痛。這件事讓我非常傷心，我一直困在這個情境中，無法走出來。

彌：我認為妳已經取得了很大的進步。即使心中充滿悲傷，妳仍然能夠客觀看待這一切，將自己與事件分開。當我問妳「為什麼選擇這個家庭」時，我的腦海中浮現出四個字：「心懷慈悲」。妳選擇這個家庭，經歷了痛苦、被姊姊和母親傷害，這其實是要妳從對自己仁慈開始學習，這是妳選擇這段旅程的原因。

卡：我現在還做不到，我必須學習。

彌：當妳發現問題並想要解決它們時，慈悲心就會隨著時間逐漸增長。慈悲心是治癒過程中的一個重要成果。讓我們來看看這之間的因果關係：姊姊們在妳出生之前就聽到了母親不想要這個孩子的話，甚至說過「我要把這個孩子送人」。同時，妳的母親因為這種想法而感到內疚，於是給了妳特別的關注，這讓姊姊們感到嫉妒。對自己仁慈一些吧！每次哭泣，其實都是在轉變內在的能量。

卡：我曾經有很長一段時間都在哭泣。

彌：那是妳需要的釋放方式。哭泣能幫助妳釋放成長過程中的悲傷、痛苦和困惑。

以下是彌哲看到的前世：

背景是在第一次世界大戰期間、比利時某個村莊的一間孤兒院。戰爭結束後，許多孩子無家可歸，流浪在城市街頭，忍受飢寒交迫。這間孤兒院像是一座巨大的城堡，坐落在山腳下，裡面住著三、四百個從幼兒到青少年的孩子。

我發現妳正盡力照顧三、四個無血緣關係的孩子，非常關心她們。妳找到了一個街頭的避難所，竭盡所能餵飽她們，幫助她們生存下去。妳教她們如何在群體中互相分享，如果有人偷了麵包，妳也會要求她們將麵包帶回來，讓每個人都能分到一些。這是關於團結與分享的學習過程，因為這些孩子都處在生存模式中，一旦有食物就會想獨占。

這種家庭和團體的歸屬感對妳來說非常重要，因為妳自己也失去了所有。當時妳稍微年長一些，曾經有一個關心妳的家庭，在那個家庭中度過了較長的時間，確保了妳有足夠的食物。然而，戰爭改變了一切。有一天，妳從學校回家，發現家和父母都消失了，因為一顆炸彈摧毀了妳的家。剛開始，鄰居們幫助了妳一段時間，但最終妳不得不學會自己生存。

我看見許多卡車緩緩駛過城市，對著街頭的孩子們呼喊：「我們可以提供一個住的地方。」妳對他們的話充滿懷疑，於是悄悄跟著一輛卡車，觀察他們如何把孩子們接走。但即便如此，妳仍不相信自己所見的一切。直到有一天，妳看見那輛熟悉的卡車上坐著一個妳認識的孩子，她坐在前排，幫忙接送那些還想去的孩子們。妳問她：「他們把妳帶去了哪裡？」她描述了鄉間的一個地方：「那裡有足夠的食物，每個人都有新衣服穿，一張真正的床，還有枕頭。」

聽到這些，妳終於放下心中的懷疑，心想：「好吧，我可以相信他們了。」於是，妳帶著一直照顧的幾個孩子一起上了卡車，來到了孤兒院。當時妳大概十三、十四歲，那四個孩子都比妳年幼許多。孤兒院的工作人員非常善解人意且有經驗，仔細詢問了妳的情況。當得知妳們有五個人時，他們特地為妳們安排了一個地方，讓妳們能夠暫時待在一起。他們解釋，通常孩子會被安排與同齡人一起生活，但因為妳像是這些孩子的母親，所以他們破例讓妳們住在一起一段時間。

妳在孤兒院待了一年，繼續照顧妳從街頭帶在身邊的四個孩子。她們對妳依賴甚深，這讓孤兒院的管理人員感到擔憂，因此最終將妳們分開了。每個孩子都被安置在其他同齡孩子中，而妳則被安排與年齡較大的青少年住在一起，這樣又持續了一段時間。即便如此，這些孩子依然每天來找妳，黏著妳，不願離開。

人們開始來到孤兒院，大多數是來收養孩子，也有一些來為年長的孩子提供工作機會，幫助他們在社會上立足。然而，孤兒院的管理者對這些安排並不熱衷。他們對讓孩子外出工作的做法感到擔憂，但由於孤兒院是政府資助的，管理者不得不配合政府的政策。政府認為，讓孩子們離開孤兒院，無論是被收養還是進入企業工作，都是幫助他們自力更生的重要一步。而且，每當一個孩子離開孤兒院，新的孩子就可以進來，騰出更多空間。

看著那些曾經由妳照顧的孩子們，妳下定了決心：「她們會沒事的。沒有我，她們也能過得很好，這裡有很多人可以照顧她們。我該去找一份工作了。」這對妳來說象徵著自由。自從進入孤兒院以來，妳一直在思索未來的路：「我將來要做什麼？」這個問題讓妳非常焦慮，特別是因為孤兒院沒有為孩子們提供任何教育機會。雖然妳自己已經學會了讀書寫字，但這些孩子都沒有上學的機會，這不是妳能解決的問題，妳感到無力和痛苦。

最後，妳接受了一份工廠的工作，但那份工作不如預期。工廠的工作環境惡劣，與妳原先想的差距很大。妳住在工廠樓上的一個大房間，與五十個女孩擠在一起，床鋪一張挨著一張。每天從早到晚都得辛苦工作，生活非常艱難。工作了大約一、兩個月後，妳心想：「這樣下去沒有未來，我得離開。」決定計劃逃跑。最終，妳在一個家庭裡找到了一份更好的工作，負責照顧他們的孩子。這些孩子都會去上學，家長還鼓勵妳一起學習，讓妳有機會繼續接受教育。這份工作比工廠的生活改善了許多，讓妳重新看到了希望和未來。

妳留在孤兒院的四個孩子中，有兩個是妳今生的姊姊。她們至今仍對妳心懷怨恨，因為當年妳在孤兒院時選擇悄悄離開，沒有告訴她們。當時，妳不敢當面說出妳要離開的決定，於是選擇在半夜偷偷走了。妳只告訴了一名孤兒院的工人：「請告訴那四個孩子，我很對不起她們，但我必須走了。告訴她們，我會回來看她們的。」妳對於離開她們感到深深的內疚，因為妳知道，妳與這些孩子的信任早在街頭流浪時期就已經建立，而在孤兒院裡這份信任依然存在。

從業力的角度來看，妳的兩個姊姊至今仍因為當時妳悄然離開而對妳生氣。這是一個未解決的問題，妳因為內疚而無法回去面對她們。在妳離開後，她們被迫自行解決所有的問題。這些孩子原本因為戰亂失去了父母，年紀比妳小得多，面對世界的困難更為艱辛。她們與妳之間建立了像家人一樣的深厚感情，而妳當時在照顧她們、對她們負有責任，卻選擇突然離開，沒有告知她們。

妳的確不是在街頭遺棄她們，而是在確定她們在孤兒院裡能得到妥善照顧，不會挨餓受凍，也不會遭受虐待後才離開的。妳相信她們會沒事，因此才做出了這個決定。然而，妳依然無法面對她們。這段未解決的內疚感至今在今生影響著妳和姊姊之間的關係。前世的妳認為自己已經為她們做了能做的一切，當妳離開時，她們的處境相對穩定，但妳仍然因為沒有對她們解釋或告別而感到愧疚。妳曾經承諾會回去看她們，但妳沒有做到。如今，妳依然被這份未解決的內疚感所困擾，這些痛苦一直伴隨著妳，源於前世這段未能化解的情感和責任。

這段前世有可能是一九二〇年或更早。妳離開她們時決定不告而別，至今仍感到內疚。妳是愛她們的，所以我一開始就問妳：「妳愛姊姊嗎？」在這些複雜的感情裡，也因為有愛，妳才會感到如此痛苦。

那一世因為妳最年長，所以有更多的選擇。這一世，妳是最小的，在她們眼裡，妳是個要什麼有什麼的寵兒，不像她們凡事都得自己去爭取。妳們的看法不一致，她們選擇與妳敵對，反對妳買房子。如今最正確的做法是放下過去的一切，面對眼前的處境，這樣才能使情況明朗化。兩位姊姊感覺到她們被遺棄，妳也了解到自己不是唯一的受害者。

卡洛高興地說：「我現在感覺輕鬆多了。將來我能住進父母的家嗎？」

彌哲回答：「妳會先在城裡找個地方住，但最終會住在妳想住的地方。要有耐心。暫時放手吧，總有一天妳會得到妳想要的。現在給自己施加的壓力愈小，妳的願望就能愈快實現。」

卡洛的轉變

在接下來的訪談中，卡洛談到她尋求彌哲的協助以及如何因此學會有耐心：

我請彌哲看前世，是因為我相信前世的存在。我把這個信念視為一枚硬幣的兩面：一面是今生，看得見的現實；另一面則是前世，那些看不見的過去。我深信我們都在靈性上不斷成長。一旦懂得如何冥想，如何感知無形的世界，就能進而體驗它。當我們看到更多、理解更多後，就會學會如何化解一些障礙，這些障礙被稱為「業力」。整個過程也是一種靈性的探索。

我與兩位姊姊之間，因為父母的度假區繼承權糾紛，陷入無法調解的爭執中。這段時間非常艱難，我的身心都處於極大的痛苦中。我去找彌哲，部分是為了尋求對這件事情更深入的理解，也想知道它會如何發展。我總覺得與姊姊的這場衝突，有更深遠的源頭，或許是前世的因果。這樣的感覺，從童年時便伴隨著我。

當我去見彌哲時，我的狀態非常糟糕，哭得很厲害。由於我從未在這種情況下去尋求一位探討未知領域的人，因此備感緊張。我心裡想著：「她會對我說些什麼？她會不會說：『把這些都放下吧！別再想了！』」我非常害怕會因此變得更加糟糕。我腦海中浮現出各種可怕的故事，或者是那些令人不安的畫面，例如遭受酷刑或慘死的經歷，這些想像與我內心的恐懼交織在一起。

與自己腦海中虛構的前世故事和畫面相比，彌哲口中的前世反而令人感到溫暖。不管如何，我依然覺得前世是一個挺好的故事。當時我在那個前世中拋棄了姊姊們，讓我對今生與她們的關係有更深刻的理解和接受。我開始明白，為什麼今生的我會是這個樣子。

姊姊們從未原諒我前世拋棄她們的行為。透過探看前世，我明白了她們對我如此不滿的原因。如果一個人無法清楚理解為什麼他人總是以某種方式對待自己，那種心理壓力會更加沉重。前世的回顧給了我很大的幫助，讓我能夠整合所知的情況，進而與家人和解。

現在，我對自己與家人、工作和朋友間的關係感到充實且幸福。然而，生活本身仍充滿高壓和挑戰。有彌哲這樣的老師可以提供建議，幫助我度過難關，是十分珍貴的。在這個時刻尋求她的幫助非常恰當，因為我信任她，並且能毫無保留地向她敞開心扉。

我永遠不會忘記在前世回顧過程中彌哲對我說過的話。她告訴我，我與家人的問題最終會得到解決，而我也將擁有自己夢寐以求的公寓。當時，這似乎是一個遙不可及的願望。然而，現在這間公寓真的屬於我了。

過日子只有兩種方式，
通通平淡乏味，或通通精彩神奇。

——愛因斯坦

〔工具〕新典範

首先，我們來看看舊典範的思維：「如果我是對的，你就是錯的；如果你是對的，我就是錯的。」正是這種二元對立的思維模式，導致了各種衝突，不論是國與國之間的戰爭、民族與民族之間的紛爭、政黨之間的對抗，甚至是夫妻或是這個故事中姊妹之間的鬥爭。當這種態度占據上風時，衝突便無可避免。雙方無法達成共識，也無法進行理性的對話，協商的餘地幾乎不存在。也許會有一方被視為「贏家」，但「輸家」則是注定的。

新典範的出現，則是在解決問題的方法和基本假設上進行了根本性的轉變。這個觀點認為，雙方的立場都存在著真理或正確性，我們的挑戰在於如何找到彼此的共同點。這個新典範產生了新的方法，用來解決和平談判、離婚等問題，稱為「調解」。

為了讓調解真正發揮作用，每個人都必須放下固有的對錯觀念，並且願意去理解他人的觀點，雙方需要在此過程中達成共識。在阿卡西紀錄中，前世的揭示往往會幫助我們理解每個家庭成員背後不同態度的原因。這使得卡洛能夠放下堅持己見的立場，接受當前的現實，並達到新的理解層次，也讓她不再覺得自己是受害者。當一位家庭成員願意深入理解他人並放下自己的固執時，整個家庭便有機會得到療癒。

在這種新模式下，雙贏是可能的。採納這個新假設——新典範——意味著我們允許不同觀點的正當性，尋找折衷立場，並且鼓勵自己放下個人偏見。下次當你與他人發生衝突時，不妨嘗試用這種方式來看待問題，看看會產生什麼不同的結果。

Chapter 25
無臉之人

〔工具〕靈性覺醒

【艾倫，生於一九九二年；艾倫的母親芮吉娜，生於一九六四年】

艾倫是個高中生，原本擁有一頭漂亮的頭髮，但在十七歲時開始大量掉髮，這個變化讓他變得愈發沮喪。經過多次與家人的認真討論，他的父母建議艾倫透過阿卡西紀錄來探尋前世的線索，看看是否能幫助緩解他的痛苦。於是，艾倫去找了彌哲，希望能找到一些釋放內心痛苦與絕望的方法。

第一次會面時，艾倫敞開心扉，傾訴了掉髮帶給他的煎熬。他形容自己感覺像個老頭，甚至萌生了不想活下去的念頭。聽完他的故事，以及掉髮對他造成的深刻影響後，彌哲問艾倫是否相信輪迴，艾倫表示他樂於接受這種觀念。

於是，彌哲開始描述她在阿卡西紀錄中看到的景象：

你的故事始於一九六〇年代，那時

你是芝加哥一所大學的學生，在和父親大吵一架之後，憤而退學，選擇從軍。當時正值越戰，不到一年，你就被派往越南前線。幾個月後，你被調派到偏遠的內陸地區，那裡遠離人口稠密的城鎮。

你所駐紮的地區林木茂密，某日一架美國飛機為了清理這片區域，投下了燒夷彈。他們顯然沒看到你，結果你被嚴重燒傷，超過百分之八十的身體面積遭受毀滅性灼傷。你的頭髮和衣服都被燃燒殆盡，大片皮膚也被嚴重燒毀，你的臉和頭部有些地方甚至只剩下骨頭。儘管如此，你還活著，忍受著極度的痛苦。然而，這種錐心之痛是短暫的，因為所有的神經都被燒壞後，你便失去了疼痛的知覺。

你被送到醫院後，由於肌肉緊繃，身體蜷縮成胎兒的姿勢，幾乎無法動彈，唯一能活動的部位只有雙眼。最初你還能勉強說出一、兩句話，但隨著時間過去，言語變得越來越困難。最終，一位心軟的朋友將一面鏡子遞給你。當你看見鏡子裡的自己後，絕望之情湧上心頭，你乞求他們結束你的生命。

在那種情況下，你覺得自己永遠無法再過正常生活了，因此失去活下去的意願。經過多日的絕望，在醫護人員的堅持下，你給父母寫了一封告別信。你告訴父親，對於自己一怒之下入伍的決定感到非常抱歉。最後，一位既是醫生又是朋友的人，給你注射了一劑過量的嗎啡。儘管聽起來有些奇怪，但你是在一種快樂的氛圍下離開人世的。

艾倫的轉變

艾倫談到自己對前世的想法以及對他個人的影響：

我無法將自己與故事中的主角連結起來，只能把彌哲的解讀當成一個可能發生在任何人身上的故事來聽，從未想過它與自己有關。如今，戰後創傷症候群在世界各地不斷上演。聽完這個故事後，我並不覺得自己與越戰有任何關聯。儘管這次探索無法阻止我的頭髮繼續掉落，但我確實慶幸，至少在今生，我不必面對前世那樣的極端情況。生活還是繼續，它對我的影響也僅限於讓我感到自己很幸運，無須為參戰這樣的問題煩惱。

依稀記得三歲左右時，我常趴在地上畫飛機和直升機。對當時的我來說，用這種方式表達想法非常自然。我只專注於畫畫，而且總是力求每個細節都準確無誤。我畫的圖從來不夠大，所以會把一張張的畫紙從邊緣黏在一起，這樣就能有更大的空間繼續作畫。我一頁頁地加，讓畫幅不斷擴大。

我們一家人經常去外地旅行，也許正是在機場和飛機上的這些經歷，喚醒了我內心深處的業力記憶。

如今，我通常選擇臨摹別人的畫作，但更喜歡觀察他人如何創作。有時候，我也會看著照片來畫。小時候，我不需要複製或臨摹，畫作完全憑著記憶和內心的圖像。現在不同了，我需要依靠素材來完成畫作。然而，這兩者之間還是有一個共通點：我無論做什麼事，總是追求做到自己滿意為止。就像小時候一樣，我依然注重每一個細節，必須確保一切都符合自己的標準才罷手。

有可能是因為了解前世輟學，讓我決定回學校繼續學習。那時周圍每個朋友都開始了他們的學業，所以我感受到些許壓力，確實需要集中精力在學業上。也許這樣能讓我更知道怎麼定位自己，感受到自己向職業生涯邁進的步伐。同時，也讓我再次站在是否要繼續深造的十字路口，但這次的情況與以前截然不同。

芮吉娜是艾倫的母親，多年來一直是彌哲的學生。透過分享艾倫的童年經歷，他們對艾倫的前世有了更好的理解：

小時候，艾倫經常顯得迷迷糊糊的，對周圍環境缺乏明確的感知，行事也有些雜亂無章。他討厭各種規則與要求帶來的限制，這種對束縛的抗拒在他開始掉髮後更加明顯。當他十七歲時，頭髮漸漸脫落，這對他造成了極大的打擊。他試圖透過改變飲食和建立規律的生活方式來逆轉這個現象，但當這些方法都無效時，他的情緒變得愈發低落。那段日子，他常常來找我尋求幫助，希望解決他對外貌的過度關注。我看得出，他沒有足夠的工作或興趣來分散注意力。很多時候，他一個人長時間在公寓裡睡覺，這對我來說是憂鬱加劇的跡象。

艾倫告訴我，他想要有一個全新的身體，因為他覺得現在這具軀體已經毫無價值。儘管他健康、強壯，甚至看起來相當迷人，卻無法消除他內心的自卑感。他說，每天早上醒來，總覺得自己的臉正在「融化、消失」，就像一坨「垃圾」。他甚至覺得自己對女性毫無吸引力，沒有人會覺得他有任何魅力。他感覺自己不可能活過三十歲，尤其是想到自己餘生都要在沒有頭髮的狀態下度過，就對未來充滿了恐懼。

他感嘆自己好像從未真正擁有過青春，一切都顯得毫無意義。聽到他說這些，我十分擔心，因為他的絕望太深沉了。掉髮奪走了他的自信和能量，成為他心理上的巨大負擔。他甚至至描述他的頭皮總有尖銳的刺痛感，好像有某種憤怒的能量在攻擊他。面對他的痛苦，他表示只要能得到緩解，願意接受任何幫助。於是我們約定透過前世回溯來尋找答案，看看是否能找到解決的契機。

艾倫小時候承受了許多恐懼。一旦他發燒，很快就會開始做惡夢，他的心中充滿了憂慮。

這樣一個年幼的孩子，常常無法入睡。幼年時期，他患有急性咽喉氣管炎，支氣管經常充血，導致他呼吸困難。每到夜裡，我會躺在他身邊，觀察他的呼吸，深怕他會窒息。後來，他的身體還出現了傷口癒合的問題。每當他有小擦傷或刮傷時，傷口總是很容易感染，充滿膿液，有時會連續好幾天不斷滲出膿液。透過阿卡西紀錄，我們了解到他前世的經歷與今生傷口不易癒合的問題息息相關。那些傷口與他前世不願癒合的嚴重燒傷之間，似乎有著相似的能量延續。

有一次，我們全家搭飛機去熱帶地區旅行。這次經歷後，艾倫開始迷上畫飛機，並持續畫了好幾個月。那時，他目睹了一次滑翔傘飛行員的墜落事故，救援直升機把受傷的飛行員從山區起飛台帶走。從那以後，他又開始畫直升機，對於一個三歲的小孩來說，遠遠超出了他的經驗範圍。

如今我明白，那些早期的印象喚醒了他前世創傷的記憶。當我們進行前世回溯後，我把他當時畫的飛機和直升機的畫作全部拿出來，鋪滿了整個客廳的地板。我們一起看著那些畫，這一刻無比震撼，彷彿過去的記憶和現在的困惑在那一瞬間交織融合。

艾倫從小就對畫畫異常專注，外面孩子們的喧鬧玩耍對他毫無吸引力，他沉浸在自己的創作中，甚至會刻意避免參加任何團體活動或遊戲。隨著他進入青春期，他對權威的抗拒變得愈發明顯，尤其不喜歡他認為帶有約束性的事物。

二〇〇四年，我帶艾倫去探親。我們在芝加哥停留了幾天，他對這座大城市充滿了興趣。在拜訪完親戚後，我們開車去機場，他準確無誤地為我指路，從親戚家開車到芝加哥奧黑爾機場，還回租來的車。我清楚地記得當時他頭腦是多麼清晰、冷靜。現在回想起來，他對這個地方的熟悉感，似乎與他前世在芝加哥長大的經歷遙相呼應。

在了解前世經歷後，艾倫的憂鬱情緒有了明顯的緩解，我感覺到他身上的能量發生了變化，那種曾經籠罩著他的絕望慢慢消散了。儘管他仍為掉髮感到遺憾，但已經不再像以前那麼執著。他變得更加冷靜，信心也逐漸增強。

作為母親，看著自己的孩子陷入深深的憂鬱，是無比痛苦和恐懼的。我經常反思：「我是不是做錯了什麼？」內心充滿了自責和疑惑。然而，艾倫告訴我，他所經歷的這場危機與父母無關，他已經從我們這裡獲得需要的一切。

幾週後，艾倫回家探望，我們再次討論了這個話題。他告訴我：「我對自己的未來感到好奇。」這句話讓我感動萬分，因為這意味著他對未來重新產生了期盼。越戰的陰影和他對早逝的恐懼似乎已經成為過去。

這次經歷對我來說猶如奇蹟一般。作為母親，我長期反覆思索艾倫的童年、他的故事，以及他所經歷的種種。這段旅程讓我更加深入地理解業力如何緊緊纏繞，並在不知不覺中影響我們，甚至延續到超越今生的層面。

後來，艾倫進入了一所藝術學院，專攻舞台美術設計。他曾經認為自己不可能完成學業，覺得學術生活不適合他，但最終他拿到了藝術學士學位，成了一位才華橫溢的藝術家和音樂家，參與了多個團體藝術項目。他的成就證明了內心轉化的力量。

任何事件都有需要我們學習的課程，
在學會之前，它永不消失。

——佩瑪・丘卓（Pema Chodron，美國藏傳佛教比丘尼）

〔工具〕靈性覺醒

這次探索前世的過程，讓我們看到艾倫內心的深層衝突。他不認為前世的經歷與童年畫的戰爭圖片，或與他掉髮時的極度恐慌有任何關聯。這反映出他還無法接受這些跡象與前世的關聯性，也顯示他的靈性覺醒還在進行中，內心依然存在一些阻力。這樣的抵抗是任何重大變革過程中的一部分，接受它，允許它的存在，反而是靈性成長的重要一步。

靈性覺醒的過程就像蝴蝶破繭而出，在破繭的那一刻，毛毛蟲就意識到自己擁有一雙翅膀，再也不是那隻只會爬行的小昆蟲。此時，牠的生命超越了原本對於生存和歡愉的追求。發現並學會使用這雙嶄新翅膀的過程需要時間，讓這個蛻變自然地發生，無須急於求成。

靈性覺醒的徵兆如下：

- 感到孤立、孤單
- 共時性（看似巧合卻有關聯性）[註1]更加明顯
- 對信仰突然重新評估
- 舊習慣消失
- 渴望學習冥想或瑜伽等事物

1 譯註：Synchronicity，是心理學家卡爾．榮格提出的概念，指的是兩個或多個事件之間的非因果關聯，這些事件雖然看似沒有明顯的因果關係，卻有深層的意義連結。例如你正思考某個話題，結果就遇到了相關的人或事。這種現象通常被認為是有意義的巧合，並且帶有某種宇宙或命運安排的感覺。

- 更能清晰地辨識不真實的行為，能感知謊言與欺騙
- 想要幫助或貢獻，為他人服務
- 渴望親近靈性指導老師
- 出現疲勞和其他身體症狀，有時會很痛苦
- 對於自己或他人某些行為背後的原因充滿好奇
- 對於自己或他人不當的行為充滿同情，而非辯解

如果你認出自己走在靈性覺醒的道路上，是時候尋找一位指導老師，或是找到也在覺醒旅程上的人，陪伴你一起前行。在這個過程中，你會逐漸與靈魂家族或部落建立連結。他們可能比原生家庭更理解你，心靈更契合，讓你感受到一種更深層次的共鳴和親密感。

Chapter 26
內疚自責

〔工具〕相信宇宙

【艾倫，生於一九九二年；艾倫青少年時期的女友蘭娜，一九八七～二〇一六年】

上一章提到的艾倫，三年後又來找彌哲，這次他帶來了一個急切想要知道答案的問題。幾天前，他得知一個摯友的死訊，這個消息令他震驚不已。蘭娜是他青少年時期的女友，被她的室友馬修謀殺了。艾倫徹底崩潰了。兩週後，他聯繫了彌哲，希望能找到一些解答。

以下是彌哲和艾倫間的談話：

彌：蘭娜正在適應她已經離開肉體，無法再回去的這個事實。她對自己無法與任何人道別感到極度沮喪。她目前沒有感受到太多情緒上的創傷，但我能感覺到她內心深處的悲傷，因為她覺得自己無法與所有她關心的人建立連結，她感受到這些關係被割斷了。

她身邊有兩位靈體在協助她，一

位是她認識的人，前些時日也過世了。她告訴我，那是她的一位親戚。另一位靈體可能是她的指導靈之一，但並不是她在現世中認識的人。她能感受到那個靈體的能量，並感覺到有朋友在陪伴和幫助她。她現在正四處尋找能夠感知她需求的人。你已經感受到她的存在了，不是嗎？

艾：是的，我確實感覺到了她的存在。

彌：你能感受到她的存在，這讓她知道你們之間的連結比其他人要深。許多人雖然哀悼她、懷念她，但當她靠近時，他們無法察覺到她。她現在感到迷茫，無法思考未來，只能努力活在當下，並嘗試與任何能夠感應到她的人建立連結。她的兩位導師正陪伴在她身邊。她還試圖與她在非洲的家人以及其他國家的朋友聯繫，其中有些人甚至還不知道她已經去世了。這讓她感到困惑，因為當她試圖接觸他們時，他們似乎不知道她為什麼這麼做。

艾：她星期二被謀殺，我是在星期五才知道。我是從臉書上看到消息的，是她在巴黎最好的朋友告訴我的。

彌：在你得知她的死訊之前，你感覺到她的存在嗎？

艾：有，在她去世後不久，那幾天我特別忙。

彌：她現在逐漸平靜下來了。雖然她心中充滿了對未能完成諸多計畫的遺憾，但她的情緒比之前穩定了許多。在離世前，她已經失去了知覺，因此不記得，或未曾注意到，她的室友對她做了什麼。我也不確定她是否完全明白事情的經過。她知道一些不對勁的事情發生了，也不想死，但她到目前為止還沒有意識到或感受到那個創傷。

在處理自己的死亡時，通常會需要回憶並思考自己是如何離世的，但蘭娜現在已經失去了那部分的記憶。她並不知道自己是被謀殺的，目前她需要釐清的是自己正處於所謂的「死亡」狀態。她還沒有完全意識到自己已經離開了肉體，而在她離開肉體之前，意識就已經逐漸消散，因為馬修緊緊掐住了她的脖子，讓她無法呼吸。

但現在，我可以告訴你，她已經安全了，並且正在接受靈界的幫助。雖然她對未能完成的一些事情仍感到遺憾，但你不用擔心，她不會感到孤單或迷失。她正在用自己的方式和親朋好友告別，這是一段難以言喻的過程。很多朋友尚未察覺到她的離去，也不知道她已經在向他們告別，但這是她的心願，試圖以這種方式讓大家獲得一種心靈上的安慰與交代。

艾：對我來說，最困難的部分是我明知道她與室友之間存在著問題，但我卻什麼也沒做。他在公寓附近攻擊她、追趕她，她告訴過我這件事。

彌：問題在於，蘭娜真的從未想到馬修會對她如此惡劣，她以為那些追趕和攻擊已經是最糟糕的情況了。即使到現在，她仍然難以接受這一切的發生。如果當時她真的感到害怕，並且對你求救，告訴你「這個人有問題，我需要幫助」，你一定會立即去幫她。

艾：是的。雖然她沒有主動尋求幫助，但她告訴了我一些事情。

彌：當她自己都未曾意識到潛在的危險時，你又怎麼可能預料到馬修會做出如此極端的行為呢？

艾：是的，確實如此。

彌：馬修愛上了她。

艾：她告訴過我，他想和她發生性關係，但被她拒絕了。

彌：其實，她沒有告訴你事情的全部。馬修愛她，但她並不喜歡他，也不想與他有更多牽扯，而他無法接受。他不是她喜歡的類型，但她也沒預料到他的情緒會如此不穩定，變得這麼瘋狂、危險。他曾多次攻擊她，但她始終覺得自己可以「處理」這些事，沒有把他的行為當成嚴重的威脅。她沒想到最終會導致這種悲劇。

艾：是的，她是個堅強的女人。

彌：你不能責怪自己，因為如果她對事情的發展有任何擔憂或害怕的跡象，並且告訴了你，你一定會採取行動，帶她回家，保護她。

艾：我會建議她在房裡準備一把刀以防萬一，或者報警、通知鄰居。

彌：所以你確實已經在盡力幫助她了。這種情況是任何人都難以想像的，沒有人能預料到會發生這樣的事情。他當時完全失控了。

艾：情況真的糟糕透了。

彌：是的。他將要在監獄度過餘生。他毀了自己的生活，也毀了她的生活。把你的愛傳達給蘭娜，將給她帶來所需要的支持。當其他人意識到她經歷了這樣的悲劇時，她也會收到更多來自愛與關懷的訊息。或許她會在夢中與你聯繫，這可能是她選擇的方式，因為她和你一樣感到無助，也希望能夠安慰那些在她離去後感到痛苦的人。當摯友被奪去生命的消息傳來，這樣的衝擊會讓你的身心靈深受創傷。我知道你可能感到內疚，後悔當初沒有做出更多行動，但希望你能慢慢從這種自責中解脫出來。

艾：但我現在意識到，我當時其實有很多可以做的事情，卻沒有去做。

彌：前提是，你必須知道自己應該做什麼。即使你當時認識馬修的家人，他們也不可能預見這樣的結局。他們或許知道他偶爾會表現得瘋狂，但誰也無法想到他會失控到這種程度，甚至去殺人。對他自己來說這都是個意外，更別說其他人了。

艾：我仍然感到震驚和悲傷……我非常自責，因為我是她死前最後有過聯繫的朋友。她跟我提到了馬修的問題，而我什麼也沒做。我甚至沒有勸她來我這裡避避風頭，只是讓她回家，結果兩天後她就死了。我覺得自己是唯一有機會做些什麼的人，但我什麼也沒做。

彌：她提到馬修的時候，他還不是殺人凶手，只是一個給她生活增添麻煩的室友。

艾：是的，可是他們已經有過爭吵，警察也來過一次，我知道這些。而她是我非常親密的朋友，但我什麼也沒做。我對此感覺糟透了，覺得自己根本不像個朋友，我無法相信自己竟然會這麼冷漠。

彌：你真的什麼都沒做嗎？

艾：我有勸她搬出去不要跟他住。我建議她去買胡椒噴霧，但我沒有要求她留在另一個安全的地方，也沒有問她如果回到她的住處是否感到安全。

彌：如果當時你感覺到她會處於極大的危險，你會怎麼做？

艾：我當然會幫助她。

彌：那就對了。你只能接受當下的處境，我們在事後總會以為問題可以用不同的方式來解決。但在此刻，你要相信自己，相信一旦你感覺到她將處於危險，你就會採取不同的行動。而且，事實上，下次發生類似的事情時，你更有可能變得積極主動。

艾倫的轉變

幾個星期之後，艾倫接受了訪談，反思與彌哲的會談對他的影響：

失去摯友的經歷讓我深刻領悟到，許多曾經困擾我的小事，例如頭髮多少、學業成敗，甚至是生活方式，都變得微不足道。當一位對我極為重要的朋友在悲劇中離世時，這種深刻的痛苦比其他事情帶來的衝擊都要強烈得多。從那一刻起，我開始思考許多亟待解決的問題。

之前困擾我的那些小問題和對個人外表的關注已經變得不再重要，這次經歷徹底改變了我對其他問題的看法。

這場悲劇與越戰士兵被燒死或是失去女友的震驚感受很相似，都是突如其來的重大打擊，帶來難以癒合的創傷。我常希望這類悲劇永遠不會再次發生，但內心深處卻感到深刻的恐懼：「如果再來一次，我該怎麼辦？」死亡的陰影似乎無處不在，我開始問自己：下一個離開的人會是誰？尤其在這段時間，我又失去了一位得癌症的朋友，這讓我更加警惕，深怕再有人突然離開我們。

這樣的經歷提醒我，生活有如地獄，但也有如天堂。透過這次痛苦的體驗，我不得不接受兩者並存的事實。即使生活在像天堂般安全的瑞士，壞事依然會發生。我們不必打仗，生活平靜，擁有一切，但悲傷的事情依然無法避免。

作為謀殺案的聯絡人，我手握許多第一手的訊息。由於她在被殺前兩天才與我有過接觸，我被警方審問，甚至被懷疑與這起案件有關。這讓我開始反思，自己是不是因為做了什麼或沒做什麼，才導致這一切發生。也許我有某種責任，或許我真的有罪。這一切對我造成了無法形容的影響，讓我開始重新審視自己與世界的關係。

兩週後，艾倫再次聯繫彌哲。彌哲描述她對蘭娜目前狀態的看法，對話如下：

彌：我看到蘭娜彷彿漂浮在空中，靈魂變得更加內斂和安靜。周圍有天使在保護著她，幫助她克服內心的震驚，並引導她去接受這個無法回到肉體的現實。她悄悄出現在自己的追悼會現場，靜靜聆聽那些曾經與她生活交織的人講述她的故事。對她來說，這些話語彷彿是對別人的回憶，情感上，她難以與在場的每個人產生共鳴，但理智上，她感激人們聚集在一起，重溫過去的點點滴滴；她仍然難以相信自己已經離開了這個世界。

她正在從震驚中慢慢甦醒，試圖重新認識並適應這個新的現實。她知道你因為沒能幫助她而深深自責，但你的自責只會讓她感到更加沉重。過去的她曾相信，與凶手保持距離就足以避免危險。她堅信，若是她感到危險並向你求助，你一定會立刻伸出援手。現在，她正努力接受這一切已成定局的事實，希望自己能夠以平靜的心態去面對未來。

儘管她的肉體消逝了，但她驚訝地發現她的靈魂依然存在，這讓她感到既驚訝又難以置信。生前，她並沒有對來世抱有深刻的信仰，如今，她明白肉體消逝了，但靈魂依然強大地延續著。她意識到自己還有很多可以學習和探索的地方。

無法發揮創造力，依然是她心中揮之不去的挫折感。她一直未能找到讓創造力重新流動的方式，這種感覺讓她感到壓抑。現在的她正努力尋找一種方法，去表達自己的創造力，尋找新的靈感來幫助她在新的層面上成長。

艾：是的，完全正確！她曾告訴我這件事。她想要發揮創造力，但總是被其他必須處理的事情所影響，比如為事業努力。

彌：她開始意識到，自己不僅受到外界事物的干擾，更多的是她自己在無形中阻礙了自己。她渴望現在就與自己的創造力連結，而不是等待來世才去實現這些可能性。隨著她的內在平靜逐漸增強，她感受到生命並未終止，而是以不同的形式繼續展開。這對她來說是一種新的視角，她開始看到生命中無限的可能性，這是她生前未曾想像過的。

你仍然能感受到她的存在，因為她依然與你保持著密切的聯繫，也與這個物質世界中的其他人有著相似的連結。她曾向指導靈詢問：「我還能與他們聯絡嗎？我能知道我的朋友和家人發生了什麼事嗎？」指導靈告訴她：「妳可以聯繫他們來了解這些情況，但妳的任務是留在目前的狀態中，去迎接即將面臨的挑戰。」

蘭娜也與我分享，她開始看到自己如何成為了阻礙自己的原因，這是她生前未曾理解的。她曾以為，為了謀生打拚事業，是自己和他人的期望和要求，也是自己不得不做的，但現在她明白這一切其實都是自己的選擇。即使當時她隱約知道那個男人的情緒不穩定，她還是選擇讓他進入她的生活。這是她的重要反思。你們談論過這些嗎？

艾：有的。

彌：令人意外的是，她竟然選擇幫助他。她告訴我，馬修曾表達過自殺的想法，並對自己所做的事情感到深深的懊悔。他渴望接受法律最嚴厲的懲罰，作為對自己的懲戒。然而，蘭娜卻選擇安慰他，給予支持，幫助他認識到，只有繼續活下去，並利用這一生去學習和改變，才是最好的出路。蘭娜展現出慷慨和富有同情心的靈魂，內在創傷也在慢慢癒合。

艾：好的。希望如此。

彌：很神奇的是她竟然對他伸出援手，並且原諒了他。所以，艾倫，無論你認為自己如何辜負了她，也請原諒自己吧！因為她現在處於一個很好的狀態。

艾：她當初來瑞士是因為我嗎？她是不是又想跟我在一起？

彌：這只是部分原因，她來瑞士有其他的理由。確實，你們之間有著強烈的連結。她來瑞士是半自覺的決定，她自己也不完全明白所有的原因。不要把一切都歸咎於自己。

艾：我原本沒想那麼多，但現在完全明白了。

彌：是的。她在對你說：「去尋找你的快樂吧！」你總是很容易陷入悲傷的情緒。現在，去尋找你的快樂吧！

你目前的喉輪已經開啟了將近一半，代表你在面對創傷時能夠從中汲取力量，並讓自己更加敞開去體驗生活。喉輪的開啟與自我表達、繪畫、音樂息息相關，不僅是你表達自己的方式，也是你獻給世界的禮物。同時，這更是一份送給自己的禮物，因為它讓你能感受到生命的活力。我深深感受到你是這樣的人，儘管內心充滿悲傷與自責，當你學會從中領悟時，將幫助你進一步開啟更多的能量通道。

艾：是的，我覺得有這種可能性，但我依然無法擺脫自責。這種情緒始終存在，我一遍又一遍地責問自己，有哪些事情是我應該做而沒做的，或者本來可以做到卻沒去做。

彌：思考其他可能性是可以的，但過度自責和懲罰自己只會封閉你的心靈，使你停滯不前，這違背了生命的本質。重要的是從經歷中學習，看看這些經驗能為你帶來什麼啟發。你的朋友並沒有責怪你，事實上，她在過去的一個月裡已經從悔恨中走了出來。因此，你也應該向前看，這對你是有益的。你來到這個世界，不是為了他人而活，而是為了活出最真實的自己。

艾：可是，作為朋友，我們有責任去幫助他們，在他們遇到困難時，我們應該盡全力去支持。我沒有幫到她，這讓我覺得我在生命中犯下了一個不可原諒的錯誤。

彌：你不應該認為自己必須為他人而活，這是個誤區。當她告訴你她遇到困難時，你已經盡了自己的能力去幫她。如果她將問題提升到更嚴重的層面，你的反應也會不同。你生自己的氣，因為你無法預見未來，但我們所有人都無法完全預知自己的未來。

艾：但是，我在此生錯過了一次去保護朋友免受危險人物傷害的機會。

彌：艾倫，你根本不知道這件事有生命危險。如果你一無所知，又怎麼保護她呢？

艾：但我原本能把她從這個瘋子身邊帶走的。我感覺糟透了，我不是個好朋友。

彌：你從這場悲劇中學到了，事情往往會在不經意間失控，所以如果將來有人面臨類似的情境來找你求助，你或許會採取更多行動。但是，不要因此對尚未發生的事情產生過度的擔憂或偏執。我只能告訴你，她並不會那樣看待這件事。你對自己的失望和自責，只是源於你內心的掙扎，沒有人會像你這樣批判你自己。

艾：是的，我知道。這是我的問題。

彌：將心中的這塊重擔放下吧！這才是你真正的挑戰。沒有人能預料事情的發展軌跡。當你最後一次見到她時，她擔心他行為失控，而不是擔心自己的生命安全。

當彌哲再次與艾倫進行訪談時，又過了幾個星期。艾倫經過一段時間的反思，開始接受了這個事實以及他在其中扮演的角色：

自從上次見面後，我感到有些解脫，因為我知道情況不可能再比當時更糟了。那是我這一生中經歷過最黑暗的時刻。摯愛之人因謀殺而逝去，這樣的痛苦無疑是最深的。雖然生命中還可能會遇到其他的意外死亡、疾病或苦難，但我無法想像再經歷一次這樣的災難。若是我的孩子也遭遇同樣的命運，那將是更加無法承受的痛苦。

如果我的摯友能夠起死回生，無論我掉多少頭髮都無關緊要。這件事讓我的心情跌到了谷底，唯一讓我稍感安慰的是，我知道情況已經不可能更糟了。這是每個人最害怕的事情：接受所愛的人被謀殺的殘酷現實。在這之前，我的生活一直按部就班、穩步前行，直到那個消息打破了我的一切認知，才讓我明白，生活有可能瞬間被完全顛覆。

這次經歷所帶來的衝擊，比我對外貌變化的恐懼更深刻。如今，我學會了接受這一切，並且不再質疑自己的價值，我接受了現實的真相。經過這段艱難的旅程，我對生命有了更真實的理解與接納。

或許聽起來有些矛盾，但現在談起這件事時，我感覺輕鬆了許多。無論未來發生什麼事，都不會像當時那樣震撼我了。我發現自己有更堅實的內在基礎，也驚訝地意識到，經歷這段痛苦之後，我重新站了起來。這個過程中，我變得更加成熟，更加理解每個人都要面對各自的挑戰。這一切教會了我，無論我是否擁有滿頭秀髮，都應該全然地接受自己。

彌哲向艾倫提供了蘭娜和馬修前世的故事，幫助艾倫更深入理解他們今生的業力糾葛。彌哲強調，他們之間的業力與艾倫無關，而是他們自己需要面對與解決的課題。

我看到了一個悲劇性的場景：馬修被一群人指控偷牛，繩子套在他脖子上，準備絞死他。此時，蘭娜和幾位朋友正騎馬經過。馬修看到她時，心中瞬間升起了希望，因為他知道蘭娜清楚他是無辜的。馬修以為蘭娜會站出來為他辯護，拯救他的性命。

這一幕發生在十九世紀的美國西部。馬修被指控偷竊牛隻，因為他做了一些看似與偷牛有關的事情。當地的警官和居民對他們兩個人並不熟悉，因為他們是外來者。儘管馬修與蘭娜當時並不在犯案現場，蘭娜知道他不可能是那個小偷。馬修心裡想：「感謝上帝，她一定會告訴他們，我是無辜的，我當時和她在一起！」

然而，蘭娜並沒有選擇救他。她原本可以出面解釋，證明馬修的清白，但她卻害怕受到牽連而選擇了沉默。她擔心如果為馬修辯護，當地人會懷疑他們合謀偷牛，危及她自己的生命。他和蘭娜曾經是情侶，一起來到這個地方。但是，他們的關係已經變得冷淡，蘭娜對馬修的感情不再像以前那樣深厚，甚至不再喜歡他。這讓她最終咬牙選擇了自保，騎馬轉身離去，放棄了拯救他的機會。

這個前世的事件成為他們今生關係的伏筆。蘭娜背棄馬修的行為種下了業，這段業力使他們今生再次相遇，為的是化解前世所留下的負能量。

彌哲繼續解釋前世和今生的關係：

他們今生的相遇，似乎無形中延續了前世的未解結局。馬修和蘭娜之間充滿了緊張和內在的拉扯，他似乎一直試圖從她身上獲得某種情感或回報，而她也感到自己欠了他什麼。這一切都源自她對前世的愧疚感，因為她在馬修最需要幫助的時候選擇了離開，最終導致他被吊死。正是這種內疚，讓她今生略帶勉強地允許馬修再次進入她的生活，儘管她不喜歡他，覺得他混亂而糊塗。

在前世，馬修確實是無辜的，他只是當地的一個陌生人，被誤指控為偷牛者。今生，馬修卻因情緒失控而殺了蘭娜，從而製造了更深的因果報應。蘭娜的內疚或許導致這個悲劇發生，但她前世的錯誤並不足以成為今生被他殺害的理由。這並不是平衡的因果報應，因為她並非犯下置他於死地的罪行。

艾倫在事件過去幾個月後，開始對這些前世故事產生懷疑，也對輪迴的概念有了新的思考。他解釋了在處理前世過程中對這些事件看法的改變：

我是個很簡單的人，對輪迴的理解有限。儘管曾經有過某些超越現實的體驗，比如在吸食毒品時，或是在夢中見過其他可能的現實，但並沒有將這些經驗太放在心上。

相較於抽象的靈性體驗，我更加看重實際的創作過程。在繪畫或音樂創作中，我專注於手藝，專注於如何將自己的情感與技巧完美結合。我認為藝術必須帶給自己和他人深刻的感動，這種情感的回應才是真正重要的。如果有人看到一幅喜歡的畫，他的眼睛應該會停留在畫上，因為那幅畫給他帶來了美好的情感。透過這種專注和投入，其他維度的可能性或靈性體驗自然會展開，讓人與更深層的真實聯繫。

在某些人的陪伴下，我總是能輕易地建立信任，享受彼此共度的時光。如果從輪迴的角度來看，或許我們前世曾有過共同的旅程。儘管我讀過不少相關的資料，內心卻常常追問：「輪迴到底何時會終結？我們是否被困在無盡的生命輪迴中？是否必須體驗無數次不同的生命？」如果真是這樣，那麼每件事似乎都需要經歷一次。我對輪迴的理解便是如此，然而，在內心深處，我知道這並非我所追求的。我更願意相信那些看得見、摸得著的事物，並專注於當下的現實生活。

或許，蘭娜與馬修之間的故事從前世的角度能得到更好的解釋，但對我而言，這樣的想法並不合理。今生的這場謀殺案在我眼中是真真切切的，至於它是否與前世的因果有關，其實並不重要，這樣的背景並不能讓我更容易理解或處理這件事。

前世的一切取決於具體情況，或許有它的重要性，也可能毫無意義。我並不認為它有多重要，我需要的是接受蘭娜所經歷的事實，並與自己和解，才能釋放內心的糾結。我不想再去思考這是否是一種因果報應，簡單地接受一切已經足夠。我不需要再去探索其他維度的訊息，也不打算進一步去處理它們，這一生的經歷對我來說已經夠多了。

在這段時間裡，我逐漸釋放了對這個事件的恐懼與痛苦。再去回想當時的事情，只會重新勾起無助與悲傷。然而，有些變化確實發生了：我不再像以前那樣經常想起它，也不再深陷其中無法自拔。雖然偶爾白天仍會想起，但不再像最初那樣讓我無法擺脫，這一切終將慢慢淡去。但我知道，若無法在內心獲得和解、找到一絲平靜，我便無法繼續過好自己的生活。這件事促使我更加深入地思考，也讓我不再像過去那樣輕鬆無憂。我希望自己能夠變得更輕鬆、更快樂。

打開愛的雙眼，
去看無所不在的祂！
仔細思考，
會明白這就是
你自己的國度。

——卡比爾（Kabir，十五世紀印度詩人）

〔工具〕相信宇宙

相信宇宙中有更宏大的計畫在運行，相信上帝，或任何你信仰的神明。在悲劇發生時，儘管我們無法理解原因，但至少可以相信它有特殊的意義，最終將對所有人有所裨益。《新約聖經》中提供了一個很好的例子：耶穌在被捕前的花園禱告，請求天父解除他即將面對的苦難。然而，他在禱告中屈服於天父的旨意，說道：「不是照我的意願去做，而是要成就祢的旨意。」註1

在這一刻，耶穌向我們展示了一個至關重要的轉折點：信任宇宙的安排。他屈服於當時的情況，認識到有一個更大的計畫在背後運作。這並不是上帝的懲罰，而是藉由順服，揭示出一個更高的真理。

艾倫的情況亦是如此。有一個因果法則在運行，這不僅是他摯友和加害者需要學習的課題，也是最終對兩人都有益的教訓。這不是懲罰，而是一種成長的契機。蘭娜需要學會，即便面臨風險，也應對他人保持同情心；而馬修則必須明白，報復只會將人困在永無止境的傷害與被傷害的循環中。他們的情況正是殺戮與被殺的輪迴。

對所有人來說，透過自我反思來理解宇宙的本質至關重要。如果你相信宇宙是隨機且毫無秩序的，那麼你很難信任它。在這種情況下，你應該探索並研究宇宙的法則，例如因果法則和吸引力法則。如果你能理解宇宙如何運作，我相信你會得出與我相同的結論：宇宙的運行是為了讓我們受益，其根本的本質是愛，這種愛超越了生命的局限。當我們感受到這種愛時，那就是上帝。

當我們不再懷疑宇宙的仁慈本質時，就能進入內心的「天堂」，擁有真正的平靜與安寧。

1 譯註："Father, if you are willing, take this cup from me; yet not my will, but yours be done" 這段話出自《馬太福音》二六：三九節，《馬可福音》一四：三六節，《路加福音》二二：四二節。這篇「求父撤杯」的祈禱文表達了耶穌對即將到來的苦難和死亡的恐懼，同時也展現了祂絕對順從和信任上帝旨意的決心。非教徒可將此解讀為對宇宙運行或命運運行的一種信任。

Chapter 27
溫柔的愛

〔工具〕吸引力法則

【葛洛莉婭，生於一九六四年】

葛洛莉婭是藝術家、美術老師，也是兩個成年子女的母親。她經歷過離婚，曾與皮耶爾有過一段婚外情。多年後，當皮耶爾再次聯繫她時，他們又迅速重燃了濃烈的性愛。獨居多年的她對這段關係感到困惑，尤其是他們之間沒有任何承諾，為何仍有這麼強烈的性吸引力。她不願對他完全表露情感，也不確定是否能與他建立一段長久穩定的關係。為此，她帶著這個問題來找彌哲，想了解她與皮耶爾之間的因果關係。

以下是彌哲詢問葛洛莉婭有關她與皮耶爾之間感情的對談：

彌：妳愛皮耶爾嗎？

葛：不算吧！但我們在一起時，我內心確實有愛的感覺，應該是有感情的。

彌：我明白了，妳不讓自己真正愛上他。妳對他有愛的感覺，但沒有讓自己深陷其中，因為他並沒有完全對妳打開心扉，也沒打算放棄婚姻。他今天來，明天就走，承諾似乎遙不可及。然而，你們之間彼此欣賞，妳身上有吸引他的地方，讓他一次又一次回到妳身邊。當他很久沒見到妳時，便會開始想念妳。

葛：為什麼會這樣？我的年紀不小了，可是他還那麼年輕⋯⋯

彌：不是這樣的，妳沒那麼老，他也沒那麼年輕，你們都正值中年。他若知道妳想要更多承諾，可能會感到高興。但他一直很小心，不想越界。妳注意到他在妳家有多謹慎嗎？即使他不總掛在嘴邊，他也很在乎妳的感受。他很用心，但他的世界似乎並不屬於他。他明白有些人不喜歡他，只是因為他的膚色，因為他是黑人。皮耶爾早已接受了一些與他相關但並不正確的說法，認為自己不如白人。理智上，他明白這是偏見，卻無法擺脫這種偏見。

他成長於加勒比地區，從小就在尋找自己的定位。他有白人的血統，無法完全融入黑人文化。他清楚地感受到來自社會的偏見，這讓他自我懷疑，懷疑自己是否值得被愛。自我防衛機制告訴他，要在別人傷害他之前先離開。所以，他很小心，不讓自己陷入可能的拒絕中。最根本的原因，來自他的自我懷疑，懷疑自己是否會被愛。以妳的敏感度，應該可以感覺到他這一點，所以妳不會把他推到那個處境。妳有沒有告訴過他，妳愛他？

葛：有，但不是用言語，我從來都不敢。因為不知道他會有什麼反應，所以我退縮了。萬一他以為我在給他承諾，哪天對我提出什麼我不想答應的要求時，該怎麼辦？

彌：其實，妳基本上是在模仿他的行為，他怎麼做，妳就怎麼做。你們都在互相試探，誰先表露真心，另一方就會掌握優勢。信任的基礎在於敢坦誠，勇於表達內心的真實想法，即使明白這樣做的風險，也不怕它成為傷害自己的工具。妳知道他在猶豫，在戒備，因此妳也在保護自己，避免承諾。妳知道身旁有個擔心害怕的傢伙，也無法指望他做任何承諾。萬一說錯什麼，他有可能會「噗」的一聲消失不見。我覺得他其實是在等待一個信號，讓他知道何時可以對妳或其他人表達他的內心世界。他總是帶著戒備心，這已成為他的行為模式。妳也知道這一點，所以妳在保護自己，避免進一步受傷。

葛：那麼，如果我坦誠表達自己的感情，會對他產生什麼影響？這樣做能喚醒他對愛的期待嗎？

彌：這不是重點。妳用這種方法來保護自己，在觀察他如何反應之前，妳不會輕易行動。這其實是自我防衛機制的一部分，而真正的問題是，妳是否能承擔他對妳有所期待的可能性。妳是否準備好應對他在這段關係中提出的任何要求？

葛：我的挑戰在於：他上一秒出現，下一秒就不見了。如果我去找他，他會再次消失，還是會留下？我對他的生活了解甚少。或許結束這段關係對我會更好？

彌：他從來沒有傷害別人的想法，唯一想的只是如何保護自己。他不是個複雜的人，只是非常謹慎，並盡量避免設下任何承諾或期望。所以他看起來像是個縝密的思考者。

這裡有一個關於皮耶爾有趣的部分：他的某個前世是一位非洲王子。妳在他身上仍然能感受到那份貴族氣質，但他自己對此感到困惑。他有時覺得自己比別人優秀，卻不敢讓這點顯露，因為他不相信別人能理解。

你們彼此之間一直在較勁。他觀察別人的行為來決定自己該怎麼做，而妳也在觀察別人的反應，決定何時做真正的自己。妳還沒決定將自己完全投入某個情境中，因為妳不相信彼此間的問題能在當下解決。其實理想的狀況是：只做自己，不再在意別人如何看待妳。

也許妳會開始察覺自己仍在一些方面小心翼翼地保護自己。正如魯米說的，是時候「毀掉你的名譽」了。如果妳想告訴皮耶爾：「我愛你！」就大膽去說吧！不管這三個字會引起什麼反應或帶來什麼結果，都是在表達自己真實的感受。

妳愛他，並且享受與他的性愛，這是一段美好的交流。和諧的性關係其實非常罕見，即使妳深深愛著某人，也不一定能達到這種靈肉合一的連結。

這次的會面自然探討了前世，這是彌哲看到的：

這段前世的故事實在令人感嘆！這是在美國南部邦聯時期，十九世紀初、南北戰爭之前的時代，皮耶爾當時是白人奴隸主的兒子。這位奴隸主是來自法國的移民，擁有大片菸草、棉花園以及果園。他與白人妻子育有一個女兒，但沒有兒子。然而，他與一個黑人情婦生了一個兒子，而這個男孩就是妳現在的愛人皮耶爾。

令人驚訝的是，皮耶爾出生時膚色很白，這在當時的種族分類中顯得非常特殊，讓人無法預測。皮耶爾的父親說服了生病的妻子，讓她接受這個男嬰成為自己的兒子。她並沒有反對，男嬰便由他的黑人僕人生母撫養長大。在這樣的安排下，皮耶爾從小就認為自己是白人的孩子，對自己混血的身分毫不知情。對他而言，床上躺著的病弱母親是他的生母，而辛勤照顧他的黑人女性只是一個忠誠的僕人。這兩個女人也都喜歡彼此。

當時妳是這個家庭中的黑奴，後來接替去世的僕人在家裡服侍。皮耶爾並不知道自己有一半血統來自黑人，他愛上了妳，並與妳有了親密關係。他的父親注意到這一切，也知道兒子深愛著妳。為了避免將來的麻煩，他告訴兒子他的真實血統，並告誡說，如果將來有了孩子，膚色的問題會使事情變得很複雜。他建議皮耶爾：「如果你娶一個白人女子會更好。」他還補充說：「或者你也可以像我一樣，將她當作情婦，但你得為你們的孩子可能會面臨的所有困難做好準備，這絕不是一件容易的事。」

於是皮耶爾向妳提出了一個看似求婚的提議：「我必須娶一個白人女子，但我希望妳做我的情婦。我會為妳建一座小屋，妳將不再是奴隸。」妳則回應道：「我不想再做奴隸了，請給我自由吧！」他說：「如果我給妳自由，妳就不必再留在這裡了。」你答道：「那正好，我也不想再留在這裡，但我還不確定自己接下來會怎麼樣。」

這一切發生在現今的喬治亞州。妳對他說：「好吧，但在你結婚之前，我希望你帶我去一趟法國。我想看看巴黎，也希望我們能一起旅行。」他同意了。當時在喬治亞州，白人和黑人結婚是違法的，因此在去歐洲之前，你們不可能光明正大地旅行。他帶妳去了法國，妳愛上了巴黎，並問他：「你真的會給我自由嗎？」皮耶爾答道：「是的，我會的。」妳說：「那麼，當我重獲自由，我希望過的生活就像是巴黎這樣的生活。你可以為我買一間小公寓，這樣你來巴黎看我時方便些。即使你在美國娶了妻子，我們仍舊可以在這裡像夫妻一樣相處。」

在當時，橫渡大西洋需要花上一個月的時間，你們都很清楚這個提議意味著什麼。他愛妳，但他問：「妳不能先回美國陪我一段時間嗎？」妳回應：「在法國，當我們的孩子出生時，他們天生就是自由的。如果他們願意接受教育，你可以資助他們上大學。」他勉強同意了。隨後你們有了一個兒子，接著又有了一個女兒，他們都是漂亮的孩子。妳滿懷感激地對他說：「我很高興能在這裡自由地撫養我們的孩子。」當時的巴黎思想開放，你在那裡感覺到前所未有的自由，不必擔驚受怕，也不再害怕有人會來逮捕妳。在喬治亞，即使再善良的主人，也無法真正保護妳免受傷害。

你們最終接受了分隔兩地的生活方式。他的父親已年邁，大片的種植園需要他照料，同時還有妻子和孩子需要他照顧。只要能抽出時間，他就會來巴黎與妳共度一、兩個月的時光。他把妳照顧得無微不至。在巴黎，妳住在一間精美的公寓裡。儘管他懇求妳回喬治亞，也承諾會為妳蓋一棟房子，但妳堅定地回絕他：「我不想讓我的孩子在那裡長大。」當時的南方，作為一個黑人，妳需要隨身攜帶證件，隨時證明自己的自由身分。

儘管生活在不同的地方，你們在那一世始終彼此相愛，跨越了時空與身分的界限。

彌哲繼續解釋前世對你們今生的影響：

今日的皮耶爾已經習慣於迎合外界的期望，變得很難放鬆地做自己，難以展現真實的內心。然而，或許因為前世的經歷，他在妳面前變得相對不設防，能夠坦然一些。

前世，他常擔心妳在巴黎會去找其他男人，但妳對他說過：「我沒有興趣製造那些問題。我愛的是你，無論你何時來這裡，我都會等著你。放心，我不會去找其他人。」他是個有錢人，身負眾多責任，但他每年總能設法來看妳，與妳和孩子們共度一段時光。

葛：有了這段前世的背景，我現在更能理解我們的關係，也更能自在地過我的生活。我對他的愛依然存在，只是已經少了依戀和束縛。

彌：妳學會了彼此相愛卻分開過日子，明白這段感情中的自由與獨立。妳不想回到喬治亞州，因為妳知道孩子在那裡會受到傷害。當時的法國給妳更多創造力和安全感，妳在那裡甚至成了醫院的志願者，照顧孤兒。皮耶爾把一切都安排妥當，讓妳生活很安定。

如今的他，依然喜歡把事情分開處理。這和他前世的經歷密切相關。他不得不隱藏自己的黑人身分，如果這件事曝光，後果一定不堪設想。知道真相的，只有他的親生父母和父親的妻子。產科醫生也必然知道，但他是一個固執且不墨守成規的人，大家都相信他會保守這個祕密。

葛洛莉婭的轉變

一段時間過去，葛洛莉婭在反思她與皮耶爾的關係後，漸漸有了更深的領悟，透過對前世的了解，他們之間的故事變得更加清晰。在後續的一次訪談中，她這樣分享：

這段前世的故事對我來說非比尋常，我深受感動。那段歷史中的情感糾葛，幫助我理解自己如今的感受。記得當我還不清楚這些前世經歷時，曾計劃去巴黎拜訪朋友，並想邀請皮耶爾和我一起去度假。然而，因為其他事情，我們最終沒能成行。

前世故事適切地反映了我內心世界的矛盾，也說明了我對他的態度。我一直不願讓他真正明白我的情感，他也時常掩飾自己，這是彼此心照不宣的模式。但在情感交融的時刻，那份親密又非常強烈，無論是精神上還是身體上，我們都能感受到彼此的連結。

他的背景也在現世延續：母親是加勒比海的黑人，父親是法國的白人，而他看起來像非洲人。這種混合的文化背景和他在世界中的失落感，使得他總是與他人保持距離，避免過度依賴。我知道，讓他做出任何承諾都不容易。現在，隨著對他背景的了解，我更加能接受他不能常陪伴我的這個事實。每當見到他，我仍然感到欣賞與喜愛。

前世作為黑奴，我渴望被解放，尤其為自己和孩子爭取自由。這種對自由的追求在我今生依舊強烈。身為女人，我渴望獨立，這個身分影響了我生活中的許多選擇。我渴望靈性上的解脫，讓自己能夠繼續成長，化解過去的業障。透過這段前世的啟示，我希望能在這段情感關係中更認識自己，理解我對自由與獨立的需求。非常感激前世的他能夠理解並支持我這樣一個黑人女性，讓我過著自由的生活。即便在今天，我仍然感受到他那份深刻的通達與支持。

前世的故事，也幫助我理解了今生無法和他共同生活的原因。這份釋懷不僅讓我心安，還讓我開始反思在人際關係中該如何真誠表達自己的感受，是否能做到和自己、和他人坦率溝通，這是我要學習的課題。

我和皮耶爾的幾次相遇中，我們並未依賴彼此，也沒有被情感中的強烈渴望所困擾。對我而言，這是一種自由的解脫。我將這段關係視為一個學習的機會，也是一份禮物，讓我能以全新的視角去理解與他相關的經歷和情感。

在生命的旅程中，我們會一次又一次地遇到那些熟悉且值得信賴的靈魂伴侶。愛的紐帶早已在靈魂的記憶中編織，當我們再度相遇時，那種愛的連結彷彿穿越時空，立刻浮現。我能感受到這種因果的連結，讓我備感寬慰，也更能接受我們再次成為戀人的事實。我現在能夠坦然表達自己的感受，不再期待特定的回應。

透過對前世的洞察，我開始釋放老舊的限制和框架，幫助我更勇敢地面對人際關係和內心的情感。我正學習著珍惜當下，讓一切順其自然發展。我深深感激彌哲的智慧，她如同一面鏡子，讓我有機會反思自己，並以新的視角看待自己。

青春期時，我常常夢到一個皮膚黝黑的男孩躺在我身邊。那種夢中的親密感讓我充滿渴望，醒來後仍會幻想他陪伴在我身邊。回想起來，那時的我應該是在不自覺中想起了皮耶爾，想起了我們靈魂和情感的深刻連結。雖然在現實中我們各自過著獨立的生活，我也理解無法與他共同生活，但我們的相遇喚醒了我內心深處的渴望，讓我再次相信自己有能力擁有並享受親密關係的幸福。

放棄安穩，
逃離舒適區，
到讓你害怕的地方過日子。
毀掉你的名譽，
做個惡名昭彰的人。
——魯米

〔工具〕吸引力法則

我們可以從多層次的視角來理解人際關係，特別是關於吸引力與相處的本質。我們的身體可以被分為四個層面：物質、情感、心智和靈性，每個層面都有獨特的頻率，根據個人的成長與發展，這些頻率也會有所不同。根據吸引力法則，「同性相吸，物以類聚」，這意味著我們會吸引與我們頻率相近的人。

以葛洛莉婭的情況為例，她與皮耶爾之間的吸引力主要集中在物質體。這種吸引力雖然強烈，但僅憑肉體的吸引很難維持長久的關係。讓關係穩定且持久，至少需要有兩個層面能夠同頻。如果他們還能在同一條靈性道路上共振，關係就有更深層發展的可能。如果他們能分享相同的智力興趣，在心智體上同頻共振，將會進一步鞏固他們的關係。

如果一段關係在一開始就已經有三個層面在同一頻率上振動，這段關係會有更大的彈性和成長空間。這樣的關係雖然罕見，但在這個變化迅速的現代社會裡，這種深層的匹配會成為一個很好的學習契機，讓兩個人有更多機會去適應彼此的改變，並透過不斷調整來維持長期穩固的關係。

當我們明白每個人有這四個不同層面，而各個層面的振動頻率會隨著個人的成長不斷變化時，就能理解為什麼有些關係充滿活力，能夠持續多年，而有些關係則會很快消失。英文的Grow Apart（漸行漸遠）或Grow Closer（共同成長），在字面上也確實是如此。透過這個振動頻率的觀點看待情感關係，可以為我們提供更深的理解。

這種成長與變化的過程能幫助我們減少指責自己或他人。情感關係的變化往往反映出人們在不同層面上振動頻率的不同步，這是自然的成長過程，而不是誰對誰錯。例如，父母與子女之間的關係，可能因為某一方在心智或靈性層面的頻率發生了轉變而感到距離感加大，並不代表彼此之間有任何過錯，只是不同的生命階段導致的不同步。

當我們理解這個過程，就更能接受自己和他人的變化，擺脫責怪與批評的遊戲。我們可以允許自己以及他人自由成長，並以更大的包容心看待關係的變化。這樣的理解讓我們迎來一種自由的心態，擁抱變化、接受不同步而不執著於過去的關係，在每一段關係中更自由地成長和探索。

理解這些，讓我們擺脫指責別人的遊戲，迎接自由！

Chapter 28
靈性計畫

〔工具〕親近開悟者

【愛麗絲，生於一九六六年】

愛麗絲是三個成年子女的母親，同時也是事業有成的指壓治療師。然而，內心的不安與渴望改變常伴隨著她。以下是她對當時內心掙扎的描述：

愛：我正試著學習從內心尋找答案，並開始慢慢學會信任自己。我想深入感受靈性道路上的追尋，目前卻一無所獲。作為指壓治療師，早在十五年前就有學習指壓的衝動，開始接受按摩培訓，一步步走到今天。

彌：妳現在最大的疑惑是什麼？

愛：我覺得自己失去了幹勁，無法再感受當初對這份工作的熱情。我似乎開始朝向提升靈性發展，比如心靈成長或靈性導師的方向前進。一方面，這是我的興趣所在，我覺得這可能是我要的道路。另一方面，我有很多疑問：這真的適合我嗎？真的應該走這條路嗎？我感覺到有這種轉變的傾向，卻不強烈到讓我覺得是「必須」的。

彌：妳去過日本嗎？那裡對妳有吸引力嗎？

愛：從沒去過，但日本確實吸引我。

彌：為什麼還沒去呢？

愛：兩年前曾計劃過，但因為海嘯而取消了行程，之後也沒再重新計劃過。現在我也不再有當初那種急切的衝動。

彌：妳能想像去日本會發生什麼事情嗎？

愛：其實我不覺得那裡會有什麼讓我特別興奮的東西。我相信那裡有很多美麗的城市和景緻值得一遊，但我注意到，很多我這個年紀的人對一些事情都充滿熱情，而我總覺得自己跟他們不同。

彌：妳為什麼要和別人一樣？

愛：說的也是。

此時彌哲感受到有個很好的契機在等著愛麗絲，於是說：

當妳告訴我妳是一位指壓治療師時，我立刻看到妳在某個前世曾是一位日本人，並且是兩位指壓療法創始人之一。妳從一開始就參與了這項技術的開發，那時它被稱為「按摩」。如今，妳看著周遭的變化，思索著這項技術如何在現代社會應用、如何改變、有哪些可以進一步發展的空間，還有如何保留其原有的精髓。

對於這些問題，愛麗絲完全沒預料到，卻也願意接受。以下是會談內容：

愛：這應該解釋了為什麼我今生會選擇這份工作。

彌：是的，因為這是妳的「孩子」，她在不斷成長和發展。

愛：可是參加在職進修時，我總覺得有些無聊。

彌：妳曾徹底革新了「治療」這個概念。指壓療法不僅是一項技術，對妳而言更是一種啟發與創新。妳內心有一股強烈的力量告訴自己：「如果我能做到一次，我就能再做一次。我可以不斷創新，讓這個世界變得更好。」這種信念支撐著妳，也引領妳達到了今天的成就。

愛：我的指壓技術已經和以前不一樣了，我開發了一些獨一無二的專屬手勢。

彌：妳可以查一查指壓療法創始人的名字。據我所知，當時有兩個人共同研究這個療法，也許「指壓」這個名字源自其中一人，但確實是兩個人一起工作，彼此啟發。他們透過實踐與經驗，創造出這種療法，這是值得讚賞和令人振奮的成就。

愛：參加在職進修以及指壓訓練時，我經常對自己說：「是，一切都很好。」不想炫耀：「只有這些嗎？你們教的這些我也可以教，甚至能比你們教得更好。」

彌：妳的內心總是充滿好奇，渴望學習，不管是已知還是未知的，只要是新的、刺激的知識與技術，妳都願意吸收，這就是妳不斷成長的動力。

然而，妳眼前的困境在於：妳總是向外尋找答案，即便是在尋求指引時也是如此，如果找不到答案，就會覺得乏味。妳在前世曾是一個典型的工作狂，為了開發這種療法，妳犧牲了心愛的妻子、家人，以及所有重要的事物。如今，妳不想再犯同樣的錯誤，但這也讓妳感到有些迷茫，因為妳無法完全放下那種開創者的驅動力。

妳可能會自問：「為什麼我的價值觀和別人不一樣？為什麼我總是在尋找答案？」但這正是妳的特質。妳有著開拓者的精神，喜歡站在創新的最前線，勇敢地突破界限。如果我是妳，我會考慮去日本看看那裡的人如何在指壓技術上不斷研發創新。他們與妳一樣，是這個領域的先鋒。妳可以找到新的靈感，並且重新連結內在的力量。這不僅會讓妳回歸妳曾擁有的熱情，也更能平衡工作與生活，避免重蹈前世的覆轍。

愛：最近一想到工作就覺得疲乏與倦怠。我並不是真的想去體驗新事物，畢竟工作不是一切，好不容易現在有時間做點其他事，我希望能享受生活，這才是我喜歡的。

彌：妳正處於一個尋求平衡與和諧的階段，學習如何更關注妳身邊的家人和朋友，也在努力過好自己的生活，以免重蹈前世的覆轍，錯失最美好的時刻。妳內心在低語：「是的，我確實取得了很大的成就，為世界留下了有價值的遺產，人們也將從中受益。但在這個過程中，我也失去了自己的幸福。」這正是妳目前面臨的兩難與內心的衝突。

妳正在尋找能幫助妳突破自我、重新找回平衡的挑戰。當今世界充滿動盪和混亂，而這些挑戰反而點燃了我們的創造力。我們都在探索能夠治癒和理解彼此的方式，試圖創造一種能幫助我們理解身體、心理和靈性運作的全新模式。這是一個充滿可能性的時代，也是生命力迸發的時刻。

愛：我是否應該接受更多培訓來從事通靈工作？這樣對我真的有意義嗎？還是恐懼阻止了我前進？

彌：我在妳身上看不到太多的恐懼。如果有一絲害怕，那大概是擔心自己會再次像前世一樣迷失在工作中。這一點，妳已經非常清楚，也掌握得很好。畢竟，若沒有家人和朋友的陪伴，那種孤單感將無比痛苦。妳渴望被身邊的人關愛與理解，這一次，妳不想再失去與朋友的連結。

心靈療癒之路對妳有強烈的吸引力，妳可以沿著這條道路前進，直到能夠更清楚自己究竟想要什麼，以及當前所處的階段。妳在從事指壓療法時，其實已經在運用妳的「第三眼」了，意識到這一點對妳來說非常重要。如果妳繼續發展第三眼的能力，妳的療癒工作將會變得更加有效，也會創造出一套獨有的方式來應用它。

就像我所說，我不是通靈者，但我有先見之明。這將成為妳探索靈性道路的一部分，並進一步引領妳走向與他人更深層的連結與療癒。

愛：兩者有什麼區別？

彌：我不是通靈者，無法跟妳逝去的親戚溝通。我是一個「先見者」，透過轉移注意力和改變意識，觀察需要讀取阿卡西紀錄的人，找到並「跟隨能量」，從中讀取儲存的訊息，然後將我「讀取」到的內容傳達給當事人。

妳怎麼看待「先驅者」或「開拓者」這兩個詞呢？這正是我對妳的觀感。妳不甘於只是跟隨別人的腳步，雖然可以與朋友一起走，但那無法完全滿足妳。妳更喜歡打破既有的框架，超越界限，進入未知的領域。

愛：對於那樣的自己，我還沒有足夠的信心。

彌：是的。在前世，妳創立了指壓療法，卻為此付出了個人幸福的代價，妳不希望這樣的事情重演。如今，妳正在尋找一條雙贏的道路：讓內心的熱情推動妳走向新的發現，同時與親愛的人保持聯繫。對妳來說，與親友維持健康快樂的關係至關重要，這樣，妳可以在追求創新突破的同時，維持情感上的平衡。這並不容易，但妳正逐步走向這個目標。

愛：有時候，當我看到別人在做什麼時，我的自我價值感會動搖。

彌：妳必須放下一些東西。從現在開始，停止與他人做比較，若能做到這一點，內在導師的指引就愈來愈清晰。根據佛法，妳在創立指壓療法、造福他人的同時，積累了功德。當妳為他人做善事，例如創造一種治療方式，這種功德就會累積，未來也會幫助妳如願以償，心想事成。妳沒有造惡業，偶爾的自我懷疑只是前世生活失衡的提醒。即使妳常感到不安，滿足感還是會隨之而來。放下所有疑慮，它們只會束縛妳。

現在是妳尋找一位老師的好時機。妳可能無法找到比妳更了解指壓技術的老師，但一位靈性導師可以引領妳進入內在，幫助妳找到更深層的指引。

妳拜訪過像梅拉修女（Mother Meera）或「擁抱阿瑪」（Amma）這樣的聖人和化身嗎？

愛：沒有。

彌：去見見梅拉修女吧！她非常謙虛，她的存在本身就是一種啟示。她不會刻意對任何人做什麼，而是透過她的存在，邀請每個人去全然體驗自己的永恆自我。認識她對妳會有好處。如果妳覺得被她吸引想去拜訪她，她就會騰出時間讓妳體驗自己的神聖本質。

愛：我多麼希望有人能牽著我的手，帶領我去體驗這些事情。

彌：妳也可以打電話詢問她任何問題。這些非權威的老師對妳會是一種啟發。她的助手會把她的回答傳達給妳。這些老師不尋求追隨者，妳可以隨心所欲地來去。他們以身作則，不會要求妳改變什麼。

阿瑪也是一位「擁抱」老師，她讓人感受到與宇宙合而為一。這些老師能幫助妳接納自己，與內在和解。即使妳被內心的驅動力推向新的邊界，也沒有關係。妳就是妳，這關乎妳能否隨時相信自己，這看似簡單，卻也充滿挑戰。為了感受到自己在人群中的位置，我們常會不自覺地將自己與他人做比較。但當我們停止比較，便會體驗到一場巨大的轉變。我可以向妳保證，這正是進化的過程。一旦妳停止比較，妳會發現自己已經與所有人建立了深刻的連結，與萬物融為一體。而這正是妳一直在尋找的突破。

與此同時，另一段前世在彌哲眼前浮現：

彌：我看到了另一個前世，妳曾經是一位薩滿，大約是在三、四世之前的巴西叢林中。

妳是那裡一位巫師的學生，專門研究藥用植物，並以此幫助人們擺脫痛苦。妳同時也是治療師，使用像死藤水註1這樣的天然物質，來協助人們進行療癒。

有一次在叢林中，妳進入改變的意識狀態，並為學生們創造一個安全的環境。然而，有一次野火突然爆發，妳所帶領的團體約有五十人，其中一半的人不幸在這場大火中喪生。火焰吞噬了他們，有些人則因濃煙窒息。當時，妳太專注於自己的工作，太投入於幫助叢林中的人們，導致未能及時察覺火災的來臨，從而無法避免這場悲劇。

妳對薩滿教感興趣嗎？

愛：是的，但如果我對某件事不夠肯定、不夠強烈，我寧願等待。

彌哲看到愛麗絲目前缺乏方向和偶爾缺乏自信的現象，其實與前世事件有些連結。

彌：妳認為自己該對這些人的死亡負責，這就是這種恐懼一直存在心中的原因。妳的矛盾心理源於這段該對他人負責的經歷。

愛麗絲的轉變

兩年後，愛麗絲感覺她已經準備好分享前世訊息為她開啟了什麼樣的旅程：

我可以由衷地說，認識彌哲並請她幫我看前世，對我的內心產生了深遠的影響，我感受到靈魂被撼動、被接納、被理解。原本我內心那種想要追求更多成就的野心，如今已經平息下來。接下來的幾個星期裡，我變得更加安靜和冷靜。

當我與他人相處時，我可以讓治療過程自然流暢地啟動，而不需要做太多的事情。引導人們擴展他們的意識，似乎是我與生俱來的能力，這份天賦正在日益順暢地發展。

透過前世的探索，我意識到，找到內在的平衡點是我的權利，這樣才能把自己照顧得更好，並在生活中體驗到更多的快樂。事實上，我的開心時刻變得愈來愈長。如今，當有人向我提出要求、而我的內心沒有「是」的回應時，我已經能夠勇敢地說「不」。

非常感激彌哲建議我去與梅拉修女會面，並期待這樣的療癒機緣帶給我更多的啟發。

永遠不要去傷害別人的心。
即使被人傷害也要以愛回應。
就連在夢裡，我也無法對你動怒。
若不相愛，就難以完成目標。

——瑪哈拉吉（Neem Karoli Baba，印度精神導師）

1 譯註：Ayahuasca，是一種來自南美亞馬遜地區的傳統藥物和儀式飲品，在原住民的宗教和治療儀式中有悠久歷史。它的用途不僅限於靈性方面，也被用來治療情緒和心理問題。在某些國家屬於法律灰色地帶，應在有經驗的導師引導下使用。

〔工具〕親近開悟者

當今地球上，確實有比以往都還要多的聖者或開悟者在世。我們處在一個前所未有的巨大進化轉變的邊緣，這個變化帶來的混亂與挑戰，讓我們比以往需要更多的幫助。當一個人經歷了像愛麗絲那樣深刻的轉變時，拜訪一位開悟者可以幫助他在更高的振動頻率中找到根基，這種頻率可以稱之為和諧、神聖的愛或內心的平和。

面對強大而不可避免的挑戰時，我鼓勵你去尋找一位開悟者，參加他們的聚會，或是在他們身邊待一段時間。這些活動有時可能會需要付費，甚至要價不菲，但大多數情況下，開悟者不會對你提出任何要求，你會受到歡迎。如今許多知名的老師都有自己的網站，列出了他們的行程活動。有名的人包括：

- 達賴喇嘛
- 擁抱阿瑪
- 梅拉修女
- 古魯．麥（Guru Mai）
- 穆吉（Mooji）
- 甘加吉（Gangaji）
- 阿德亞尚提（Adyashanti）
- 艾克哈特．托勒（Eckhart Tolle）

此外，也有一些不那麼知名的開悟者，或許就住在你身邊不遠處。有人估計當今地球上有成千上萬的開悟者，雖然對此仍有不同的看法，但他們的存在對於那些正尋求指引和成長的人，無疑是寶貴的資源。

與開悟者共處時，你會得到各種好處。以下是你在開悟者面前會發現的一些好處：

- 無法否認自己的神性
- 自我實現的可能性變得真實
- 對批判他人的興趣開始消退
- 感受到自己內在神聖的愛與平靜
- 人類的希望，似乎更加顯而易見且自然
- 有這麼多東西要學，你感到非常興奮；你瞥見了自己無限、未知的永恆本質

Chapter 29
哥哥施虐

〔工具〕寬恕

【伊莎貝，生於一九九五年】

伊莎貝是按摩師，也是按手療癒師[註1]。父親在她六歲時就去世，家裡有母親、哥哥和兩個妹妹。因為童年時期被大她三歲的哥哥虐待，這個記憶一直困擾著她。這件事在她大約九歲的時候開始，細節記不清，只記得哥哥經常在家人都睡著以後進入她的房間。伊莎貝知道每當大家都睡覺以後，就是哥哥去她房間的時候，也知道哥哥會對她做些什麼。對伊莎貝來說，這是一天中最糟糕的時刻。她感覺自己完全受他的擺布，雖然並沒有發生性關係，但他用身體親近她並撫摸她的全身。剛開始她會強烈抵抗，時間久了她也就放棄了。因為哥哥經常去她房裡，她漸漸地也變得麻木了。

從某個時刻開始，伊莎貝彷彿重獲新生，她學會了如何保護自己免受哥哥的侵犯。有一次假期，媽媽安排兩個妹妹同睡一間，伊莎貝不得不與哥哥共用房間。當哥哥再次試圖靠近她時，伊莎貝堅決地對他說：「如果你再不停止，我就從窗戶跳出去。」她當時非常認真，甚至做好了結束自己生命的準備。就在那一刻，她終於明白，只要她勇敢地說「不」，哥哥就會退縮，一切都會結束。有時，她甚至對哥哥感到一絲憐憫，但她深知，只有堅定地拒絕，才能真正保護自己。

伊莎貝無法向母親求助，因為她害怕這會讓母親承擔責任，而她擔心母親無法應對這樣的壓力。她也不能告訴妹妹們任何事情，甚至不想讓哥哥蒙羞。她心想，如果我揭發他，事情鬧大了，家庭秩序可能會徹底崩潰，而自己也要為此負責。於是，伊莎貝選擇了隱忍，承受這一切，默默守護著這個祕密。

她的妹妹們有時也對哥哥感到憤怒，對他的行為表示不滿。在這些時刻，伊莎貝常有衝動想把真相說出來，譴責哥哥的所作所為。然而，她還是壓抑了這個念頭，因為她知道這樣做可能會讓整個家庭陷入混亂。直到有一天，她聽了彌哲的演講，內心深受觸動，最終決定去找她諮詢。

彌哲敘述伊莎貝的前世如下：

妳曾經是島上一個年輕的女子，在一家餐館當服務員謀生。有個廚師深深愛上了妳，想要妳成為他的妻子，他總是設法引起妳的注意。經過長時間的努力，妳終於也愛上了他。你們的愛情甜蜜而純粹，最終走進婚姻的殿堂。不久後，妳懷孕了。

1 譯註：按手（laying-on-of-hands）療癒師會將手放在患者的身體，來傳遞能量或促進身體的自我修復機制，可以用來放鬆肌肉、減輕疼痛、平衡能量場或提升整體的身心靈健康。

在妳懷孕期間的一天，他得去船上工作，這次離別卻成為永別。船翻覆了，他在海上淹死。妳的人生從此改變，妳靠努力工作撫養孩子，竭盡全力支撐起這個家。

今生，你們以兄妹的身分再次相遇，這使得他對妳的感情產生了困惑。這種情感的混亂導致了他對妳的騷擾行為，但這並不能成為藉口。他從未有意傷害妳，事實上，他對你們之間發生的事情感到深深的內疚與懊悔。妳過去曾經勇敢地劃清界線，現在妳依然需要堅守這一點，讓彼此有空間去重新定義你們的關係。這樣做不僅會減少彼此的混亂，也有助於你們以更放鬆、健康的方式相處。

當然，他依然愛妳，這種情感從未改變，就像妳也曾深深愛著他一樣。只是今生的相遇與挑戰，需要你們用新的方式去面對與理解。

伊莎貝的轉變

幾個月後，在與伊莎貝後續的訪談中，她談到此事如何改變了她的想法：

看過前世之後，我的內心產生了深刻的轉變。我開始能夠從全新的角度審視我和哥哥的關係。回想過去發生的種種，我不再覺得自己是受害者。對前世事件的理解，讓我以更複雜、多層次的方式看待今生的經歷，之前的想法太過單純了。

剛開始，我對這些前世的資訊感到困惑，即便我理解了事情的因緣和前世的連結，卻不知道實際該如何應對。我依然常常對哥哥發脾氣，他的行為讓我無法平靜。然而，前世的故事彷彿在指引我，該在這片由他行為和我們情感困惑所堆積的糞土上，開始播下愛的種子。

對我來說，學會原諒他，並進一步將內心的憤怒轉化為寬恕和愛，變得至關重要。理解了前世的故事後，我能夠更深刻地感受到其中的因果。或許，正是由於前世的因緣，他對我產生了特殊的情感，但他可能找不到其他方式去表達。我經常想到「播下愛的種子」這句話，即使只是說一句友善的話、保持積極的態度，或是嘗試理解他人的立場，都能讓愛的種子慢慢生根發芽。

起初，我認為這樣做非常困難。然而，這句話卻給了我力量和方向。我開始試圖不再僅僅依賴理智去理解一切，因為道德觀曾告訴我：「這是無法想像的，哥哥不應該對妹妹這樣！」但現在，我能夠更深刻地理解其中的因果，以及精神、靈性和情感的交錯。我不再局限於「受害者」的身分，而是重新審視一切，逐漸釋放了內心的傷痛，並對所發生的事情有了全新的認知與接納。

在前世，我是一個寡婦，獨自撫養孩子，那時我常常感到深深的孤獨與被遺棄的痛苦。這份憤怒或許至今仍然留存在我的內心，尤其是在面對失落和無法掌控的局面時，這種情緒依然時不時浮現。我當時無法理解為何他會離開我，為何會如此無助地面對生活的挑戰。

今天，我能以更多的理解來看待這段歷史，尤其是我的哥哥。作為一個困惑的孩子，我確實同情我的哥哥。我無法理性地解釋自己為什麼不能拒絕他，這一切似乎在一個完全不同的層面上發展。

透過探索前世，我學會了不再僅僅從行為上來評判。這讓我能夠接受一切事物的發生都有理由，痛苦的經歷也自有其目的。情感上，我變得比以往更加堅強，更能夠從不同角度理解自己與他人。

對前世經歷的理解，幫助我逐漸釋放了童年時的陰影，家庭中的角色也因此發生了變化。如今我與哥哥依然生活在一起，我們的情感交流更多，我開始看到他身上的優點。他內心善良，渴望愛與關懷，這是我從前忽略的部分。

儘管有時他仍會表現出大男人主義，說一些冒犯性的話，但我能透過這些表象洞察他的真實情感。我現在能更快地化解我們之間的衝突，並設定清晰的界線。我逐漸明白，我的行為和態度對他有著深遠的影響。我可以選擇憤怒和拒絕，也可以選擇播下愛的種子，這是我逐步選擇的方向。

我與他的關係經歷了深刻的變化，這是過去我無法想像的。以前，他的行為經常激怒我，我也總是被這些行為困擾，因為內心積累了太多未被解放的憤怒。現在，隨著我對這些情感的轉化，我們的關係變得更加真誠、充滿愛與理解。而我也感受到，他變得更加敏感和關注他人的感受。

透過對前世的探索，我開始思考是否該告訴哥哥，我已經原諒了他。無論是今生的傷害，還是前世對我的遺棄，他的內心深處都充滿愧疚。在這個問題上，我願意從心靈和情感層面去原諒他，但不打算直接以言語來表達我的寬恕。回顧前世給予我極大的幫助，我看到了他的進步和改變。

然而，了解前世後，我感到有些困惑。當我接收了這麼多訊息後，不禁開始思考接下來該如何處理它們。隨著時間流逝，這些訊息深深地影響了我的情感和視角，讓我逐漸意識到業力正在發生改變，這些改變對我非常有益。我需要時間來消化這些新的領悟。

前世的啟示也讓我學會如何承擔責任。這段旅程為我提供了寶貴的指引，教導我如何自我療癒。這對我來說至關重要，因為聽到前世的種種，並不意味著我立即能完全理解其中全部的含義。我正處於一個轉變的過程中。彌哲並未承諾要為我們治癒一切，而是以一種優雅且易於理解的方式，讓我能夠自行承擔起這份責任。

在我開始接受療癒師的培訓之前，曾有一段長期的戀愛關係，至少對於我的年紀來說算是長期。我結束了這段關係，因為男朋友的性需求太頻繁，對我來說壓力太大。拒絕他讓我感到很難過，就像我必須對哥哥說「不」一樣感到難過。雖然我愛他，但我還是決定分手。他對我的家庭背景一無所知，也不理解我為何無法隨時配合滿足他的需求。雖然我非常愛他，離開他並非易事。然而，他給我巨大的壓力，讓我感到沮喪。

與深愛的人發生性關係對我來說其實是困難的，這一直是我內心的掙扎，情感方面渴求「其實我想要這樣」，但頻繁的性需求所帶來的壓力，卻會引發深層的憤怒。

自從洞察了前世的經歷後，我對男性的憤怒逐漸減少了。我現在明白，自己隨時可以自主決定想做的事以及如何去做。我不再感到無能為力，也不再視自己為受害者。事實上，我從來都不是受害者，只是過去的心理感受讓我有那樣的錯覺。如今，我能以更正向、更自在的心態與男性相處，並享受他們的陪伴。

儘管如此，自從上一段感情結束後，我並未認真尋找新的伴侶。這或許是因為還沒遇到適合的人，或者需要時間來療癒童年的創傷，讓過去的陰影真正消散。

我預期自己再次進入一段新的關係時，可能會面臨一些新的挑戰。但這些經歷已經教會了我如何付諸行動，重新開放心胸、清晰地溝通，並且意識到自己可以掌控事情的發展。這些都是我為自己設定的任務，期待能在下一段感情中，坦誠地與伴侶討論這些問題。現在，我對未來充滿希望和期待，對童年經歷的看法也變得更加積極正面。

是非對錯的爭議之外
有片青草地
我在那裡等你
當靈魂安憩青草之上
世界是如此豐盈美好
難以言喻
——魯米

〔工具〕寬恕

我們在直覺上都知道，過去的傷痛若一直緊抓不放，將會成為心靈與身體自由的障礙。正如曼德拉所言：「當我們受到嚴重傷害時，除非學會寬恕，否則將無法痊癒。」神學家路易斯．史密德（Lewis Smedes）也曾說：「寬恕就像釋放囚犯，而那個囚犯正是你自己。」

記住這些智慧的忠告，當我們回想那些曾經深深傷害我們的人事物時，可以問問自己：「我是否能夠放下對那些傷害者的責備、憤怒和怨恨？」不斷地自問，然後堅定地回答：「我可以。」反覆進行，直到你真的能感受到自己已經準備好原諒對方。當你真正釋懷時，內心會發出信號：「夠了！」你會感受到那份輕盈與釋放。

寬恕的力量在於它本身。無論對方是否知曉或接受你的寬恕，這個行為還是會使你受益。這是值得慶幸的，因為寬恕並不依賴對方的存在或回應，你不需要對方的認可，便可以讓自己走出怨恨的囚籠。

寬恕也並不意味著一切會隨之改變。你可能依然不願再與那個人接觸，過去的傷害也不需要被遺忘。但放下內心的怒火去原諒，會讓你變得更為寬容與開放，打開一扇面向未來的門。這樣，你不再畏懼可能再次受傷，能夠更自由地迎接生活中新的機遇。

另外，還有一個附加的好處，你也許會願意善加利用：可以藉此機會，深入檢視當初究竟是什麼傷害了你。理解這些傷害的根源，能為你提供寶貴的自我認識。更重要的是，你可能會發現還有其他隱藏的傷口需要療癒。而現在的你，已經具備了療癒這些傷口的能力。

當你完全領悟這一點時，可能會帶來更深刻的內在轉變。或許你會發現，當有人傷害你時，可以把他們視為你的老師，由衷地感恩，深深一鞠躬，並說一句「謝謝！」（即使他們不在場）。此刻的你，已經能夠將痛苦轉化為祝福，正是這些苦難讓你增長了智慧，變得更加堅強。

Chapter 30
無解難題

〔工具〕理解現實的本質

【琳達，生於一九五八年；琳達的女兒蘿絲，生於一九八七年】

琳達是社工和教練，已婚，育有兩個女兒。她因為與大女兒蘿絲之間的關係緊張，所以來找彌哲尋求幫助。蘿絲快要二十九歲了，琳達非常擔心她的健康和安全問題。她意識到自己經常反應過度，卻又很難不去擔心。以下是她們首次會談的記錄：

彌：她都做了些什麼讓妳擔心的事情？

琳：最近她因為身體極度疲累去看了醫生。她從小就對噪音非常敏感。

彌：她是做什麼工作的？

琳：她是音樂家，彈電吉他。她有學士學位，目前正在攻讀跨學科藝術碩士學位。

彌：這很了不起！妳為什麼會擔心她？具體說說妳在擔心些什麼？她做的

是她喜歡做的事情。我想知道是不是以前發生過什麼事，讓妳對她如此擔心。

琳：舉個例子吧！二〇一〇年，蘿絲二十三歲，當時發生了一些愈來愈不合理的事情。我邀請她、她的男朋友以及其他幾位朋友，一共十個人，一起去聽一場音樂會。大家都非常期待這場演出。除了蘿絲和她的男朋友，其他人都已經入座。音樂廳的燈光漸漸暗下來，歌手也開始表演。我剛才還在大廳見過她，可是，音樂開始後，他們兩個卻消失了。我開始感到不安。

心神不寧之下，我的恐慌症突然發作。我只能靠著不斷深呼吸，勉強熬過那段極度焦慮的時間。腦中開始閃現各種可怕的畫面：救護車的聲音響起，她正被送往醫院急救。我內心一片混亂，用理智努力讓自己冷靜下來，卻不斷自責：「妳完全失控了！」我知道必須撐到中場休息才能有所行動。好不容易等到休息時間，我立刻衝出音樂廳去尋找他們。幸好，很快看到蘿絲和她男朋友正朝我走來，他們找到兩個更靠近舞台的好位置，對表演感到非常滿意。我頓時如釋重負。

這只是其中一個例子，每次類似情況發生，我都會擔心到陷入極度恐慌中，這樣的情緒也一次次反覆發生。我知道這些是不正常的反應，因為二女兒從不曾帶給我這種無法控制的恐懼感。我也清楚這不僅僅是作為一個母親對孩子的擔心，卻不知道該如何應對！即便我從未與蘿絲談起過這些問題，但這種無形的壓力無疑影響了我們的母女關係。

彌哲在看前世前就為後續的故事做了鋪陳，她安慰琳達，這種過激反應源於前世某些事件的影響。一旦理解這一點，就可以更從容地看待女兒的行為。以下是她的解讀：

我一進入蘿絲的能量場，身體就不自覺地向後傾，彷彿有某種阻止我前進的力量，不知道萬一奮力挺身向前會怎麼樣？我將這個姿勢解讀為她內心的退縮。這個女孩天賦異稟、光芒四射。表面上看來，任何人都不會認為有什麼需要隱藏或保留，然而，她內心深處卻總在擔心：如果展露自己的天賦，會不會引發什麼不好的後果？這樣的想法有點不可思議，因為與大多數人截然不同。她的神奇之處在於，即使她努力保留，人們依然能感受到她的聰明才智。

無論她選擇做什麼，結果都會是出類拔萃的。沒有人能真正知道她隱藏了多少，她就像一枚靜置的炸彈，內在潛能隨時可能被釋放出來。這種力量不一定是毀滅性的，但妳能感受到一旦她釋放了自我，這個世界將見證一場真正驚人的變革。

她的天賦深藏不露，一旦她感到足夠安全，就會勇敢釋放出來。即使她感到不安全，只要她下定決心，仍然會順著內心的驅使，去做那些她認為應該做的事情。她的行動將非常激進，以至於人們會開始質疑現實的本質，彷彿她掌握了一塊能釋放人類潛能的關鍵拼圖。

這個女孩帶著某些別人尚未發現的知識來到這個世界，她正嘗試建構一個平台，將這些直覺上的認知分享給大家。她想表達自己，但每當她觀察周遭，常常會感到沮喪。她認為人們可能無法理解，甚至會產生衝突。對她來說，這些真理簡單明瞭，就像數一、二、三那麼直接，但她深知這些真理的力量將帶來深遠影響。我腦海中不斷浮現她攜帶手榴彈的形象，這是她內在潛能的象徵。

她的貢獻將徹底改變我們對事物的看法，從根本上重塑我們理解這個世界的方式，她的一生注定會為這個星球帶來驚人的改變。

身為母親，妳能敏銳地感受到女兒身上的巨大潛能，因此對未來可能發生的事情感到恐懼。如果是兩百年前，甚至在今天世界的某些地方，像她這樣擁有非凡天賦的人仍然有可能遭到迫害。她屬於未來的世界，但需要放心的是，她並不是處在伊朗、中國或非洲這些充滿恐懼與迷信的地方。相反地，她會在西方展露才華，在那裡有許多人能理解和欣賞她的表達方式。至於她會以何種形式展現她的天賦，我也無法確定。有可能是透過演講、書籍或樂曲，但無論是哪種方式，都將是顛覆性的發表，將會挑戰現有的觀念。

歷史上有許多人曾經開創過新潮流，比如一些畫家創立了全新的藝術流派，起初大眾都無法接受，因為從未見過這樣的作品。這並不是說之前從來沒有過創新，而是那些創新者不是妳的女兒。

音樂也是如此，每隔二、三十年，音樂就會迎來一次重大的變革。人們對音樂的創新常常感到不安和恐懼。妳的女兒擁有這種天賦，可以挑戰大多數人所認可的自然秩序。這種天賦並不會傷害她或他人，真正重要的是，這種變革能帶來人類意識的提升。她目前正在收集所需的工具，試圖全面了解創作過程的各個層面，這樣當她最終提出這個「祕寶」時，會擁有足夠的基礎來捍衛它。

說了這些，相信妳能理解，而不是驚訝，應該是對妳的感受的一種確認。

琳：的確，我一點也不驚訝。

彌：妳不必害怕，她會在大多數人都能接受激進思想的地方提出她創新的想法。

琳：是的，這對她和我都有好處。我可以給妳看她的照片嗎？

彌：當然可以。（看著照片……）沒錯，她的確是生活在未來。她正在等待時機，等一切就緒，等著舞台為她展開。她就像瑪丹娜一樣——瑪丹娜顛覆了我們的思維方式，貓王艾維斯也做到了這一點，歐巴馬也是如此。

琳：她總是有自己的主見，我從來無法改變她的觀念與想法。

彌：她現在正以一種安全的方式引導自己的潛能，等待著時機成熟時全面釋放。值得注意的是，她有一種不妥協的特質。她的現實就是她的現實，無法被改變！她非常清楚這一點，並且了解自己的現實與他人不同，但這並不會困擾她。她不認為因為與眾不同而需要改變自己，她相信當其他人最終理解她所見的一切時，世界會變得更好。

說了這麼多有關蘿絲的情況，接下來是揭曉她前世的時候了：

那一世，妳與女兒蘇珊和孫女安娜住在同一棟屋子裡，安娜就是妳今生的女兒蘿絲。那是二戰期間納粹進入比利時的時候。安娜的母親蘇珊是那種不願正視現實的人，她總覺得最好的方式就是顧好自己，在學校好好表現，在家專注於家務，外面的世界無論發生什麼事，只要不看、不聽、不問，大難就不會臨頭。

那個時候，所有猶太家庭的名單已經被列出來。隔壁就住著一位與妳相識幾十年的猶太婦人和她的家人。妳們關係很好，她對妳來說更像是女兒，儘管她與蘇珊年齡相仿，卻不是蘇珊的朋友，反而和妳有很深的交情。安娜非常喜歡這位猶太婦人，幾乎天天到她家玩。隨著納粹對猶太人開始採取行動，妳愈來愈擔心這位婦人和她家人的安全。妳當著安娜的面，曾多次對鄰居說：「妳應該帶著家人離開這裡，去英國或其他安全的地方。」然而，她總是回應：「他們不會來找我的麻煩，我從來沒有與任何人有過衝突。」

她無法看清事態的嚴重性，拒絕接受妳的警告。安娜受到妳的影響，也開始感到有些不安。她才九歲，但已經感知到情勢的急迫性，經常主動去幫助這家人做準備。她會從地下室裡取出他們的行李箱，並告訴那位婦人：「這些行李箱應該開始裝東西了，妳得準備好隨時走。」安娜甚至會帶來火車時刻表，鼓勵他們趁早逃走。然而，這一家人依然選擇留下。他們過著舒適的生活，先生是醫生，經營著一家大型診所。對他們來說，這裡就是他們的家，不可能輕易放棄。

有一天晚上，半夜裡傳來很大的吵鬧聲。一輛大卡車停在你們家門前，外面有人來回奔跑，大喊大叫。妳和安娜從窗戶往外看，看到持槍的士兵站在卡車旁邊。接著，隔壁房子的燈亮了，門被打開，兩個最年幼的孩子，十幾歲的青少年，驚恐地飛奔出來。他們哭著喊著，呼喚父母。父親正試圖與士兵們爭辯：「我有一家醫療診所，我的病人需要我，我不能在毫無預警的情況下就離開。」

然而，士兵們毫不理會，只冷冷地說：「你可以收拾好一個袋子，然後上卡車。」安娜站在隔壁房間，靠著窗戶，妳能感覺到她的憤怒。妳開始穿衣服，但由於年紀大了，動作變得緩慢。當妳終於穿好衣服時，安娜已經跑到了街上。她勇敢地對士兵們說：「你們不能這樣做，不能傷害這些人。他們是好人，從不傷害別人。他是醫生，他幫助了很多人。」士兵們只是不耐煩地對她說：「小女孩，回家吧。小女孩，回家吧。」

妳匆匆穿上拖鞋和長袍，衝下樓，站在門口的樓梯上呼喊她，試圖讓她明白她不能這樣做。但安娜堅持，跑去幫助她的朋友。她明白，只要卡車不開動，這些人就不能被帶走。於是她跑向卡車，打開車門，趁著士兵們沒注意，取走了卡車的鑰匙，然後拿著鑰匙跑回家。

士兵們從背後對她開了槍。對他們來說，這是「合理的」行為，她不該從卡車上拿走鑰匙。妳站在那裡尖叫，她倒在地上，對妳說：「奶奶，我只是想幫忙。我只是想幫忙。」然後就這樣沒了呼吸。

彌哲繼續講述，幫助琳達更深入地理解：

蘿絲和前世的安娜一樣，擁有獨立思考的能力。當她看到該做的事時，總是迅速採取行動。因此，當妳感受到她的固執，並且堅信自己的正確性時，妳或許會感到一絲不安。然而，前世的經驗已經讓她得到教訓，這一次她決定用不同的方式去應對。妳注意到，這一生的她在九歲時，雖然已經有了自己的願景，但沒有像前世那樣冒險行事。她明白需要適應現實，也確實做得很好。她上學是為了尋找那些能激發她創造力的契機，幫助她實現自己的願景。透過這樣的探索，她能夠清楚地看到下一步該如何走，而這正是她當下所處的過程。她希望能好好活著，實現她在這個世界上的目標。

琳：來這裡之前，我曾經懷疑她是不是我前世的母親。

彌：有這個可能性，但在那一世，妳是她的祖母。妳們住在同一棟房子的同一側，能看到隔壁發生的一切。而她的父母住在房子的另一側，對這些情況並不知情。但妳親眼目睹了這一切，卻無法阻止，這讓妳感到格外無助，因而這件事對妳的打擊特別深重。

琳：是的，這確實是我一直深藏心底的感受。但現在，信任逐漸取代了恐懼，一切似乎變得更加明朗。多年來，這些回憶總是讓我感到焦慮不安。而現在，我終於能夠更放心地讓她按照自己的方式去追求她的夢想。我知道她的選擇是正確的，也能信任她。

彌：她正在竭力為自己在這個世界上的使命做好準備。她已經獲得了一些洞見，明白自己肩負著一項重要的任務。

琳：我一直對她在做的事情充滿興趣，但有時我也能感覺到，她難以用言語來表達自己，這讓我感到難過。我渴望與她有更多溝通，但同時也明白，若要實現這一點，必須先給她足夠的自由。

彌：希望這段前世記憶變得更容易理解，這樣妳就更能接受並釋懷，這對妳們雙方都有幫助。

琳：妳覺得，如果我和她分享這段前世經歷，會對她有幫助嗎？

彌：是的，如果能和她一起分享這次的前世體驗就更好了。她不會感到驚訝的。

琳達的轉變

一年後，琳達回憶起自己在看到前世後的生活變化：

自從看了那段前世，我對女兒的過度擔憂立刻消失了。令人驚訝的是，我再也沒有經歷過類似的恐慌發作，漸漸地，我開始體驗到正常的喜悅和擔憂，對我另一個女兒也是如此。

這段前世故事對我的影響非常直接，我百分之百能理解。我不需要其他佐證來相信它的真實性，它讓我感到既悲傷又真實，並且深深觸動了我。更重要的是，我有一種長久困擾我的一個大問題終於被解開的感覺。

妳曾建議我不必試圖理解女兒的所作所為，雖然這種認知是痛苦的，但這一點的確十分重要，給了我極大的幫助。

讓自己悄悄地
被真正熱愛的事物那股奇異的吸引力所吸引
它不會讓你誤入歧途
——魯米

〔工具〕理解現實的本質

愛因斯坦有一段話經常被引述：「世間萬物都是能量，能量就是一切。將頻率調到與你想要的現實一致，就一定能得到那個現實，別無他法。這不是哲學，而是物理學。」一旦你理解了這個概念，認識到我們周圍看似堅固的事物其實都是能量，你就會開始深入探索萬物的本質，而不再輕易對事物下定論或加以輕視。

隨著這種理解的深化，你對宇宙的信任會加強。你會發現，透過思想、行動和語言，你擁有改變現實的力量。你將真正領悟祝福與祈禱的力量，隨著恐懼消失，雖然內心可能仍有疑慮，但對現實的本質會有更深刻的理解，這種理解讓你更放鬆，並享受生活。當遇到挑戰時，你會感到更有可能找到解決方案。你會明白，自己與那些偉大的開悟者一樣，都是由同樣的能量構成的。這種能量無處不在，我們稱之為「上帝」。

為了幫助你更理解這些概念，我推薦你閱讀一本我多次反覆閱讀，也是我最喜愛的書之一：《量子博士的小書大主張：當科學與靈性相遇》（中文暫譯，*Dr. Quantum's Little Book of Big Ideas*），作者是弗雷德・沃爾夫（Fred Wolf）博士，讀起來既充滿趣味，又能啟迪智慧！

Chapter 31
母子心防

〔工具〕表達內心衝突

【芮秋，生於一九六三年】

芮秋原本是護士，後來成為腳底按摩治療師，開設了自己的診所。當她開始描述自己與兒子的問題時，彌哲首先看到的是她與母親之間的家庭模式，這點值得先提出來討論。以下是她們的對話：

芮：我和大兒子班傑明之間總有一道無形的隔閡。在他身邊時，我對自己的行為和態度總覺得不自在。他是一個充滿愛心的人，但我卻無法與他建立親密關係。

彌：這種感覺持續多久了？

芮：這種感覺已經有很多年了，他現在已經三十三歲了。

彌：這麼多年來，妳一直渴望得到母愛，希望她能改變。妳也竭盡全力在她那裡尋得了一絲母愛。妳能描述一下妳對母親的期望嗎？妳希望她對妳說些什麼？也許像是「我為妳感到驕傲，我很欣賞妳和孩子之間的互動。」這樣的話？

妳覺得班傑明想從妳這裡得到什麼？

芮：他希望得到認可，他需要感受到我對他的愛。

彌：沒錯！但通常妳可能只會跟他說妳的擔憂，卻忘了告訴他妳多麼以他為榮。他是一個了不起的人。給他一些愛吧！讓他知道妳欣賞他，告訴他妳喜歡他、愛他。用他能理解、能感受到的方式表達妳的愛。

芮：我明白了。不過我也在想，我和班傑明之間是否有什麼業力關係？也許藉由過去世的因果能讓我更深入了解，讓我們母子之間的關係變得更加親密。

當然，芮秋與兒子之間的因果關係是非常明顯的，她感受到的挫折，正是因果的體現。彌哲敘述著她所看到的：

在前世，妳有三個兒子，班傑明是妳的小兒子。這可能就是他的前一世。當他出生時，兩個哥哥大約已經十一或十二歲了。小兒子總是想模仿大孩子，試圖做一些超出自己能力範圍的事情，比如在籬笆牆上行走。他不在乎別人的看法，只是全力以赴地追逐哥哥們的腳步。

有個星期天，你們全家去河邊野餐，這是個大型的家庭聚會，許多親戚都參加了。大的孩子們腰上圍著內胎在水裡遊玩。河水湍急，讓父母們感到非常擔心。由於小兒子不會游泳，大人們不允許他參與這樣的遊戲。當時他只有六歲，還太小，必須遵守不下水的規定。

整個下午，他都和其他年幼的孩子一起玩耍，而妳一直在關注著他。看到他玩得這麼投入，這麼開心，妳也稍稍鬆了一口氣，轉身開始收拾野餐後的東西，也跟親友交談。他看到你不再注意他，就趁這個空檔悄悄溜到河邊，找到一個沒人使用的內胎，迫不及待地像大男孩們一樣上去漂流。可惜，由於他太小，無法穩定地掌控內胎，最終從上面滑落，而他並不會游泳。

第二天，你們發現了他的屍體。妳極度傷心和自責，知道他一心想模仿大男孩，而妳卻沒有盯緊他，留意他的安全，反而讓他置身於危險之中。

這件事變得非常複雜，因為妳一直壓抑著自己，沒有向他的哥哥們抱怨：「你們為什麼沒看好弟弟？」妳明白，這並不是他們的責任，也不是他們的錯。即便如此，妳內心的痛苦和自責讓妳與兩個兒子之間產生了隔閡，即使妳從未指責，他們同樣感到內疚。

這一切情感的烙印，因為在前世未能癒合，如今再次浮現。班傑明的潛意識裡，仍在等待妳對他發火，因為他覺得自己沒有聽從妳的勸告，當年不顧警告下水。他的內心深處隱藏著對自己行為的懺悔。

或許，妳能對他說一句：「我原諒你的一切，也希望你能原諒我。」這樣，妳們之間的內疚感才能被釋放，並成為互相寬恕的契機。這些情感的存在，是為了提醒妳們，唯有寬恕，舊傷才能真正癒合。

芮秋沉痛的情緒得到了彌哲的認可，也漸漸能感受到她內心的寬慰。

芮：這正是我的感受，它太沉重了！

彌：這場悲劇阻斷了妳和兒子之間的連結，讓你們都陷入了困惑和隔閡之中。然而，當妳向他表達妳對他的愛和肯定時，其實也在默默地告訴他「我沒有責怪你的意思」，這是一個重要的訊息，會在不知不覺中讓他感受到。

當妳對他說出這些話，並大聲地向他表示妳的愛和對他的認可時，過去的痛苦和自責會慢慢減退。當妳與兒子的關係變得更加坦然、親密時，妳可能會覺得有一天可以與他分享這個過去的故事。到時候，妳也可以對他說：「如果你有任何問題想問我，我會盡全力回答。」

芮秋的轉變

兩年後，芮秋與兒子之間的隔閡逐漸解開，讓她終於鬆了一口氣，也因此獲得了全新的視角：

我和兒子之間那堵無形的牆，其實根源於我深重的自責。透過了解前世的因果，我才明白內心的悲痛和內疚，源於我未能好好照顧他，導致他過早離世。我堅信那場意外是我們之間情感創傷的根源。

從那時起，我和班傑明之間一直彌漫著內疚和悲傷的情緒。我不由自主地覺得自己辜負了他，而他也因為沒有遵守規則感到自責。儘管如此，我從未對他發火，只是一直感到無能為力。也許，他當年帶著這種罪惡感離世，而現在我們再次相聚，這堵前世築起的牆仍然無形地存在於我們之間。

得知前世的故事後，起初我沒太放在心上。日常生活的忙碌讓我不敢與班傑明正面處理這些問題。然而，隨著時間推移，這段前世的故事開始在我心中產生影響。大約花了一年的時間，它漸漸浮現出來。

去年夏天我們一起去爬山，走著走著，班傑明突然對我說：「妳知道嗎，我朋友的父母在經濟上給了他們很多支持，幫助他們實現夢想。但你們，我的父母，卻沒有在金錢上給過我什麼，我從來沒有得到你們在金錢上的支持。」

如果是以前，我一定會被這樣的話弄得手足無措，感到羞愧，甚至認為自己是個失敗的母親。但這次，我卻能平靜地回答他：「班傑明，我一直竭盡所能為你提供我能給的一切！」

在過去，這種問題會令我感到無言以對，因為我會覺得自己給得不夠，再次陷入內疚的漩渦中。但現在，那種深沉、潛在且沉重的罪惡感得到了釋放，我終於能夠放下那份自責，與他坦然地溝通。

不久之後，班傑明生病了。我去探望他，我們在附近的植物園散步，度過了一段平靜的時光。當時，我以為他很快會康復。然而，沒過多久，他打電話給我，說自己呼吸急促，身體虛弱，擔心可能得了肺炎，並向我徵求意見。我建議他去看醫生做檢查。那一刻，我感受到我們之間更親近了，這是一段愉快、親密而真誠的母子對話。

後來，他發訊息告訴我：「謝謝媽媽，讓我能打電話給妳。」我回覆道：「該感謝的人是我，謝謝你對我的信任。」他接著說：「妳知道的，每當我感到不舒服時，首先想到的人永遠是妳，妳總是能夠安撫我。」

如今，我們的每次交流中，我都能感受到他內心充滿了愛。我們之間開始發展出一種全新的能量，那是真正的信任。我可以放下恐懼，不再感覺需要每分每秒都承擔責任。我終於能在他需要我的時候真正支持他，過去，我總是因為肩負太多責任而無法做到這一點。也許這種轉變，是因為理解了古老的業力糾纏，終於釋放了我們的心靈。

我認為，我們在一個來來去去的循環中停滯不前，而靈魂深知哪些古老的傷痕需要被療癒。當我從這個角度去看待一切時，悲傷不再如此深重。或許他前世短暫的一生，早在他離開的那一刻就已經圓滿。儘管這是一個極為痛苦的經歷，對我的影響也是如此深遠，但我終於能理解並放下這份悲痛。

對我來說，讓他明白我從不責怪他，這一點至關重要。如今，我感覺比以往自由了許多，雖然在相處中，我仍然會謹慎地摸索和感受，但這已經比我看前世之前好了很多。那堵高築的「內疚牆」已經消失，我能清楚地感受到這種轉變。如今，我和兒子之間的溝通管道再次打開，我尊重他的決定，不再對他加以批判，也不再將一切視為針對個人的攻擊。最重要的是，我不再感到內疚！

彌哲給了我寶貴的建議，幫助我重新學會如何與兒子親近。現在，我可以讚美他、鼓勵他，最重要的是，我可以無條件地愛他！

我們的思維創造了世界。
思維不改，世界難改。
生命最重要的領悟，
是我們生活在愛的宇宙。

——愛因斯坦

〔工具〕表達內心衝突

每個人都曾經歷過內心的衝突，而在這樣的情況下，心理治療師或諮商師往往能夠提供寶貴的幫助。當然，靈性指導者也能成為一股支持的力量。然而，有時候你可能無法或不願向任何人透露內心的矛盾，無論是出於尷尬，還是因為難以接受自己的感受。結果，你可能會陷入無休止的內鬥，認為這些情緒「不該存在」，進而將它們深深埋藏或壓抑。

當你鼓起勇氣，決定面對這些情緒時，這裡有一個值得一試的解決方法：透過鏡子與自己進行對話。

這個練習的核心在於，同時扮演自己內心衝突雙方的角色，學會用同理心去傾聽自己的聲音。首先，拿出一面鏡子，直視自己的眼睛，大聲說出讓你感到困擾的問題或內心的掙扎。無論是情感的糾葛，還是行動的兩難，盡量真誠地表達你的感受，就像對最親密的朋友傾訴一樣。畢竟，誰能比自己更了解內心呢？

也許你會覺得自己應該像個成熟的成年人那樣，放下它、忘掉它？接下來，讓自己休息五分鐘，站起來四處走動，放鬆一下心情。然後，再次站在鏡子前，這次大聲說出那些你曾壓抑或否認的感受。不要過度修飾或壓抑，任由這些感受自然地流露出來，即使這些感受看起來不那麼「體面」或「恰當」，甚至夾雜著一些粗俗的話語都無妨。最重要的是，誠實地面對自己。帶著同理心和尊重，再次注視鏡中的自己，仔細聆聽你剛剛所說的那些「不夠好」的情緒（參見第二章「是的，這也是我」，第三十六頁）。然後，清晰地表達你想如何應對這些情緒，例如：「給他一巴掌」或「我要讓她承擔後果」。這並不意味著你真的會這麼做，而是讓你有機會完整地表達內心的聲音。

這個鏡子練習能幫助你以更誠實、平衡的方式處理內心的衝突，最終幫助你找到更適合的行動方案，或是獲得心靈的平靜。它的核心在於，允許那些被忽視或壓抑的感受被大聲說出來，且不帶任何批判。當你真切地聽見自己的聲音，面對這些困難時，你可能立刻感受到自己真正的需求，並發現內心渴望的行動方向。當然，有時可能需要幾天的時間來整理應該採取的步驟，但這個過程能幫助你更深入地理解自己，並為釋放壓力和尋找解決方案提供有效途徑。

另一個值得一試的練習是「雙椅對話法」。準備兩把椅子，分別代表內心兩個對立的立場。當你坐在第一把椅子上時，表達你所堅持的立場和觀點。然後，換到第二把椅子，從另一個角度出發，表達另一個立場的聲音。透過這樣的來回對話，你將能夠更全面地理解雙方的需求和情感，從而找到平衡點。

當你逐漸確認了應該採取的行動後，試著與自己進行一場和平的對話。你可以讚揚自己的新見解，感謝自己對問題有了更清晰的理解，並宣告你對未來的意圖。這個過程有助於你內化所學到的經驗，並為自己的成長與轉變感到自豪。

有時候，這種內在的對話甚至可能需要延展到與另一個人的實際交流，來解決雙方的誤解或矛盾。當你完成了這一連串的自我探索後，不妨放鬆一下，比如洗個熱水澡或喝杯小酒來慶祝，作為對自己小小的獎勵，象徵著你成功化解了內心的衝突，朝著更加和諧與平靜的生活邁進。

Chapter 32
意外身亡

〔工具〕釋放傷痛

【克勞蒂亞，生於一九六〇年；克勞蒂亞的弟弟札克禮，一九六四～一九八一年】

克勞蒂亞懷著深切的期盼來找彌哲時，希望能重新審視小弟的早逝，並從中了解更深遠的意義。他在一場火車事故中去世，年僅十七歲，全家都被此事件震撼。她想透過彌哲的指引，了解弟弟的早逝是否存在某種因果關聯，幫助自己釐清這一切。

彌哲問了弟弟的名字和生日之後，他的靈魂立刻浮現，渴望向姊姊分享自己死後的經歷。以下是彌哲的解讀：

札克禮在離世的那一刻感到無比震驚，無法相信自己竟然無法回到身體裡。他一次又一次地嘗試，但總是碰壁，身體的所有機能都失去了作用。他走到家人身邊，試圖與他們溝通，說：「我還在這裡。」然而，每個人都陷入巨大的悲痛中，無法聽到他的聲音。這讓他備感困惑：「我什麼也沒做錯！為什麼大家這樣對我？我什麼也沒做！」他起初並未意識到自己已經「死了」，完全不明白究竟發生了什麼。因此，在最初的二十四小時內，他在熟悉的家園裡遊蕩，試圖與家人重新建立聯繫。

後來，他來到家中的花園，看到一個男人正坐在長凳上。他走上前坐在那人身旁，問道：「發生了什麼事？為什麼沒有人願意跟我說話？」

那個人回答：「因為你已經不再擁有肉身了，也就是人們所說的『死了』。」這個人是他的靈魂嚮導。聽到這些話的札克禮無比震驚。他發現，如果不把自己假想成另一個人坐在長凳上，他根本無法看見這個嚮導，更難以接受他的存在。札克禮驚訝這個人居然能與自己對話，便問道：「為什麼沒有人願意跟我說話？」嚮導說：「因為我和你一樣，已經不在身體裡了。我來這裡是為了幫助你順利完成死亡的過渡。」札克禮焦急地說：「非得這樣嗎？我不想這樣！我還沒準備好！」靈魂嚮導說：「現在你還不完全明白，但很快你就知道了。你在世上的使命已經完成，是時候繼續前行，準備迎接新的旅程了。」

就這樣，札克禮終於願意跟隨他的嚮導離開了。在接下來的五、六個月裡，他經常回到家中，看到家人仍然沉浸在深深的悲痛中，讓他感到非常傷心。他試圖與家人溝通：「我沒事，我也不希望這樣，但我真的沒事。」可惜，家人無法感知他的存在，這種無法傳達的愛與安慰成為他內心的一大苦惱。

他的靈魂嚮導隨後帶他去了某所學校，告訴他：「你可以現在就開始學習，也可以等準備好再開始。無論如何，在你轉世之前，有一些事情你需要了解。」但他不太喜歡學校的氛圍，便說：「我學夠了，不想再去學校了。」他實在不喜歡枯坐在教室裡。

嚮導說：「好吧，那我們可以去探索一些其他的事情。」札克禮曾有旅行計畫，他對地球上其他地方人們的生活方式充滿了好奇。於是，他開始在靈性旅程中遊歷世界，走進了埃及大大小小的金字塔，參加了印度慶典。只用了很短的時間，他的嚮導就陪他探索了所有他想去的地方。

在這段時間裡，他也回顧了自己短暫的一生，開始理解家庭中的因果模式。他逐漸對學校提供的知識內容產生了興趣。嚮導原本安排他坐在教室後排觀察，但他卻說：「我坐在前面能看得更清楚。」於是，他逕自走到老師身邊坐下，眼光掃過整間課堂，這讓所有人都感到意外。（彌哲說：「他的想法充滿新意，真的很有趣，讓我忍不住發笑。」）

老師教得非常好。隨著課程的進行，札克禮的學習熱情被點燃。他開始領悟到生活中有許多自己從未了解的東西。隨著回顧一生，他對許多事物有了更深刻的理解，尤其是人際關係的運作方式。他開始理解父母做事情的動機，也逐漸意識到自己曾被如此深深地愛著。這讓他感到非常安慰，他的靈魂過渡十分平靜。

克勞蒂亞的轉變

克勞蒂亞專注地聆聽著彌哲的每一句話，逐漸對弟弟的經歷有了更深刻的理解。她描述弟弟去世對她生活的巨大影響：

得知弟弟在事故後的那些經歷，我很感動。雖然這件事已經過去了很久，我也努力克服當時的震驚與失落，但這些訊息讓我對他的離世有了全新的理解。當時我二十一歲，並不認為肉體的死亡是終點。然而，父母、兄弟姐妹以及我們周圍的人都被他的突然去世所震驚，充滿了憤怒和痛苦，這使我們暫時失去了與死後世界溝通的能力與意願。現在聽到弟弟試圖與我們聯繫但未能成功，這讓我非常難過。如果我早知道他在努力與我們溝通，一定會盡全力幫助他。

弟弟去世給我帶來太大的震撼，當時根本無法接受。在經歷了生命可能隨時結束的瞬間後，我開始質疑死亡的真正意義。那時，全家被無盡的痛苦和悲傷包圍，一切都變得陌生，像是瞬間整個世界都改變了。家裡瀰漫的絕望與無助讓我對自己的未來充滿疑惑。

那時若有心理引導或精神支持，對我們的家庭肯定會有很大的幫助。然而，我的父母選擇依靠藥物來控制他們的情緒，以便能夠冷靜地處理葬禮和其他相關事務。每個人都用自己能夠理解的方式應對這個巨大的噩耗，但生活在震驚與失落的陰影中並不容易。我的父母在自己的悲痛中往往無法關心我，經常讓我獨自面對傷痛。儘管我也在努力處理，但多年後，我才發現這些未解的情感與創傷依然深埋在身體裡，從未真正被解決。

幾年後，我經歷了一次強烈的身體反應，那次恐慌發作幫助我釋放了失去弟弟的壓抑情感。在此之前，我一直飽受心律不整、虛弱、眩暈和焦慮等症狀的折磨。某天因為一件微不足道的小事，剛好我獨自在家，我突然陷入一次急性的恐慌發作。我感到極度無助，打電話給朋友求助，他幫助我度過了這次危機。在那一刻，我感覺所有積存已久的能量開始滲透到身體，尤其是在心臟周圍。我的每個細胞都開始悸動，甚至振動。儘管我極度害怕死亡，但我無法阻止這種感覺席捲而來。

回顧過去，弟弟去世後，我常常陷入對死亡的恐懼之中。那種恐懼與悲傷交織在一起，讓我常以為自己也快要死去。然而，我漸漸意識到自己並不會死。我的身體依然在深沉地呼吸著，我的肌肉，尤其是腿部的肌肉開始顫抖，帶動整個身體都在顫動。隨後，顫抖逐漸平息，強烈的情緒也減緩了。體內的所有緊張都被釋放，這是一種完全活在當下的體驗。從那以後，我不再有類似的恐懼，心律不整的問題也隨之消失了。我的身體和整個循環系統變得穩定下來。

此外，對於弟弟死後如何轉化的理解，讓我變得更加堅強，雖然他已經去世多年，但靈魂和精神世界從另一個維度向我揭示了這一點。我對這段經歷心懷感激，因為它讓我變得更加開放、通達，也減少了對未知的恐懼。這段經歷成為我與靈性導師、守護天使以及整個生命更緊密連結的契機，幫助我從全新的視角看待生命。

透過這段經歷，我深信，在親友們哀悼的危機時刻，尋求專業指導非常重要。心靈感應師或靈性治療師都能夠與亡者溝通，幫雙方減輕分離的痛苦，帶來安慰與清晰的洞見，同時也能幫助亡者在靈界找到自己的方向。理解前世帶來的影響，不僅幫助我們釋懷，接受死亡本身的難以理解，也有助於整合雙方的經歷，獲得內心的平靜。

在隨後的會面中，克勞蒂亞希望能進一步探討前世，試圖理解她弟弟的死是否與家族的某種業力模式有關，為何悲劇會發生在她的家庭。以下是彌哲的回應：

> 確實存在一些業力的影響，每個人的情況略有不同。妳父親與札克禮之間的業力最為強烈。在前世，札克禮是妳父親的侄子，也就是妳伯父的兒子。妳的伯父嗜賭成性，最終在一次賭場的持刀鬥毆中喪生。妳的父親對哥哥的賭博行為和死亡感到羞愧與憤怒，尤其在這件事傳開後，他更加難堪且充滿批判。在當時，讓他照顧札克禮似乎是理所當然的選擇，因為妳父親家境富裕，也有一個同齡的兒子。周圍的人都認為他會接納這個孩子，但他卻對敗壞門楣的哥哥充滿怨恨，拒絕負起這個責任。
>
> 札克禮的母親在生第二個孩子時難產而死，這也是他父親嗜賭的原因。他無法接受妻子

的死亡，也無法應對隨之而來的痛苦。在那一世，札克禮成了孤兒，最終投靠了一位經營農場的遠房親戚。那位親戚需要人手幫忙，但不願支付工資，所以讓札克禮以勞動換取食宿。那時他大約十六、十七歲，與這一世去世時的年紀相仿。

在農場的日子對札克禮來說極為艱辛。他每天從日出工作到日落，沒有報酬，還經常被告誡應該感激有個棲身之地。十九歲那年，他逃離了農場，並在鐵路公司找到了一份工作（這告訴我們，他距離此世的輪迴並不久遠）。幾年後，他在一場火車事故中不幸去世。火車行駛時，他正在車頂作業，結果從高處墜落而亡。

妳的父親，也就是札克禮的叔叔，對此深感自責。他意識到，若當初收留了這個孩子，他可能仍然活著，並且會過得快樂。他懊悔不已，因為他的拒絕間接導致了侄子的悲劇性死亡。在那一世，他告訴家人：「如果能給我再一次機會，我絕不會如此冷酷無情，不會因為他父親的錯誤而懲罰這個無辜的孩子。」

彌哲接著將前世的故事與克勞蒂亞的今生連結起來：

這一世，妳的父親有機會成為札克禮的父親，給了他一個彌補的機會。札克禮確實有過快樂的童年，但最終仍然早逝。即便如此，妳的父親可能仍然覺得這一切與他有關聯。然而，事實並非如此，不是因為他做了什麼或沒做什麼，而是札克禮個人的生命旅程在發展。父親表現出他內心想彌補的心願，他彷彿在說：「讓我來，這次我來幫你。」

札克禮的去世對妳的父親來說是一個巨大的打擊，但他確實實現了給札克禮一個他渴望的生活，一個充滿家庭溫暖和快樂的童年。這是妳父親這一生中最重要的貢獻。我們可以逐一探討每位家庭成員與札克禮的因果關係，但父子之間的連結最為深遠，他們之間的業力在這一世已達到圓滿。

然而，克勞蒂亞依然想知道札克禮現在的去向。彌哲繼續深入探索，並令人驚訝地發現了另一段生命：

札克禮再次轉世了。我看到他在美國南部一片廣闊的沼澤地，他現在是一個小男孩，名字叫鮑比，約三、四歲。他的父親是一位嚮導，專門帶領人們進入大沼澤地。

鮑比對父親的船充滿了好奇。這艘氣墊船[註1]看起來很特別，後面有一個巨大的螺旋槳，讓船能輕盈掠過水面。當人們乘坐它進入沼澤時，感覺像是在飛翔一樣。他的父親是自然學家，對沼澤地的所有水路都瞭如指掌。

鮑比的父親擁有植物學學位，對沼澤中的植物和野生動物如數家珍。他常帶學生來實地學習，也會陪科學家和政府官員參觀這片生態寶藏。

鮑比也喜歡玩船，收藏了許多小船。他的父親為他在沼澤邊緣設置了一個專屬區域，讓他在那裡放小船入水。他非常快樂，父親也對他關愛有加。他還有一個小兩歲的妹妹，雖然最初他有些嫉妒，不願意與妹妹分享父母的愛，但很快他就喜歡上了這個小妹，並樂於為她做一些事情。

札克禮花了二十八年的時間，才準備好回到這個幸福且充滿希望的家庭。父母都受過良好教育且致力於生態保護，專注於拯救沼澤中的動植物。

幾個月後，克勞蒂亞分享了她對喪失親人的深刻反思：

1 譯註：airboat，平底，後面有大型螺旋槳提供推力，使船能夠滑行在淺水、沼澤和濕地。常用在淺水或植物茂密的水域進行捕魚、狩獵和生態旅遊等傳統船隻很難航行的地方。

失去親人的痛苦經歷，雖然對我們全家造成了巨大的衝擊，卻也讓我一次又一次地直視生命的無常。儘管我習慣熟悉的事物，生活卻總是充滿變化。新的事物進入生命的同時，也會帶走一些曾經存在的東西。我意識到，我無法完全理解生命旅程的目的，但我開始以更廣闊的視角來看待生活。透過探索前世，我獲得了許多啟示。

在前世故事中，我最驚訝的是，札克禮的靈魂轉世，成為美國南部一個叫鮑比的小男孩。當我能以這種方式看到他的人生旅程時，我經歷了一次內在的轉變，重新詮釋了自己的生命。我開始意識到這個可能性：札克禮的靈魂轉世，讓他可以繼續他的人生體驗與學習。

札克禮的突然離去，反而使我對死亡的恐懼消失了。我開始以完全不同的角度來看待我們在家庭和朋友之間扮演的角色。透過對前世的理解，我的認知擴展了。想到有朝一日或許我會再次遇到這個叫鮑比的年輕男孩，我已故弟弟的靈魂，現在生活在另一具身體裡，讓我感到既神祕又著迷。

這個因果故事的內容讓我非常感動，因為它告訴了我，每個人都有機會一次又一次去修補某些錯誤，去尋找平衡點，並帶來充滿愛和意義的新體悟。我由衷感謝這個領悟。

若無淤泥，哪來蓮花。

——一行禪師

〔工具〕釋放傷痛

如果你正經歷失去親友的傷痛，無論是否完全理解這些感受，以下的步驟或許能幫助你找到一些釋放與療癒：

第一步：確定你真正想要的是什麼。

首先，問問自己，悲傷對你而言是否是一種深愛逝去親人的表達？如果是，你是否還未準備好放下？這是很正常的，悲傷是一種情感上的連結，承認它並不代表脆弱或錯誤。只有當你內心清楚並堅定地告訴自己：「是的，我準備好釋放這些悲傷，並重回我的日常生活」，到時你才可以準備進行下一步。切忌壓抑或否認這些情緒，讓自己徹底經歷這些感受，甚至放大它們，才能真正釋放。

第二步：想像有一個儲存眼淚的水庫。

接著，想像你心裡有個水庫，儲存了尚未流出的眼淚，所有尚未釋放的悲痛。現在，嘗試逐步清空這個水庫。你可以藉助一些具體的方式來引發這些情感，例如翻看與逝去親友的照片，回憶那些與他們共度的珍貴時光，或者看一些容易讓你感動落淚的電影。無論你選擇何種方式，都要允許自己徹底地哭泣。大聲哭出來，讓悲傷肆意流淌！眼淚是一種釋放的途徑，許多深埋的痛苦會隨著淚水流出。當你哭得再也哭不下去時，停下來，靜靜感受當下的自己。你可能會感受到一種平靜的空虛，一種深層的放鬆。

悲傷中蘊含著治癒的力量。當你徹底釋放悲傷後，你會發現自己內心開始騰出空間，為新的機會和喜悅敞開大門。釋放悲痛的過程，不僅能讓自己感受到愛，更是一種對生命和死亡的深層接受。你的釋放表明：「我相信生死循環是自然的，宇宙正在用對我們最有利的方式展開每一段生命的旅程。」

反思

微觀與宏觀

彌哲

蕭伯納（George Bernard Shaw）曾說過：「溝通最大的問題，是誤以為溝通已經發生了。」或許，兩個人能真正達到彼此理解，本身就是一種奇蹟。我們都知道，能與另一個人保持同頻共振，是多麼珍貴而難得的事。我在歐洲生活的那些年裡，由於我對德語的掌握有限，所有的溝通都需要透過翻譯，這無疑讓挑戰加倍。我認同劉宇昆（Ken Liu）[註1]的看法：「每一次的溝通，都是一次翻譯的奇蹟。」本書就是一個充滿奇蹟的故事。

隨著我的意識不斷擴展，交流中感受到的一體性也愈來愈強烈。這種感覺似乎發生在語言與文字間的空隙中，超越了它們表面的意義。我不禁好奇，我們的意識是否就是以這樣的方式自然展開呢？首先，我們感知到某一個層次的現實，一旦我們準備好了，另一個層次便會悄然浮現。

我們與他人溝通時，能否達到更高層次的覺知，取決於我們是否能真正敞開心扉。那顆積累了一生智慧與經驗的心振動著，等待被釋放與分享。靈魂與靈魂的真實交流，可以帶來震撼心靈的喜悅、幸福，甚至是欣喜若狂。然而，自己的潛能若是被內在的痛苦所阻礙，溝通也可能成為痛苦的根源。這種人與人之間意識的融合，是一種極其珍貴的體驗。

我非常享受為個案服務的過程，因為它對我同樣充滿啟發。我不斷發現，每個人的經歷都能反映出我自身的一部分。看前世的過程中，我和對方的角色是可以互換的。不久前，我為一位渴望打開自己心扉的女士提供服務，卻發現她的心其實早已敞開，只是被前世的痛苦遮蔽，無法意識到真相。有些痛苦是有意識的，有些是部分有意識的，還有一些則是無意識的。當我們渴望真誠相對時，前世的影響往往成為我們的阻礙。正如魯米所說的：「你的任務不是去尋找愛，而是找到心中對愛築起的所有障礙。」

我常感受到一種微妙的矛盾：一切的一切都縮小到當下這一刻，展現其獨特的存在性；同時也意識到自己正在向宇宙最遙遠的邊際無限擴展，並與其相連。我甚至未曾將我（以及我們）所屬的多重宇宙考慮在內，因為永恆就在當下這個瞬間。

我發現自己可以輕鬆自如地在這種微妙的矛盾之間切換，毫無阻礙！

對卡琳、芭芭拉（英譯者）、世芬（中譯者）以及所有參與創作這本書的人，我充滿感激之情。這是一場精彩萬分的奇幻之旅！

願我們都能認識到，我們是一體的。

---

1 譯註：美籍華裔科幻作家，作品有《摺紙動物園》、《隱娘》等。

謝詞

卡琳．史德勒

我衷心感謝每一位允許我將他們前世故事寫入本書的人，感謝他們的信任，讓我得以見證他們生命中感人至深的時刻。跟隨彌哲學習，並目睹她如何協助人們與自己的靈魂並行，對我而言是一段無價的學習旅程，更是一份珍貴的禮物。這段經歷教會我如何信任自己的內在聲音，也就是我的內在老師，使我們得以覺醒，並發現自己的無限潛能。

我同樣感謝所有無條件信任我的朋友，他們慷慨地允許我轉錄前世的故事，並同意我引用後續的訪談，這讓更多人能夠了解前世如何影響今生的旅程。

也要感激所有支持這本書的捐贈者，以及透過無數日夜的寫作，在我撰寫過程中給予鼓勵的每一個人。在幫助個案探索前世時，彌哲帶給個案的心靈轉變與領悟，每每打動了我，也讓我踏上了屬於自己的療癒之路。

最後，我要向所有參與者靈性的深度、成熟度、智慧和愛心致敬。他們的故事由衷感動了我，我也誠心希望每一位讀者在閱讀這本書時，能找到共鳴，並以類似的方式探索和體驗屬於自己的生命故事。

當我第一次聽到彌哲說她的老朋友世芬有意將我們的書翻譯成中文時，我的第一反應是：這實在太瘋狂了。我難以相信她會有這個想法，並且真的付諸實現。然而，她做到了！正是因為世芬的努力，我們手中才可以有這本中文版。對此，我感到無比激動與感恩，因為這意味著更多人可以讀到這本書，也讓我有機會與台灣建立連結，將那裡的文化和生活融入我的世界裡。

懷著無比欽佩與感恩之情，我感受到與世芬以及所有為這本書的呈現而付出貢獻的人緊密的連結，他們的參與使得這本書得以在台灣與讀者見面。

我由衷感謝彌哲帶給我的啟發、無條件的愛，以及多年來在我的學習和生命旅程中的引導。她的智慧和光芒般的存在，使我真正看見了自己的靈魂。她幫助我喚醒內在的潛能，激發我的創造力，並堅定了我對自身治癒能力的信念。

在她的協助下，我逐步解放自己，脫離了過去的局限與框架，發現了一個充滿愛與奇蹟的宇宙。

當你知道
沒有任何事物可以將你抽離真理時
一股強大的力量
就會在你內心甦醒

——穆吉（牙買加靈性導師）

詞彙說明

阿卡西紀錄（Akashic Record）

阿卡西紀錄包含了所有曾經發生、正在發生，以及未來可能發生的事件、思想、言語、情感和意圖的綜合資料庫。這些紀錄以非物質的形式儲存在所謂的「精神平面」中，它是人類氣場中一個可探索的層次。人們相信它包含了所有靈魂從遠古至未來所積累的集體智慧與經驗，可以透過提升意識或靈性修行來讀取。

光場（Aura）

也稱為光體場，是一種環繞並滲透生物體的能量場，通常被形容為多層次、多色且具有放射性的光能或能量場。光場包括多個層次，如以太體、情緒體、心智體和靈性體，這些層次共同構成所謂的「光體」。

星光界（Astral plane）

是情感層次的領域，涵蓋了希望與恐懼、愛與恨、快樂與痛苦等極端的情感對立。這是最接近肉體層面的微細層次。在睡眠或星光界旅行時，情感體或星光體是我們所採取的形態，與肉體存在對應關係。

脈輪（Chakras）

是位於脊椎中心的以太體內的能量中心（即漩渦或輪）。這些脈輪與七個主要的內分泌腺相關聯，負責協調和啟動物理、以太、情感、精神、靈性層次與靈魂之間的能量流動。七個主要脈輪如下（以中文和梵語表示）：

1 海底輪：Mūlādhāra
2 臍輪：Svādhisthāna
3 太陽輪：Manipūra
4 心輪：Anāhata
5 喉輪：Viśuddha
6 眉心輪（第三眼）：Ājñā
7 頂輪：Sahasrāra

如果你想研究對人類經驗至關重要的脈輪，有許相關書籍可供選擇。無論我們是否意識到它的存在，它都深深影響著我們。

以太體（Etheric Body）

是物質身體的能量對應體，包含七個主要脈輪和四十九個次要能量中心。當以太體發生阻塞時，可能會引發身體疾病，甚至導致死亡。死亡時，以太體會脫離肉體，並可能產生可測量的體重變化。

因果業力（Karma）

又稱因果報應法則，是掌管太陽系中存在的基本規律。我們的每一個思想和行為都會引發因果效應，影響我們的生活。這在《聖經》中以「種瓜得瓜，種豆得豆」的道理展現，也在牛頓的第三運動定律中得到科學上的詮釋：「每一個作用力，都有相對應且等值的反作用力」。正如俗諺所說的：「善有善報，惡有惡報」。

回溯前世（Past-Life Regression）

是一種透過催眠技術恢復個人前世或轉世記憶的方法，具有療癒功能，有助於揭示創傷根源，推動自我療癒，與看前世不同的是，回溯前世更依賴個人的記憶和情感體驗。

自我實現（Self-Realization）

是認識並表達個體神聖本質的過程，讓我們體驗到根本的統一性，是實現理想、充分發揮個人潛力的途徑。

微細能量體（Subtle Body）

是一系列精微的能量層次，每層以獨特的振動頻率結合成一個能量場。包括以太體、情緒體、心智體和星光體，這些層次圍繞在身體周圍，形成所謂的靈氣。根據神祕學、祕傳教義等理論，它們既非純粹物質也非純粹靈性，處在介於兩者之間的「準物質」狀態。

西塔波（Theta waves）

以下是一些可測量的（腦電圖、生物回饋）腦波列表。西塔腦波出現在做夢（快速動眼期）、恍惚狀態、催眠和白日夢中，是冥想和自我催眠的理想腦波。

1 伽瑪腦波：γ（三十一以上赫茲）：高度警覺，有助於洞察力和高等學習。

2 貝塔腦波：β（十四～三十赫茲）：清醒狀態，可參與活動和交談。

3 阿法腦波：α（八～十三．九赫茲）：放鬆、白日夢和輕度冥想。

4 西塔腦波：θ（四～七．九赫茲）：做夢（快速動眼期），這是冥想或自我催眠的目標。

5 德塔腦波：δ（〇．一～三．九赫茲）：深度、無夢的睡眠。新生兒的睡眠，成年人較少。

第三眼（Third Eye）

位於前額，據說能夠提供超越普通視覺的感知，引領人們深入內在世界並接觸更高意識的層面，常常與靈視、療癒、通靈和出體經驗等現象相關。事實上，我們每個人都擁有第三眼，許多人在不自覺的情況下已在使用它。第三眼可以透過訓練來開啟，而如今許多孩子天生就擁有活躍的第三眼，有時會讓成年人感到困惑。因此，在有兒童參與的課程中，我通常首先教大家如何掌控第三眼的開啟與閉合，這對孩子和他們的父母來說都是極大的解脫。那些已經發展出第三眼能力的人，往往被稱為「心靈感應者」或「先見者」。

推薦書單

•輪迴轉世

1 **《入門：古埃及女祭司的靈魂旅程》**（*Initiation*），Elisabeth Haich，光的課程資訊中心

結合靈性啟蒙、自傳故事以及古埃及祕法，引領讀者探索靈魂旅程與內在覺醒。

2 **《珍珠之歌》**（中文暫譯，*Song of the Pearl*），Ruth Nichols

《托馬斯使徒行傳》中的一首讚美詩。談在物質世界中迷失的靈魂如何透過使者傳遞啟示訊息，得以找回自己。

3 **《你曾來過》**（中文暫譯，*You Have Been Here Before*），Dr. Edith Fiore

作者是心理學博士，書中透過病患如何透過深度催眠狀態回溯前世，克服了令人困擾的恐懼和問題，展示一種新的心理治療法和自我認知。

4 **《靈魂轉生的奧祕》**（*Many Mansions*），Gina Cerminara，世茂

深入探討靈媒艾德格・凱西（Edgar Casey）的治癒能力和預言，討論前世、催眠、超心理學和因果報應等主題。這本書證實了輪迴信仰，並揭示了凱西的非凡工作。

5 **《前世今生，未來之愛》**（中文暫譯，*Past Lives, Future Loves*），Dick Sutphen

作者被譽為「美國頂尖的心靈研究者」，他的方法既合乎邏輯又發人深省，使這本書成為對前世生活及對我們現在和未來道路的影響感興趣的人絕佳的閱讀材料。

6《**漫遊前世今生：超靈七號**》（*Education of Oversoul Seven*），Jane Roberts，賽斯文化

根據賽斯資料創作的虛構作品，是關於人類意義的口述，探討意識和現實創造的本質。

7《**超感知**》（中文暫譯，*Hypersentience*），Marcia Moore

透過超感知達到所需的自我意識水平，以便更充分理解你在宇宙中的命運。作者主張靈魂在歷史上不斷以新形式轉世，隨著它在時空中的漫遊，逐漸實現其全部潛力。

8《**紅羽**》（中文暫譯，*Scarlet Feather*），Joan Grant

女主人翁要求結束部落的性別隔離和殘暴行為，與年輕的勇士們一起接受訓練和教育，最終克服一連串考驗，證明自己配得上紅羽而成為部落的首領。

9《**靈魂之旅**》（中文暫譯，*A Soul's Journey*），Peter Richelieu

這本書邀請讀者質疑他們對生命、死亡和靈魂旅程的信念。強調所有生物的相互連結以及物質存在的無常性。

10《**人類的起源與命運**》（中文暫譯，*Edgar Cayce's Origin and Destiny of Man*），Lytle Webb Robinson

提供了對我們地球歷史和未來的全面解讀。凱西是二十世紀著名的通靈者和治療師，解答了長久以來困擾人類的深刻問題。

11《**重溫前世生活**》（中文暫譯，*Reliving Past Lives*），Helen Wambach

這本書的重點在透過催眠回溯提供轉世的證據。身為心理學家的作者深入探討了一千多個案例，記得他們在不同時代和地方的前世。

• 其他

1《巫士唐望的教誨》（*The Teaching of Don Juan*），Carlos Casteneda，張老師文化

2《鑽石途徑》（*Diamond Heart*），A.H. Almaas，心靈工坊

3《活在當下》（中文暫譯，*Be Here Now*），Ram Dass

4《光之手——人體能量場療癒全書》（*Hands of Light*），Barbara Brennen，橡樹林

5《光之輪》（中文暫譯，*Wheels of Light*），Rosalyn Bruyere

6《心靈煉金術》（中文暫譯，*The Alchemy of the Heart*），Reshad Feild

7《人類的自我發現之旅》（中文暫譯，*The Adventure of Self-Discovery*），Stanislav Grof

8《雪崩》（中文暫譯，*Avalanche*），W. Brugh Joy, M.D.

9《九型人格》（中文暫譯，*The Enneagram*），Helen Palmer

10《九型人格的精神維度》（中文暫譯，*The Spiritual Dimensions of the Enneagram*），Sandra Maitri

11《深夜加油站遇見蘇格拉底》（*Way of the Peaceful Warrior*），Dan Millman，心靈工坊

12《高等意識手冊》（中文暫譯，*Handbook to Higher Consciousness*），Ken Keyes

13《非個人生活》（中文暫譯，*The Impersonal Life*），Joseph Benner

14《意志的正確用法》（中文暫譯，*Right Use of Will*），Ceanne DeRohan

國家圖書館出版品預行編目（CIP）資料

前世今生靈魂療癒：突破眼前困境，擁抱新生／彌哲（Maitra），卡琳・史德勒（Karin Stettler）著；嚴世芬譯. -- 初版. -- 新北市：方舟文化，遠足文化事業股份有限公司，2025.02
372 面；17×23 公分. --（心靈方舟；59）
譯自：Your past can set you free : how insights from past lives can heal current issues.
ISBN 978-626-7596-34-0（平裝）

1. CST：心靈感應　2.CST：通靈術

175.94　113019034

心靈方舟 0059

前世今生靈魂療癒

突破眼前困境，擁抱新生

Your Past Can Set You Free: How Insights from Past Lives Can Heal Current Issues

作　　者　彌哲、卡琳・史德勒
譯　　者　嚴世芬
封面設計　FE DESIGN
內頁設計　Atelier Design Ours
內頁排版　吳思融
主　　編　錢滿姿
行　　銷　林舜婷
行銷經理　許文薰
總 編 輯　林淑雯

出 版 者　方舟文化／遠足文化事業股份有限公司
發　　行　遠足文化事業股份有限公司（讀書共和國出版集團）
　　　　　231 新北市新店區民權路 108-2 號 9 樓
　　　　　電話：（02）2218-1417
　　　　　傳真：（02）8667-1851
　　　　　劃撥帳號：19504465
　　　　　戶名：遠足文化事業股份有限公司
　　　　　客服專線　0800-221-029
　　　　　E-MAIL　service@bookrep.com.tw
網　　站　www.bookrep.com.tw
印　　製　呈靖彩藝有限公司
法律顧問　華洋法律事務所　蘇文生律師
定　　價　480 元
初版一刷　2025 年 2 月

方舟文化官方網站　方舟文化讀者回函